Friedenswahlen in der Sozialversicherung

Bochumer Schriften zum Sozialrecht
Herausgegeben von Friedrich E. Schnapp

Band 11

PETER LANG
Frankfurt am Main · Berlin · Bern · Bruxelles · New York · Oxford · Wien

Astrid Windels-Pietzsch

Friedenswahlen in der Sozialversicherung

Insbesondere Untersuchungen
zu den Entscheidungsfreiräumen
der Sozialversicherungsträger
und ihrer Verbände

PETER LANG
Europäischer Verlag der Wissenschaften

Bibliografische Information Der Deutschen Bibliothek
Die Deutsche Bibliothek verzeichnet diese Publikation in der Deutschen Nationalbibliografie; detaillierte bibliografische Daten sind im Internet über <http://dnb.ddb.de> abrufbar.

Zugl.: Bochum, Univ., Diss., 2005

D 294
ISSN 1434-2731
ISBN 3-631-54547-9

www.peterlang.de

Bochumer Schriften zum Sozialrecht (BOSS)

Ungeachtet der bundeseinheitlichen Regelungen des Sozialrechts ist diese Materie nach wie vor unübersichtlich und kompliziert. Die Klagen über systemwidrige Vielfalt und Widersprüche sowie über den normativen Wildwuchs auf diesem Gebiet sind alt; sie haben gleichwohl auch heute ihre Berechtigung. Aufgabe der Wissenschaft ist es dabei, diesem Komplex „dogmatische Korsettstangen“ einzuziehen und systematische Grundlinien aufzuzeigen – falls der hochmotorisierte Gesetzgeber ihr die Zeit dazu lässt.

Die durch die strukturellen Besonderheiten des Sozialrechts bedingte Herausbildung eines Spezialistentums hat einen weiteren Nachteil mit sich gebracht: Trotz verdienstvoller Bemühungen der Sozialrechtswissenschaft ist das Sozialrecht – jedenfalls in Teilen – ein verfassungs- und verwaltungsrechtlicher Spätentwickler. Das ist in letzter Zeit u.a. auf den Gebieten der Rechtsquellenlehre und des Vertragsarztrechts, aber auch auf dem Felde von Rechtsschutzfragen deutlich geworden.

Die „Bochum Schriften zum Sozialrecht“ sollen wissenschaftlichen Abhandlungen, die sich mit den angesprochenen Fragen auseinandersetzen, ein Forum für eine weitere Öffentlichkeit bieten. Daneben sollen Vorträge und Diskussionsbeiträge auf dem alljährlichen Praktikerseminar des Instituts Aufnahme finden. Herausgeber und Verlag erhoffen sich damit einen Beitrag zur weiteren wissenschaftlichen Aufarbeitung und Durchdringung des Sozialrechts.

Friedrich E. Schnapp

Vorwort

Die Arbeit hat der Juristischen Fakultät der Ruhr-Universität-Bochum als Dissertation vorgelegen. Die mündliche Prüfung hat am 11.Mai 2005 stattgefunden. Für die Betreuung der Arbeit, seinen fachlichen Rat und die Mitwirkung an der mündlichen Prüfung danke ich Herrn Prof. Dr. Schnapp sehr herzlich. Ferner gilt dieser Dank dem Zweitgutachter, Herrn Prof. Dr. Huster. Die Arbeit widme ich meinem Mann, Herrn Dr. med. Thilo Pietzsch und meinem Sohn Thilo Gereon Pietzsch, die mich immer wieder unterstützt und ermuntert haben.

Inhaltsverzeichnis

Literaturverzeichnis

Achterrath, Ralph-O.	Die Aufhebung von Beitragsbescheiden und Veranlagungsbescheiden zu den Gefahrklassen in der allgemeinen gesetzlichen Unfallversicherung, Berlin 1996.
Axer, Peter	Normsetzung der Exekutive in der Sozialversicherung, Ein Beitrag zu den Voraussetzungen und Grenzen untergesetzlicher Normsetzung im Staat des Grundgesetzes, Tübingen 2002.
Axer, Peter	Neue Rechtsinstrumente der Qualitätssicherung in der ambulanten und stationären Versorgung unter Einbeziehung des Koordinierungsausschusses, VSSR 2002, S. 215-246.
Axer, Peter	Verfassungsrechtliche Fragen einer Organisationsform in der Rentenversicherung, Zu den Voraussetzungen und Grenzen verbindlicher Entscheidungen durch eine Bundeskörperschaft, Rechtsgutachten erstattet der Landesversicherungsanstalt Westfalen, Bad Homburg 2000.
Balzer, H.	Änderungen des Selbstverwaltungsrechts und des Dienstrechts der gesetzlichen Krankenkassen durch das GSG, NZS 1994, S. 1-6.
Bereiter-Hahn, Werner/ *Mertens,* Gerhard	Gesetzliche Unfallversicherung, Siebtes Buch Sozialgesetzbuch, Handkommentar, 5. Auflage, Berlin 1997, Stand: 6. Lieferung Dezember 2002, zitiert: *Bereiter-Hahn/Mertens*.
Böckenförde, Ernst-Wolfgang	Verfassungsfragen der Richterwahl, dargestellt anhand der Gesetzesentwürfe zur Einführung der Richterwahl in Nordrhein-Westfalen, Berlin 1974.
Bogs, Harald	Die Sozialversicherung im Staat der Gegenwart, öffentlich-rechtliche Untersuchungen über die Stellung der Sozialversicherung im Verbändestaat und im Versicherungswesen, Berlin 1973.

Brosius-Gersdorf, Frauke — Deutsche Bundesbank und Demokratie: eine verfassungsrechtliche Studie zur Bundesbankautonomie vor und nach der 3. Stufe der europäischen Währungsunion, Berlin 1997.

Bryde, Brun-Otto — Personalvertretung in der parlamentarischen Demokratie, in: Becker (Hrsg.), Festschrift für Werner Thieme zum 70. Geburtstag, Köln 1993, S. 9-24.

Bundesministerium für Gesundheit (Hrsg.) — Daten des Gesundheitswesens, Ausgabe 2001, Band 137 Schriftenreihe des Bundesministeriums für Gesundheit, Baden-Baden 2001.

Butzer, Hermann/ *Kaltenborn,* Markus — Die demokratische Legitimation des Bundesausschusses der Ärzte und Krankenkassen, MedR 2001, S. 333-342.

Castendiek, Jan — Der sozialversicherungsrechtliche Normsetzungsvertrag, Verfassungsrechtliche Betrachtung unter besonderer Berücksichtigung der Normgebung in Selbstverwaltungsbereichen ohne körperschaftliche Struktur, Baden-Baden 2000.

Clemens, Thomas — Normenstrukturen im Sozialrecht – Unfallversicherungs-, Arbeitsförderungs- und Kassenarztrecht, NZS 1994, S. 337-347.

Deutsch, Erwin — Medizinrecht, Arztrecht, Arzneimittelrecht und Medizinprodukterecht, 4. Auflage, Berlin, Heidelberg, New York 1998.

Dietrich, Thomas — Erfurter Kommentar zum Arbeitsrecht, 2. Auflage, München 2001, zitiert: Bearbeiter, in: Erfurter-Kommentar.

Dudda, Frank — Die Binnenstruktur der Krankenversicherungsträger nach dem Gesundheitsstrukturgesetz, Frankfurt 1996.

Dudda, Frank — Der Kompetenzkonflikt zwischen Verwaltungsrat und Vorstand, Die BKK 1997, S. 392-396.

Düring, Ruth — Das Schiedswesen in der gesetzlichen Krankenversicherung, Baden-Baden 1991.

Ebsen, Ingwer — Autonome Rechtsetzung in der Sozialversicherung und der Arbeitsförderung als Verfassungsproblem, VSSR 1990, S. 57-73.

Ebsen, Ingwer — Der Behandlungsanspruch des Versicherten in der gesetzlichen Krankenkasse und das Leistungserbringerrecht, in: Gitter (Hrsg.), Festschrift für Ernst-Otto Krasney zum 65. Geburtstag am 16.12.1997, München 1997, S. 80-107.

Eicher, Hans/ *Haase,* Winfried/ *Rauschenberg,* Fritz (Hrsg.) — Die Rentenversicherung der Arbeiter und der Angestellten, München, Berlin, Stand: September 2002.

Emde, Ernst-Thomas — Die demokratische Legitimation der funktionalen Selbstverwaltung: eine verfassungsrechtliche Studie anhand der Kammern, der Sozialversicherungsträger und der Bundesanstalt für Arbeit, Berlin 1991.

Engelmann, Klaus — Untergesetzliche Normsetzung im Recht der gesetzlichen Krankenversicherung durch Verträge und Richtlinien (Teil 2), NZS 2000, S. 76-84.

Erlenkämper, Arnold/ *Fichte,* Wolfgang — Sozialrecht, Allgemeine Rechtsgrundlagen, Sozialgesetzbücher und sonstige Sozialgesetze, Verfahrensrecht, 4. Auflage, Köln, Berlin, Bonn, München 1999.

Esser, Josef — Wert und Bedeutung der Rechtsfiktion, 2. Auflage, Frankfurt 1969.

Finkenbusch, Norbert — GKV Der hauptamtliche Vorstand der Wahlkassen, ZFSH/SGB 1998, S. 36-43.

Freudenberg, Ulrich — Beitragssatzstabilität in der gesetzlichen Krankenversicherung - Zur rechtlichen Relevanz einer politischen Zielvorgabe, Baden-Baden 1995.

Fritze, Eugen *(Hrsg.)* Die ärztliche Begutachtung, Rechtsfragen, Funktionsprüfungen, Beurteilungen, Beispiele, 4. Auflage, Darmstadt, 1992, zitiert: Bearbeiter, in: Fritze, Die ärztliche Begutachtung.

Gleitze, Wilfried/ *Krause,* Peter/ *Maydell,* Bernd Baron v./ *Merten,* Detlev Gemeinschaftskommentar zum Sozialgesetzbuch - Gemeinsame Vorschriften für die Sozialversicherung (GK-SGB IV), Neuwied, Kriftel, Berlin, 1992, zitiert: Bearbeiter, in: GK-SGB IV.

Häberle, Peter Verfassungsprinzipien im Verwaltungsverfahren, in: Schmidt Glaeser (Hrsg.), Verwaltungsverfahren, Festschrift zum 50jährigen Bestehen des Richard-Boorberg-Verlags, Stuttgart 1977, S. 47 ff.

Hällßig, Gert Normsetzung durch Richtlinien im Vertragsarztrecht, Zum Rechtscharakter der Richtlinien der Bundesausschüsse der Ärzte und Krankenkassen, Hamburg 2001.

Hauck, Karl (Hrsg.) SGB IV Gesetzliche Unfallversicherung, Berlin, Stand: 5/2003, zitiert: Bearbeiter, in: Hauck/Noftz SGB IV.

Hauck, Karl (Hrsg.) SGB V Gesetzliche Krankenversicherung, Berlin 1989, Stand: 5/2003, zitiert: Bearbeiter in Hauck/Noftz, SGB V.

Hauck, Karl (Hrsg.) SGB VI Gesetzliche Rentenversicherung, Berlin 1989, Stand: 5/2003 zitiert: Bearbeiter in Hauck/Noftz, SGB VI.

Hauck, Karl (Hrsg.) SGB VII Gesetzliche Unfallversicherung, Berlin 1989, Stand: 5/2003, zitiert: Bearbeiter in Hauck/Noftz, SGB VII.

Hauck, Karl (Hrsg.) SGB IX Rehabilitation und Teilhabe behinderter Menschen, Berlin 2003, Stand: 7/2004, zitiert: Bearbeiter in Hauck/Noftz, SGB IX.

Hauck, Karl (Hrsg.) SGB X Zusammenarbeit der Leistungsträger und ihre Beziehung zu Dritten, Berlin 1998, Stand: 3/2003, zitiert: Bearbeiter in Hauck/Noftz, SGB X.

Hein, Michael Die Verbände der Sozialversicherungsträger in der Bundesrepublik Deutschland, München 1990.

Hendler, Reinhard Die Selbstverwaltung in der Rentenversicherung, Deutsche Rentenversicherung 1986, S. 319-33.

Ipsen, Knut Die Richterwahl in Bund und Ländern, DÖV 1971, S. 469-475.

Isensee, Josef Das Recht des Kassenarztes auf angemessene Vergütung, VSSR 1995, S. 321-353.

Isensee, Josef Das Recht des Kassenarztes auf angemessene Vergütung, VSSR 1995, S. 321-353.

Isensee, Josef/ *Kirchhof*, Paul (Hrsg.) Handbuch des Staatsrechts der Bundesrepublik Deutschland, Band I, Grundlagen von Staat und Verfassung, Heidelberg 1987, zitiert: Verfasser, in: HStR I.

Isensee, Josef/ *Kirchhof*, Paul (Hrsg.) Handbuch des Staatsrechts der Bundesrepublik Deutschland, Band I, Grundlagen von Staat und Verfassung, Heidelberg 1987, zitiert: Verfasser, in: HStR I.

Isensee, Josef/ *Kirchhof*, Paul (Hrsg.) Handbuch des Staatsrechts der Bundesrepublik Deutschland, Band III, Das Handeln des Staates, 2. Auflage, Heidelberg, 1996, zitiert: Verfasser, in: HStR III.

Isensee, Josef/ *Kirchhof*, Paul (Hrsg.) Handbuch des Staatsrechts der Bundesrepublik Deutschland, Band IV, Finanzverfassung – Bundesstaatliche Ordnung, 2. Auflage, Heidelberg 1999, zitiert: Verfasser, in: HStR IV.

Jachmann, Monika Die Fiktion im öffentlichen Recht, Berlin 1998.

Jarass, Hans/ *Pieroth*, Bodo Grundgesetz für die Bundesrepublik Deutschland, 6. Auflage, München 2002.

Jung, Karl
Zu einem erfolgreichen Beginn der Pflegeversicherung, KrV 1994, S. 327-338.

Jung, Karl/ *Gawlik*, Christian/ *Gibis*, Bernhard/ *Pötsch*, Rüdiger/ *Rheinberger*, Paul/ *Schmacke*, Norbert/ *Schneider*, Günther
Bundesausschuss der Ärzte und Krankenkassen, Ansprüche der Versicherten präzisieren, Deutsches Ärzteblatt 2000, S. 365-370, zitiert: Jung u.a., Ansprüche der Versicherten präzisieren.

Kaltenborn, Markus
Die Genehmigung von Vermögensanlagen der Sozialversicherungsträger nach § 85 SGB IV, SGb 1999, S. 444-449.

Kaltenborn, Markus
Richtliniengebung durch ministerielle Ersatzvornahme, VSSR 2000, S. 249-271.

Kittner, Michael
Arbeits- und Sozialordnung, ausgewählte und eingeleitete Gesetzestexte, 24. Auflage, Frankfurt, Stand: Dezember 1998.

Kluth, Wilfried
Demokratische Legitimation in der funktionalen Selbstverwaltung – Grundzüge und Grundprobleme, in: Schnapp (Hrsg.), Bochumer Schriften zum Sozialrecht, Band 8, Funktionale Selbstverwaltung und Demokratieprinzip – am Beispiel der Sozialversicherung, Frankfurt am Main u.a. 2001, S.17-41.

Kluth, Wilfried
Funktionale Selbstverwaltung: verfassungsrechtlicher Status, verfassungsrechtlicher Schutz, Tübingen 1997.

Koch, Thorsten
Normsetzung durch Richtlinien des Bundesausschusses der Ärzte und Krankenkassen? Teil 2, SGb 2001, S. 166-174.

Kolb, Rudolf/ *Seidel*, Ehrentraud
Rehabilitationsrecht, Kommentar, Münster 1985.

Krasney, Ernst Otto
Zur Zuständigkeitsabgrenzung zwischen Vorstand und Geschäftsführer eines Sozialversicherungsträgers, DRV 1990, S. 742-752.

Krauskopf, Dieter (Hrsg.) — Soziale Krankenversicherung, SGB V und Nebengesetze, Kommentar, München 2003, Stand: 45. Ergänzungslieferung Januar 2003, zitiert: *Bearbeiter*, in: *Krauskopf*.

Kruse, Jürgen (Hrsg.) — Gesetzliche Krankenversicherung Lehr- und Praxiskommentar, LPK-SGB V, Gesetzesstand Juni 1998, Baden-Baden 1999, zitiert: *Bearbeiter*, in: LPK-SGB V.

Larenz, Karl — Methodenlehre der Rechtswissenschaft, 3. Auflage, Berlin 1995.

Lauterbach, Herbert — Unfallversicherung, SGB VII Kommentar, 17. Lief. 4/2002, Stuttgart 1997, zitiert: Lauterbach-*Verfasser*, UV-SGB VII.

Leopold, Dieter — Sozialwahlen: Weichenstellung bis zum Jahr 2005, ZfS 1999, S. 106-107.

Leopold, Dieter — Die Selbstverwaltung in der Sozialversicherung, 5. Auflage, St. Augustin 1996.

Link, Christoph/ *de Wall*, Heinrich — Verfassungsanforderungen an die Honorarverteilung im Vertragsarztrecht – insbesondere im Blick auf ärztliche Minderheitsgruppen, VSSR 2001, S. 69-99.

Maaßen, Hans-Joachim/ *Schermer*, Joachim/ *Wiegand*, Dietrich/ *Zipperer*, Manfred — SGB V, Gesetzliche Krankenversicherung, GKV Kommentar, Heidelberg 1989, Stand: 139. Ergänzungslieferung August 2002, zitiert: *Bearbeiter*, in: GKV-Kommentar.

Maunz, Theodor/ *Dürig*, Günter — Grundgesetz: Kommentar, München 1990, Stand: 41. Lieferung Oktober 2002.

Maydell, Bernd Baron von (Hrsg.) — Gemeinschaftskommentar zum Sozialgesetzbuch, Gesetzliche Krankenversicherung GK-SGB V, Neuwied, Kriftel, Berlin 1992.

Maydell, Bernd Baron v. / *Ruland*, Franz — Sozialrechtshandbuch, 2. Auflage, Neuwied, Kriftel, Berlin 1996, zitiert: *Bearbeiter*, in: SRH.

Muckel, Stefan — Die Selbstverwaltung in der Sozialversicherung auf dem Prüfstand des Demokratieprinzips, NZS 2002, S. 118-125.

Muckel, Stefan — Friedenswahlen in der Sozialversicherung, in: *Schnapp* (Hrsg.), Bochumer Schriften zum Sozialrecht, Band 8, Funktionale Selbstverwaltung und Demokratieprinzip – am Beispiel der Sozialversicherung, Frankfurt am Main u.a. 2001, S. 151-177.

Münch, Ingo von / *Kunig*, Philip — Grundgesetz-Kommentar, Band 2 (Art. 20 bis 69), 4./5. Auflage, München 2001, zitiert: *Bearbeiter,* in: *v.Münch/Kunig,* Grundgesetz Kommentar Band II.

Muschallik, Thomas — Inhalt und Bindungswirkung des Grundsatzes der Beitragssatzstabilität in § 71 Abs. 1, § 141 Abs. 2 SGB V, NZS 1998, S. 7-13.

Niesel, Klaus (Hrsg.) — Kasseler Kommentar, Sozialversicherungsrecht, München 2003, Stand: 40. Ergänzungslieferung Mai 2003, zitiert: Kass-Komm.-*Bearbeiter.*

Noftz, Wolfgang — Leistungsrecht und Leistungserbringerrecht nach Inkrafttreten des 2. GKV-Neuordnungsgesetzes, VSSR 1997, S. 393-427.

Oebbecke, Janbernd — Demokratische Legitimation nicht-kommunaler Selbstverwaltung, Verwaltungsarchiv 81. Band 1990, S. 349-369.

Oebbecke, Janbernd — Weisungs- und unterrichtungsfreie Räume in der Verwaltung, Köln 1986.

Oldiges, Franz-Josef — Wechselwirkung zwischen Leistungsrecht und Vertragsrecht in der gesetzlichen Krankenversicherung, Sozialer Fortschritt 1998, S. 69-75.

Papier, Hans-Jürgen/ *Möller*, Johannes — Die Rolle des Solidarausgleichs in der gesetzlichen Unfallversicherung, NZS 1998, S. 353-359.

Papier, Hans-Jürgen/ *Möller*, Johannes — Verfassungsrechtliche Fragen der Festsetzung der Beiträge in der Unfallversicherung, SGb 1998, S.337-349.

Peters, Horst — Handbuch der Krankenversicherung, Teil II, Sozialgesetzbuch V, Stuttgart 1989, 19. Auflage, 48. Ergänzungslieferung, Nov. 2002, zitiert: *Bearbeiter*, in: Peters, Handb KV II SGB V.

Petri, Bernd/ *Voelze*, Thomas/ *Wagner*, Axel — Gesetzliche Unfallversicherung Sozialgesetzbuch VII, Basiskommentar zum Sozialgesetzbuch, Köln 1998.

Pfeifer, Manfred — Fiktionen im öffentlichen Recht, insbesondere im Beamtenrecht, Berlin, 1980.

Pickel, Harald — SGB X Kommentar zum Sozialgesetzbuch Zehntes Buch, Heidelberg, Stand: 104. Lieferung 11/02.

Radek, Erwin — Die Selbstverwaltung in der gesetzlichen Unfallversicherung - Erfolge und aktuelle Probleme -, NZS 1994, S. 6-12.

Reiß, Sigrid — Unternehmen und Versicherte, Unfälle und Berufskrankheiten sowie Leistungsaufwendungen bei den gewerblichen Berufsgenossenschaften, Die BG 2001, S. 419-432.

Ruland, Franz — Verbände der Leistungsträger als Instrument der Zusammenarbeit, Deutsche Rentenversicherung 1988, S. 359-377.

Ruland, Franz (Hrsg.) — Handbuch der gesetzlichen Rentenversicherung, Festschrift aus Anlaß des 100jährigen Bestehens der gesetzlichen Rentenversicherung, Neuwied 1990, zitiert: *Bearbeiter*, in: HDR.

Rzesnik, Norbert — Die Ergebnisse der Sozialversicherungswahlen 1999 und die sich daraus ergebenden Folgen, ZfS 2000, S. 225- 235.

Rzesnik, Norbert — Der Schlussbericht zu den Sozialversicherungswahlen 1999 – eine Bestandsaufnahme, ZFSH/SGB 2000, S. 523-535.

Salfeld, Rainer/ *Wettke,* Jürgen — Die Zukunft des deutschen Gesundheitswesens, Perspektiven und Konzepte, Berlin, Heidelberg, New York 2000.

Schimmelpfenng-Schütte, Ruth — Richtliniengebung durch den Bundesausschuss der Ärzte und Krankenkassen, NZS 1999, S. 530- 537.

Schirmer, Herwig/ *Kater,* Horst/ *Schneider,* Fred — Aufsicht in der Sozialversicherung, Berlin 1990.

Schmidt-Aßmann, Eberhard — Verwaltungslegitimation, AöR 116 (1991), S. 329-345.

Schmidt-Aßmann, Eberhard (Hrsg.) — Besonderes Verwaltungsrecht, 11. Auflage, Berlin, New York, 1999, zitiert: *Bearbeiter,* in Schmidt-Aßmann, BesVerwR, 11. Auflage 1999.

Schnapp, Friedrich E. — Aktuelle Rechtsquellenprobleme im Vertragsarztrecht - Am Beispiel von Richtlinien und Einheitlichem Bewertungsmaßstab -, SGb 1999, S. 62-66.

Schnapp, Friedrich E. — Der Haushaltsgrundsatz der Wirtschaftlichkeit und Sparsamkeit – im Sozialrecht und in anderen Rechtsgebieten, in: *Boecken/Ruland/Steinmeyer* (Hrsg.), Sozialrecht und Sozialpolitik in Deutschland und Europa, Festschrift für Bernd Baron von Maydell, Neuwied 2002, S. 621-632.

Schnapp, Friedrich E. — Gesamtverträge und Schiedsverfahren mit Ersatzkassenbeteiligung, NZS 2003, S. 1-5.

Schnapp, Friedrich E. — Friedenswahlen in der Sozialversicherung – vordemokratisches Relikt oder scheindemokratisches Etikett?, in: *Epping* (Hrsg.), Bücken bauen und begehen, Festschrift für Knut Ipsen, München 2000, S. 807-828.

Schnapp, Friedrich E. — Untergesetzliche Rechtsquellen im Vertragsarztrecht – am Beispiel der Richtlinien, vorgesehen für Festschrift 50 Jahre BSG, Erscheinungstermin September 2004.

Schnapp, Friedrich E. — Muss ein Vertragsarzt demokratisch legitimiert sein?, NZS 2001, S. 337-341.

Schnapp, Friedrich E. (Hrsg.) — Handbuch des sozialrechtlichen Schiedsverfahrens, Systematische Gesamtdarstellung der unterschiedlichen Rechtsbereiche mit zahlreichen Beispielen und Mustern, Berlin 2004, zitiert: *Verfasser,* in: *Schnapp,* Handbuch des sozialrechtlichen Schiedsverfahrens.

Schnapp, Friedrich E./ *Wigge*, Peter (Hrsg.) — Handbuch des Vertragsarztrechts, das gesamte Kassenarztrecht, München 2002, zitiert: *Verfasser,* in: *Schnapp/Wigge,* Vertragsarztrecht.

Schneider, Hans — Gesetzgebung, Ein Lehrbuch, Heidelberg 1982.

Schulin, Bertram — Verträge mit Leistungserbringern im Pflegeversicherungsrecht, VSSR 1994, S. 285-308.

Schulin, Bertram (Hrsg.) — Handbuch des Sozialversicherungsrechts, Band 1 Krankenversicherungsrecht, München 1994, zitiert: *Bearbeiter,* in: Schulin, HS-KV.

Schulin, Bertram (Hrsg.) — Handbuch des Sozialversicherungsrechts, Band 2 Unfallversicherungsrecht, München 1996, zitiert: *Bearbeiter,* in: Schulin, HS-UV.

Schulin, Bertram (Hrsg.) — Handbuch des Sozialversicherungsrechts, Band 3 Rentenversicherungsrecht, München 1999, zitiert: *Bearbeiter,* in: Schulin, HS-RV.

Schulin, Bertram (Hrsg.) — Handbuch des Sozialversicherungsrechts, Band 4 Pflegeversicherungsrecht, München 1997, zitiert: *Bearbeiter,* in: Schulin, HS-PV.

Schulin, Bertram/ *Igl*, Gerhard — Sozialrecht: ein Studienbuch, 6. Auflage, Düsseldorf 1999.

Schulz, Udo — Der Gefahrtarif der gewerblichen Berufsgenossenschaften, St. Augustin 1999.

Schulz, Udo — Grundfragen des berufsgenossenschaftlichen Beitragsausgleichsverfahrens, Bonus-Malus-System der gewerblichen Berufsgenossenschaften, 4. Auflage, St. Augustin 1999.

Schulz, Udo — Verfassungsrechtliche Fragen der Festsetzung der Beiträge in der Unfallversicherung, SGb 1999, S. 172-180.

Schulz, Udo — Beitragsabstufung bei den gewerblichen Berufsgenossenschaften –Gefahrklassenänderung in Einzelfällen -, SGb 1993, S. 402-406.

Schwerdtfeger, Gunther — Verfassungsrechtliche Grenzen der Freiheit und Bindung bei den Leistungserbringern, SDSRV 38, Wiesbaden 1994, S. 27-48.

Sodan, Helge/ *Gast,* Olaf — Die Relativität des Grundsatzes der Beitragssatzstabilität nach SGB V, Verfassungs- und Europarecht, NZS 1998, S. 497-504.

Tempel-Kromminga, Helke — Die Problematik der Richtlinien der Bundesausschüsse der Ärzte und Krankenkassen nach dem neuen Recht des SGB V, Frankfurt 1994.

Tettinger, Peter/ *Mann,* Thomas — Zur demokratischen Legitimation in sondergesetzlichen Wasserverbänden, Studium zum öffentlichen Recht und zur Verwaltungslehre Band 67, München 2000.

Udsching, Peter — SGB XI Soziale Pflegeversicherung, Kommentar, München 1995, zitiert: *Udsching,* SGB XI.

Verein Deutscher Rentenversicherungsträger (Hrsg.) — Kommentar zum Recht der Gesetzlichen Rentenversicherung, Sozialgesetzbuch VI, Weinheim, 20. Ergänzungslieferung, Jan. 1992, zitiert: VDR-Komm.

Waechter, Kay — Geminderte demokratische Legitimation staatlicher Institutionen im parlamentarischen Regierungssystem, Berlin 1994.

Wannagat, Georg — SGB Sozialgesetzbuch, Kommentar zum gesamten Recht des Sozialgesetzbuchs, Köln, Berlin, Bonn, München, 1987, zitiert: *Bearbeiter,* in: *Wannagat,* SGB.

Wiegand, Dietrich — Kassenarztrecht, Kommentar zu den §§ 69-106 SGB V mit dem Zulassungs- und Vertragsrecht, 3. Auflage, Heidelberg 1995.

Wigge, Peter — Die Stellung der Ersatzkassen im gegliederten System der gesetzlichen Krankenversicherung nach dem GRG vom 20.12.1988: zugleich ein Beitrag zur Notwendigkeit einer Organisationsreform in der GKV, Berlin 1992, zitiert: *Wigge,* Die Stellung der Ersatzkassen.

Wigge, Peter — Evidenz-basierte Richtlinien und Leitlinien, Qualitätssicherungs- oder Steuerungsinstrumente in der GKV?, MedR 2000, S. 574-585.

Wigge, Peter — Die Neuordnung der Organisationsstrukturen der Ortskrankenkassen durch das Gesundheitsstrukturgesetz, VSSR 1994, S. 131-177.

Wimmer, Raimund — Grenzen der Regelungsbefugnis in der vertragsärztlichen Selbstverwaltung, NZS 1999, S. 113-120.

Wimmer, Raimund — Unzulängliche vertragsärztliche Vergütung aus Gemeinwohlgründen?, NZS 1999, S. 480- 483.

Windthorst, Kay — Die integrierte Versorgung in der Gesetzlichen Krankenversicherung , Gefahr oder Chance für die Gesundheitsversorgung, Baden-Baden 2001.

Wolff, Hans J./ *Bachof*, Otto/ *Stober*, Rolf — Verwaltungsrecht II, Besonderes Organisations- und Dienstrecht, 5. Auflage, München 1987.

Wörner, Hans-Hermann — Die Selbstverwaltung in der Sozialversicherung, geprüft an Hand der zwei- und dreiseitigen Verträge nach §§ 112 und 115 SGB V, Diss. Bayreuth 1991.

Abkürzungsverzeichnis

Abs.	Absatz
ALG	Gesetz über die Altershilfe für Landwirte
AMG	Gesetz über den Verkehr mit Arzneimitteln (Arzneimittelgesetz)
AMR	Arzneimittel-Richtlinien
AOK	Allgemeine Ortskrankenkasse
AöR	Archiv für öffentliches Recht
Art.	Artikel
Ärzte-ZV	Zulassungsverordnung für Vertragsärzte
AZ	Aktenzeichen
ÄZ	Ärztezeitung
BAGUV	Bundesverband der Unfallversicherungsträger der öffentlichen Hand e.V.
BAnz	Bundesanzeiger
BAR	Bundesarbeitsgemeinschaft für Rehabilitation
BEL	Bundeseinheitliches Verzeichnis der abrechenbaren zahntechnischen Leistungen
BGB	Bürgerliches Gesetzbuch
BGBl	Bundesgesetzblatt
BLB	Bundesverband der landwirtschaftlichen Berufsgenossenschaften e.V.
BMV-Ä	Bundesmantelvertrag Ärzte

BMV-Z	Bundesmantelvertrag Zahnärzte
BSG	Bundessozialgericht
BT-Drucks.	Drucksache des Bundestages
BVerfGE	Amtliche Sammlung der Entscheidungen des Bundesverfassungsgerichts
BVerwGE	Amtliche Sammlung der Entscheidungen des Bundesverwaltungsgerichts
BWG	Bundeswahlgesetz
bzw.	beziehungsweise
d.h.	das heisst
DAG	Deutsche Angestellten Gewerkschaft
DGB	Deutscher Gewerkschaftsbund
Die BG	Die Berufsgenossenschaft
Die BKK	Die Betriebskrankenkasse
Diss.	Dissertation
DÖV	Die öffentliche Verwaltung
e.V.	Eingetragener Verein
EBM	Einheitlicher Bewertungsmaßstab
EG	Europäische Gemeinschaft
EGV	Vertrag über die Gründung der Europäischen Gemeinschaft
EKV-Ä	Bundesmantelvertrag Ärzte-Ersatzkassen
EKV-Z	Bundesmantelvertrag Zahnärzte-Ersatzkassen

EWG	Europäische Wirtschaftsgemeinschaft
f.	folgende
ff.	fortfolgende
FS	Festschrift
gem.	gemäß
GG	Grundgesetz für die Bundesrepublik Deutschland
GLA	Gesamtverband der landwirtschaftlichen Alterskassen
GO BR	Geschäftsordnung des Bundesrates
GO BT	Geschäftsordnung des Deutschen Bundestages
GRG	Gesundheits-Reformgesetz
GSG	Gesetz zur Sicherung und Strukturverbesserung der gesetzlichen Krankenkasse (Gesundheits-Strukturgesetz)
GVBl	Gesetzes- und Verordnungsblatt
HMR	Heilmittel-Richtlinien
HVBG	Hauptverband der gewerblichen Berufsgenossenschaften e.V.
i.d.F.	in der Fassung
JuS	Juristische Schulung
KBV	Kassenärztliche Bundesvereinigung
KHG	Krankenhausgesetz
KrV	Die Krankenversicherung

KVLG 1989	Zweites Gesetz über die Krankenversicherung der Landwirte
KVWL	Kassenärztliche Vereinigung Westfalen-Lippe
LVA	Landesversicherungsamt
MedR	Medizinrecht
NZS	Neue Zeitschrift für Sozialrecht
RehaAnglG	Gesetz über die Angleichung der Leistungen zur Rehabilitation
Rn	Randnummer
RVO	Reichsversicherungsordnung – Zweites Buch
SDSRV	Schriftenreihe des Deutschen Sozialrechtsverbandes
SGb	Die Sozialgerichtsbarkeit
SGB	Sozialgesetzbuch
SVWO	Wahlordnung für die Sozialversicherung
u.a.	unter anderem
VDR	Verband Deutscher Rentenversicherungsträger
VerwArch	Verwaltungsarchiv
VSSR	Vierteljahrszeitschrift für Sozialrecht
VwVfG	Verwaltungsverfahrensgesetz
Zahnärzte-ZV	Zulassungsverordnung für Vertragszahnärzte

ZfS	Zentralblatt für Sozialversicherung, Sozialhilfe und Versorgung Zeitschrift für das Recht der sozialen Sicherheit
ZFSH/SGB	Sozialrecht in Deutschland und Europa
ZM	Zahnärztliche Mitteilungen

Problemdarstellung

Das Sozialversicherungssystem gliedert sich in die Zweige der Kranken-, Unfall- und Rentenversicherung. Träger der Sozialversicherung sind die Krankenkassen, die gewerblichen und landwirtschaftlichen Berufsgenossenschaften sowie die Landesversicherungsanstalten und die Bundesversicherungsanstalt für Angestellte. Sie sind gem. § 29 Abs. 1 SGB IV rechtsfähige Körperschaften des öffentlichen Rechts mit Selbstverwaltung. Die Selbstverwaltung wird gem. § 29 Abs. 2 SGB IV durch die Versicherten und die Arbeitgeber ausgeübt, soweit in § 44 SGB IV nichts Abweichendes bestimmt wird. Gem. § 44 Abs. 1 Nr. 4 SGB IV setzt sich der Verwaltungsrat der Ersatzkassen nur aus Vertretern der Versicherten zusammen, gem. § 44 Abs. 1 Nr. 3 SGB IV ist als dritte Gruppe bei den Trägern der landwirtschaftlichen Unfallversicherung - mit Ausnahme der Gartenbau-Berufsgenossenschaft - die der Selbständigen ohne fremde Arbeitskräfte vertreten. Als Selbstverwaltungsorgane werden gem. § 31 Abs. 1 S. 1 SGB IV bei jedem Versicherungsträger eine Vertreterversammlung und ein Vorstand gebildet. Eine Ausnahme stellen die Orts-, Betriebs- und Innungskrankenkassen sowie die Ersatzkassen dar, bei denen gem. § 31 Abs. 3 a SGB IV ein Verwaltungsrat als Selbstverwaltungsorgan gebildet wird. Soweit das SGB V Bestimmungen über die Vertreterversammlung oder deren Vorsitzenden trifft, gelten diese gem. § 33 Abs. 3 S. 2 SGB IV für den Verwaltungsrat oder dessen Vorsitzenden. Die Vertreterversammlung bzw. der Verwaltungsrat beschließt gem. § 33 Abs. 1, Abs. 3 S. 1 SGB IV die Satzung und sonstiges autonomes Recht des Versicherungsträgers. Gem. § 46 Abs. 1 SGB IV wählen die Versicherten und die Arbeitgeber die Vertreter ihrer Gruppe in die Vertreterversammlung bzw. den Verwaltungsrat auf Grund von Vorschlagslisten; die Wahlen sind gem. § 45 Abs. 2 S. 2 SGB IV frei und geheim und es gelten die Grundsätze der Verhältniswahl. Die Amtsdauer der Mitglieder der Selbstverwaltungsorgane beträgt gem. § 58 Abs. 2 S. 1 SGB IV sechs Jahre. In der Bundesrepublik Deutschland haben bisher in den Jahren 1953, 1958, 1962, 1968, 1974, 1980, 1986, 1993 und 1999 Wahlen zur Sozialversicherung stattgefunden. Bei diesen Wahlen haben nur bei wenigen Sozialversicherungsträgern Wahlhandlungen auf Arbeitgeber- und Versichertenseite stattgefunden, da es gem. § 46 Abs. 3 SGB IV zulässig ist, dass die Sozialversicherungswahlen als „Friedenswahlen“ durchgeführt werden.

§ 46 Abs. 3 SGB IV enthält folgende Bestimmung:

„Wird aus einer Gruppe nur eine Vorschlagsliste zugelassen oder werden auf mehreren Vorschlagslisten insgesamt nicht mehr Bewerber benannt, als Mitglieder zu wählen sind, gelten die Vorgeschlagenen als gewählt“.

Friedenswahlen stellen ein effizientes und praktikables Mittel zur Vereinfachung des Wahlverfahrens dar, wenn es aufgrund geringer Bewerberzahl an einer Auswahlmöglichkeit für die Wahlberechtigten fehlt und damit der Ausgang einer Wahl von vornherein feststeht. Zugunsten von Friedenswahlen wird das gesetzlich als Regelzustand beschriebene Wahlsystem bei den allermeisten Sozialversicherungsträgern außer Kraft gesetzt: bei der letzten Wahl zur Sozialversicherung 1999 wurde eine Wahl mit Wahlhandlung nur bei 15 der damals insgesamt 810 Versicherungsträgern durchgeführt. Auf Arbeitgeberseite wurde seit der Wiedereinführung der Sozialwahlen 1953 bisher drei Mal gewählt: 1958 bei einer LVA und 1968 und 1974 bei jeweils einer Ortskrankenkasse.

Das Bundessozialgericht hat in einer Entscheidung von 1973 die Regelung über Wahlen ohne Wahlhandlung für verfassungsgemäß erklärt, da sie weder „dem Wortlaut noch dem Sinn nach einer Vorschrift des Grundgesetzes oder einer diesem immanenten Wertvorstellung" widerspricht. Zum großen Teil werden in der Literatur hingegen Wahlen ohne Wahlhandlung als unvereinbar mit den Anforderungen des in Art. 20 Abs. 2 S. 1 GG verankerten Demokratieprinzips angesehen. Art. 20 Abs. 2 S. 1 GG bestimmt, dass alle Staatsgewalt vom Volke ausgeht. Staatsgewalt bedeutet alles amtliche Handeln mit Entscheidungscharakter. Als Teile der mittelbaren Staatsverwaltung üben die Sozialversicherungsträger Staatsgewalt aus, so dass über das in Art. 20 Abs. 2 S. 1 GG verankerte Demokratieprinzip der Nachweis einer ununterbrochenen Legitimationskette vom Volk zu den mit den staatlichen Aufgaben betrauten Organen notwendig ist. Eine personelle Legitimation aufgrund von Wahlen kann den Mitgliedern der Vertreterversammlung bzw. des Verwaltungsrates nicht vermittelt werden, wenn keine Wahlhandlung durch die Wahlberechtigten erfolgt. Um ein hinreichend hohes Legitimationsniveau zu erreichen, das den Vorgaben von Art. 20 Abs. 2 S. 1 GG entspricht, muss die sachlich-inhaltliche Legitimation in dem Maße ansteigen, in dem die personelle Legitimation den Selbstverwaltungsorganen fehlt. Ob das Defizit der personellen Legitimation durch eine inhaltliche Determination des Handelns der Selbstverwaltungsgremien kompensiert werden kann, hängt davon ab, inwieweit die für die Beteiligten wesentlichen Entscheidungen vom Gesetzgeber selbst getroffen werden, so dass die Sozialversicherungsträger als „verlängerter Arm" des Gesetzgebers funktionieren. Daher ist von den vielen Facetten, die das Problem der demokratischen Legitimierung in sich birgt, für die Frage der Verfassungsmäßigkeit von Friedenswahlen der Aspekt der Entscheidungsfreiräume der einzelnen Sozialversicherungsträger von zentraler Bedeutung. Das Augenmerk ist darauf zu richten, wer für die Beteiligten entscheidet, worüber entschieden wird und welche Auswirkungen diese Entscheidungen für die Betroffenen haben.

Eine unvollständige personelle Legitimation der Vertreterversammlung bzw. des Verwaltungsrates setzt sich auf Verbandsebene fort, so dass auch die Entscheidungsfreiräume der Verbände der Sozialversicherungsträger eine nähere Betrachtung erfordern.

1. Teil Friedenswahlen als gesetzliche Fiktion

Der Wortlaut des § 46 Abs. 3 SGB IV, wonach die vorgeschlagenen Bewerber zur Vertreterversammlung unter bestimmten Voraussetzungen als gewählt gelten, legt nahe, dass hierdurch eine gesetzliche Fiktion ausgedrückt werden soll. Eine bestimmte Art der Formulierung ist für eine Rechtsfiktion allerdings nicht konstitutiv[1]. Der gesetzlichen Fiktion am nächsten steht die unwiderlegliche gesetzliche Vermutung[2]. Als Anknüpfungspunkt für eine gesetzliche Vermutung dient die allgemeine Lebenserfahrung, nach der typischerweise ein Sachverhalt mit bestimmten Folgen zu verbunden sein pflegt[3]. Bei einer gesetzlichen Vermutung kann es jedoch offen bleiben, ob ein bestimmter Sachverhalt erfüllt ist oder nicht, es handelt sich nur um eine partielle oder potentielle Fiktion eines Sachverhaltes[4]. Gem. § 28 SVWO[5] muss der Wahlausschuss feststellen, ob eine Wahl mit Wahlhandlung erfolgt ist oder aus welchen Gründen sie unterblieben ist, so dass eine gesetzliche Vermutung ausgeschlossen werden kann. Durch eine gesetzliche Fiktion erfolgt die bewusste Gleichstellung von ungleich Gewusstem[6]. Die Fiktion ermöglicht es, einen Fall unter eine Regel zu bringen, die anderes voraussetzt[7]. Voraussetzung für eine Wahl ist eine Wahlhandlung, durch die das Abstimmungsverhalten der Wahlberechtigten festgestellt werden kann. § 46 Abs. 3 SGB IV ermöglicht es, unter bestimmten Bedingungen auf diese Wahlhandlung zu verzichten, so dass es zu einer Wahl ohne Wahlhandlung kommen kann. Rechtlich erfolgt damit durch § 46 Abs. 3 SGB IV die Gleichsetzung einer Wahl ohne Wahlhandlung mit einer Wahl mit Wahlhandlung. Die Untersuchung von § 46 Abs. 3 SGB IV unter dem Gesichtspunkt einer gesetzlichen Fiktion soll dazu dienen, zusätzliche Hinweise zur Bewertung der Norm zu gewinnen. Im öffentlichen Recht werden Fiktionen primär mit dem Zweck verbunden, eine formal aufrechterhaltene Rechtsnorm oder einen Rechtsgrundsatz zu durchbrechen oder eine rechtlich gebotene Handlung eines an einem Rechtsverhältnis Beteiligten zu ersetzen[8]. Diese Art der Fiktion wird als Fiktion in Präsumtionsform bezeichnet. Sie dient der Vereinfachung des in Frage stehenden Verfahrens, wenn die Partizipationsberechtigten durch ihr Verhalten zum Ausdruck bringen, dass sie von ihrem gesetzlichen Teilnahmerecht keinen Gebrauch machen wollen.

---

[1] *Jachmann,* Die Fiktion im öffentlichen Recht, S. 1152.
[2] *Pfeifer,* Fiktionen im öffentlichen Recht, insbesondere im Beamtenrecht, S. 220.
[3] *Schneider,* Gesetzgebung, Rn 367.
[4] *Jachmann,* Die Fiktion im öffentlichen Recht, S. 1152.
[5] Wahlordnung für die Sozialversicherung vom 28.7.1997, BGBl I, S. 1946.
[6] *Larenz*, Methodenlehre in der Rechtswissenschaft, S. 262.
[7] *Schneider,* Gesetzgebung, Rn 370.
[8] *Jachmann,* Die Fiktion im öffentlichen Recht, S. 1153.

1) Fiktion in Präsumtionsform

Im öffentlichen Recht finden sich zahlreiche Beispiele für die Verwendung von Fiktionen in Präsumtionsform: unter anderem im Bundeswahlgesetz und in der Geschäftsordnung des Bundestages sowie des Bundesrates. So bestimmt § 45 S. 2 BWG, dass die Wahl als angenommen gilt, wenn bis zum Ablauf der gesetzlichen Frist keine Erklärung des Gewählten erfolgt ist. Gem. § 7 Abs. 1 BWG gelten Landeslisten derselben Partei als verbunden, wenn keine Erklärung erfolgt, dass eine solche Listenverbindung ausgeschlossen sein soll. Die Tagesordnung gilt gem. § 20 Abs. 2 S. 2 GO BT als festgestellt, wenn kein Widerspruch bei Aufruf von Tagesordnungspunkt 1 erfolgt ist. Der Sitzungsbericht des Bundesrates gilt gem. § 34 Abs. 3 S. 1 GO BR als genehmigt, wenn nicht innerhalb einer bestimmten Frist nach seiner Ausgabe Einspruch beim Präsidenten eingelegt worden ist. Die Beteiligten können in den angeführten Beispielen durch einen Widerspruch oder die Abgabe einer gegenteiligen Erklärung das in der Fiktion vorweggenommene Ergebnis korrigieren. In diesen Fällen kann gesetzlich zum Ausdruck gebracht werden, dass ein verständig und billig denkender Mensch in einer Situation der fraglichen Art die betreffende Bestimmung auch tatsächlich getroffen hätte und damit eine gewisse Wahrscheinlichkeit besteht, dass in der konkreten Situation auch so entschieden worden wäre[9]. Wird bei einer Fiktion in Präsumtionsform die gesetzlich getroffene Ersatzentscheidung so angesehen, als ob sie von dem zur realen Mitwirkung Berechtigten angeordnet worden wäre, so stellt sich die Frage, ob den durch Friedenswahlen ins Amt gekommenen Mitgliedern der Selbstverwaltungsorgane eine demokratische Legitimation ersatzweise durch § 46 Abs. 3 SGB IV zuerkannt werden kann.

a) freie Listen

Ein Einspruch gegen die Einreichung nur einer Liste oder von Listen mit abgezählter Kandidatenanzahl ist gesetzlich nicht vorgesehen; Friedenswahlen können nur dadurch verhindert werden, dass von den vorschlagsberechtigten Gruppen nach Maßgabe des § 48 SGB IV Listen eingereicht werden. Werden freie Listen gebildet, so müssen unterstützende Unterschriften anderer Mitglieder gesammelt werden, deren Anzahl abhängig von der Größe des jeweiligen Sozialversicherungsträgers ist, siehe § 48 Abs. 2 SGB IV. Bei der Debatte zu dem 7. Gesetz zur Änderung des Selbstverwaltungsgesetzes vom 3.8.1967[10] wollte

[9] *Esser,* Wert und Bedeutung der Rechtsfiktionen, S. 52.
[10] BGBl I, S. 845.

der Bundesrat die Möglichkeit freier Listen streichen[11]. Gegen eine solche Nichtzulassung freier Listen hatte sich die Bundesregierung mit folgender Begründung gewandt[12]: „Dem Grundsatz der Selbstverwaltung entspricht es, dass allen im Bereich des Versicherungsträgers wirkenden Gruppen die Möglichkeit offen stehen soll, in grundsätzlich gleicher Weise an der Verwaltung des Trägers teilzunehmen. Diesem Grundsatz widerspricht die Beschränkung des Vorschlagsrechts auf die Gewerkschaften, sonstige Arbeitnehmervereinigungen und Vereinigungen von Arbeitgebern.“ Bei der Festlegung der erforderlichen Zahl der Unterschriften sind die Grundsätze zu beachten, die das Bundesverfassungsgericht für die Höhe der Unterschriftenzahl bei Vorschlägen zu politischen Wahlen aufgestellt hat[13]. Das Unterschriftenerfordernis soll einen Schluss auf die Ernsthaftigkeit des Wahlvorschlages zulassen, jedoch einer neuen Liste die Teilnahme an einer Wahl nicht praktisch unmöglich machen oder übermäßig erschweren[14]. In den letzten Jahren ist die Anzahl der Versicherungsträger aufgrund der Fusionen der Krankenkassen zurückgegangen, so dass entsprechend mehr große Versicherungsträger mit über 3 Millionen Mitglieder bestehen, bei denen 2000 Unterschriften gesammelt werden müssen, um eine freie Liste bilden zu können[15]. Die Anzahl der gesetzlichen Krankenkassen ist in den zurückliegenden 10 Jahren um 2/3 reduziert worden: während 1992 noch 1223 verschiedene Kassen bestanden, belief sich ihre Zahl im Jahr 2002 auf 396[16]. Das Bundesgesundheitsministerium plant, die Zahl der gesetzlichen Krankenkassen weiter zu verringern: es sollen 50 Kassen bestehen bleiben. Mit zunehmender Anzahl an größeren Versicherungsträgern, bei denen gem. § 48 Abs. 2 S. 1 SGB IV entsprechend viele Personen die Vorschlagslisten unterzeichnen müssen, stellt das Recht zur Einreichung von Vorschlagslisten für den einzelnen keine realistisch mögliche Beteiligungsmöglichkeit dar[17]. Aus diesen Gründen kann eine maßvolle Absenkung der erforderlichen Quoren zu fordern sein[18]. Auch wurde angeregt, die Wahlausschreibungen früher bekannt zu geben, da im Schlussbericht der Wahlbeauftragten für die Sozialwahlen 1999 festgestellt wurde, dass der Zeitraum zwischen dem Tag der Wahlausschreibung und der termingerechten Einreichung der Liste sehr kurz bemessen ist, wenn eine große Anzahl von Unterschriften erforderlich ist[19]. Die Erfüllung der in § 15 SVWO

---

[11] BT-Drucks. 5/1674, S. 28; *Krause,* in: GK-SGB IV, § 48, Rn 14.
[12] BT-Drucks. 5/1674, S. 33; *Krause,* in: GK-SGB IV, § 48 Rn 15.
[13] BVerfGE 3, 19 (27); 4, 375 (381); 12, 10 (25).
[14] BT-Drucks. 5/1674, S. 19.
[15] *Muckel,* Friedenswahlen in der Sozialversicherung, S. 151 (175).
[16] Daten des Gesundheitswesens, Ausgabe 2001, Band 137, Schriftenreihe des Bundesministeriums für Gesundheit, S. 342.
[17] *Muckel*, Friedenswahlen in der Sozialversicherung, S. 175.
[18] *Muckel*, Friedenswahlen in der Sozialversicherung, S. 176.
[19] *Rzesnik*, Der Schlußbericht zu den Sozialversicherungswahlen, ZFSH/SGB 2000, S. 523 (525).

aufgeführten Bestimmungen über Form und Inhalt der Vorschlagslisten erfordern zum Teil einen nicht unerheblichen Organisationsaufwand[20]. Ein Münchener Rechtsanwalt war bei den Sozialwahlen 1999 mit der Einreichung einer freien Liste trotz ausreichender Anzahl von Unterschriften gescheitert. Die AOK Bayern hatte bei einer Befragung der Unterzeichner einen formalen Fehler festgestellt, da den Unterzeichnern nicht immer komplette Vorschlagslisten mit Namen und Anschriften der Bewerber der anderen Listen vorgelegen hatten[21]. Ebenfalls ist zu berücksichtigen, dass die ehrenamtliche Mitarbeit in einem Selbstverwaltungsgremium mit einem nicht unerheblichen Zeitaufwand verbunden ist. Kann oder will ein Wahlberechtigter keine eigene Liste präsentieren oder scheitert er aus formalen Gründen mit seiner Liste, so steht ihm keine weitere Möglichkeit offen, eine Wahl mit Wahlhandlung zu erzwingen.

b) geringe Wahlbeteiligung

In den Fällen, in denen es zu einer Urwahl bei den Sozialwahlen kommt, verzichten regelmäßig mehr als die Hälfte der Wahlberechtigten auf ihr Recht zur Stimmabgabe und damit auf die Möglichkeit, an dem in Frage stehenden Entscheidungsprozess teilzunehmen. Die durchschnittliche Wahlbeteiligung betrug 1999 38,41 %. Das Bundessozialgericht verweist in der Entscheidung vom 15.11.1973, in der Friedenswahlen für verfassungsgemäß erklärt worden sind, darauf, dass die Regelung über Wahlen ohne Wahlhandlung „der Erfahrung Rechnung tragen, dass das Interesse an Wahlen zur Vertreterversammlung der Versicherungsträger häufig nur gering ist“[22]. Dieses Argument verstellt jedoch den Blick dafür, dass auch bei einer hohen Wahlbeteiligung die Wahlberechtigten eine Einigung der Sozialpartner auf eine Liste oder auf eine begrenzte Anzahl von wählbaren Kandidaten nicht verhindern können. Liegen die Voraussetzungen für Friedenswahlen vor, so wird eine Wahl ohne Wahlhandlung durchgeführt, es sei denn, es sind freie Listen eingereicht worden. Somit kann eine geringe Wahlbeteiligung nicht als ein Zeichen der Akzeptanz von Friedenswahlen gewertet werden. Darüber hinaus sind Sozialwahlen durch § 45 Abs. 2 S. 1 SGB IV als freie und geheime Wahlen garantiert. Die Freiheit der Wahl betrifft nicht nur das „ Wie“ sondern auch das „ Ob“ einer Wahl[23], so dass die freie Entschließung des Wählers, ob er sein Wahlrecht ausübt, geschützt ist.

---

[20] *Muckel,* Friedenswahlen in der Sozialversicherung, S. 175.
[21] Der Spiegel, 10.5.1999, Abnicker ohne Einfluß, http:// www.spiegel.de/spiegel/0,1518,225959,00.html.
[22] BSGE 36, 242, = USK 73209, S. 811 (812).
[23] *Jarass/ Pieroth,* Grundgesetz für die Bundesrepublik Deutschland, Art. 38 Rn 9.

c) hohe Kosten

Der geringen Wahlbeteiligung bei stattfindenden Urwahlen stehen hohe Kosten für deren Durchführung gegenüber. 1999 beliefen sich die Kosten für eine Wahl ohne Wahlhandlung auf insgesamt 2,5 Millionen Mark, während die Wahlen zu den 17 Versicherungsträgern knapp 98 Millionen Mark kosteten. Diese Kosten, die über die Versicherungsbeiträge aufzubringen sind, stellen jedoch keine fixe Größe dar, die auf die kommenden Sozialwahlen übertragen werden kann: so waren 1993 die Kosten für Urwahlen rund 20 % höher als 1999, sie beliefen sich auf fast 121 Millionen Mark[24]. Die Reduzierung der Kosten trotz höherer Portogebühren und höheren Ausgaben für die Information der Wahlberechtigten wird auf eine Optimierung der Verfahrensabläufe in Zusammenhang mit dem technischen Fortschritt und auf den Wettbewerb bei der Herstellung der Wahlunterlagen zurückgeführt[25]. Hinsichtlich des technischen Fortschrittes ist anzumerken, dass die Techniker Krankenkasse im Rahmen der Sozialwahl 1999 an einem von der Universität Osnabrück initiierten Forschungsprojekt „Wahlen im Internet" teilgenommen hat. Es handelte sich hierbei um eine Testwahl, die die Stimmabgabe per Briefwahl noch nicht ersetzen konnte[26]. Die Wahlberechtigten konnten über ihren eigenen Internet-Anschluss und in Voting-Rooms ihre Stimme abgeben. Sollten die Einsatzbereiche einer Internet-Wahl sich auf die zukünftigen Sozialwahlen erstrecken, so besteht die Möglichkeit, dass die Relation geringe Wahlbeteiligung – hohe Kosten sich zugunsten einer höheren Beteiligung mit geringeren Kosten verschiebt. Umgerechnet auf den einzelnen Versicherten sind 1999 Kosten in Höhe von 2,09 DM entstanden, pro Jahr entfallen damit 0,35 DM auf die Wahlkosten für Urwahlen. Aus der Individualsicht ist die Einsparung von Kosten nicht geeignet, den Nachteil einer fehlenden Mitwirkungsmöglichkeit auszugleichen. Werden aus übergeordneter Sicht die Gesamtaufwendungen in der Sozialversicherung in Höhe von mehreren Hundert Milliarden Mark im Jahr im Verhältnis zur Höhe der Aufwendungen für Wahlkosten gesehen, die alle sechs Jahre anfallen, so müssen auch hier finanzielle Überlegungen hinsichtlich der Durchführung von Friedenswahlen zurücktreten. Weder eine Zurückhaltung der Wahlberechtigten bei der Einreichung freier Listen, noch eine geringe Wahlbeteiligung bei Urwahlen oder relativ hohe Kosten für deren Durchführung rechtfertigen es, den durch Friedenswahlen ins Amt gekommenen Mitgliedern der Selbstverwaltungsorgane eine demokratische Legitimation ersatzweise durch die Fiktion des § 46 Abs. 3 SGB IV zuzuerkennen.

[24] *Leopold,* Sozialwahlen: Weichenstellung bis zum Jahr 2005, ZfS 1999, S. 106 (107).
[25] *Rzesnik*, Die Ergebnisse der Sozialversicherungswahl 1999, ZfS 2000, S. 225 (235).
[26] *Rzesnik*, Die Ergebnisse der Sozialversicherungswahl 1999, ZfS 2000, S. 225 (236).

2) Abweichung von einem gesetzlichen System

Mit Hilfe einer Fiktion kann auch auf eine tatsächliche Unmöglichkeit oder auf eine sachliche oder rechtliche Inadäquanz der realen Prüfung bzw. Wahrung der an sich einschlägigen Vorschriften reagiert werden[27]. Dann dienen Gesetzesfiktionen dazu, eine formal aufrechterhaltene, bestehende Rechtsnorm oder einen Rechtsgrundsatz zu durchbrechen, indem besondere Fallkonstellationen einbezogen werden und es so ermöglicht wird, im Rahmen des gesetzlichen Systems materielle Zwecke zu verfolgen, auf deren Realisierung das System nicht ausgerichtet ist[28]. Ein generelles verfassungsrechtliches Verbot einer fiktiven Abweichung von einem gesetzlichen System ist nicht feststellbar[29]. So können im öffentlichen Recht die gleichlautende Heilungsvorschriften der §§ 45 Abs. 3 S. 1 VwVfG und 41 Abs. 3 S. 1 SGB X[30] anordnen, dass eine tatsächlich erfolgte Verletzung von Verfahrens- oder Formvorschriften als nicht erfolgt anzusehen ist. Die in diesen fiktiven Rechtmäßigkeitsbestimmungen statuierte Ausnahme von Verfahrenserfordernissen ist regelmäßig dadurch gerechtfertigt, dass ihrem Zweck auf andere Weise Rechnung getragen wird[31]. Friedenswahlen werden als Wahlen angesehen, auch wenn es nicht zu einer Wahlhandlung kommt. Formal wird an der in den §§ 45 und 46 Abs. 1 SGB IV gesetzlich vorgegebenen realen Entscheidungsmöglichkeit der Wahlberechtigten festgehalten, durchbrochen wird dieser Grundsatz jedoch dann, wenn die Voraussetzungen von § 46 Abs. 3 SGB IV vorliegen.

3) Bedenken gegen das Institut der Friedenswahlen

Die strukturelle Form der Gesetzesfiktion, die Verschiedenartiges gleichstellt, beinhaltet die Gefahr eines Verstoßes gegen das Gleichheitsgebot, wenn die Gleichsetzung über das sachlich vertretbare Maß hinaus ausgedehnt wird[32]. Um dem Willkürverbot zu entsprechen, ist für den Verzicht einer Stimmabgabe im Falle von Friedenswahlen daher ein nachvollziehbarer Grund erforderlich. Sachlich gerechtfertigt ist die fiktive Gleichstellung einer Wahl mit Wahlhandlung und einer Wahl ohne Wahlhandlung, wenn der Wahlausgang bei fehlender An-

---

[27] *Jachmann,* Die Fiktion im öffentlichen Recht, S. 1198.
[28] *Jachmann,* Die Fiktion im öffentlichen Recht, S. 120, 1175.
[29] *Jachmann,* Die Fiktion im öffentlichen Recht, S. 1178.
[30] „Fehlt einem Verwaltungsakt die erforderliche Begründung oder ist die erforderliche Anhörung eines Beteiligten vor Erlaß eines Verwaltungsaktes unterblieben und ist dadurch die rechtzeitige Anfechtung des Verwaltungsaktes versäumt worden, gilt die Versäumung der Rechtsbehelfsfrist als nicht verschuldet."
[31] *Jachmann,* Die Fiktion im öffentlichen Recht, S. 1171.
[32] *Larenz*, Methodenlehre, S. 263.

zahl konkurrierender Kandidaten bereits feststeht. Friedenswahlen stellen dann ein effizientes und praktikables Mittel zur Vereinfachung des Wahlverfahrens dar. Bedenken gegen das Institut der Friedenswahlen können zunächst deswegen auftauchen, weil das vorgesehene Regel-Ausnahmeverhältnis sich zugunsten von Friedenswahlen entwickelt hat. 1999 fanden nur bei 2% der Sozialversicherungsträger Urwahlen statt. Bei diesen Wahlen verloren die Gewerkschaften 20 % der Mandate[33]. Der Vorzug vor den Gewerkschaften wurde den Mitglieder- und Interessengemeinschaften gegeben. Den Gewerkschaften ist daher daran gelegen, durch eine Konsenslösung weiteren Einflussverlusten entgegenzuwirken[34]. Die Wirkung von § 46 Abs. 3 SGB IV begünstigt damit bereits etablierte Verbände[35] und es besteht die Gefahr, dass bestehende Mehrheiten beibehalten werden[36] bzw. dass sich die Sozialpartner von dem Votum der Gesamtheit der Versicherungsangehörigen unabhängig machen können[37]. So haben Friedenswahlen den Nachteil, dass sie zu Entfremdungserscheinungen zwischen Repräsentanten und Repräsentierten führen können[38]. Aus verfassungsrechtlicher Sicht bestehen in der Literatur Bedenken gegen Friedenswahlen vor allem wegen einer möglichen Unvereinbarkeit mit Art. 20 Abs. 2 S. 1 GG[39]. Ausgehend von dieser grundgesetzlichen Bestimmung ist in der Wissenschaft der Begriff der „demokratischen Legitimation“ entwickelt worden[40]. Der Begriff der demokratischen Legitimation soll Vorgänge erfassen, durch die staatliche Entscheidungen auf den Willen des Volkes zurückgeführt werden[41]. Der Bedeutungsgehalt des Tatbestandsmerkmals „Staatsgewalt“ ist nicht nur auf die unmittelbare Verwaltung beschränkt[42]. Vielmehr besteht auch für Verselbständigungen von Verwaltungsträgern das Erfordernis, dass deren maßgebliche Entschei-

[33] *Rzesnik,* Der Schlußbericht zu den Sozialversicherungswahlen, ZFSH/SGB 2000, S. 523 (529).
[34] *Muckel,* Friedenswahlen in der Sozialversicherung, S. 157.
[35] *Castendiek,* Der sozialversicherungsrechtliche Normsetzungsvertrag, S. 131.
[36] *Rzesnik,* Der Schlußbericht zu den Sozialversicherungswahlen, ZFSH/SGB 2000, S. 523 (529).
[37] *Bogs,* Die Sozialversicherung im Staat der Gegenwart, S. 102.
[38] *Hendler,* Die Selbstverwaltung in der Rentenversicherung, Deutsche Rentenversicherung 1986, S. 319 (327).
[39] Nachweise zum Meinungsstand in der Literatur hinsichtlich verfassungsrechtlicher Zweifel an „Friedenswahlen“: *Schnapp,* Friedenswahlen in der Sozialversicherung- vordemokratisches Relikt oder scheindemokratisches Etikett?, in: FS für Knut Ipsen, S. 807, Fn 1.
[40] *Bryde,* Personalvertretung in der parlamentarischen Demokratie, in: FS für Thieme, S. 9 (15).
[41] *Bryde,* Personalvertretung in der parlamentarischen Demokratie, in: FS für Thieme, S. 9 (15).
[42] *Schmidt-Aßmann,* Verwaltungslegitimation, AöR 116 (1991), S. 329 (339, 345).

dungsträger grundsätzlich auf eine demokratische Legitimationskette verweisen können[43].

4) Vorgaben von Art. 20 Abs. 2 S. 1 GG

Entsprechend den Vorgaben von Art. 20 Abs. 2 S. 1 GG muss jedes staatliche Handeln auf das Volk als Legitimationsgeber zurückzuführen sein. Der Begriff Staatsgewalt umfasst „jedenfalls alles amtliche Handeln mit Entscheidungscharakter"[44]. Maßnahmen der Selbstverwaltung der Sozialversicherungsträger, die gegenüber den Mitgliedern der Selbstverwaltungskörperschaften als Entscheidung ergehen und sich damit von reinen konsultatorischen Akten abgrenzen, sind als Ausübung von Staatsgewalt anzusehen[45]. Entscheiden die Selbstverwaltungsorgane über Beiträge oder Leistungen, üben sie Staatsgewalt aus[46], so dass über das in Art. 20 Abs. 2 S. 1 GG verankerte Demokratieprinzip der Nachweis einer ununterbrochenen Legitimationskette vom Volk zu den mit den staatlichen Aufgaben betrauten Organen notwendig ist. Ob die Mitglieder der Vertreterversammlung bzw. des Verwaltungsrates im Beitrags- oder Leistungsrecht tatsächlich Entscheidungen treffen, ob sie also zwischen verschiedenen Möglichkeiten eine Auswahl treffen können, bedarf einer näheren Betrachtung. Eine Leistung der gesetzlichen Krankenversicherung ist zum Beispiel die Zahlung von Krankengeld. Ist ein Versicherter infolge von Krankheit arbeitsunfähig oder muss er auf Kosten der Krankenkasse stationär in einem Krankenhaus, einer Vorsorge- oder Rehabilitationseinrichtung behandelt werden, so hat er gem. § 44 Abs. 1 S. 1 SGB V einen Anspruch auf Krankengeld, sofern er nicht unter die in § 44 Abs. 1 S. 2 SGB V genannten Gruppen von Versicherten fällt. Die Höhe und die Berechnung des Krankengeldes richtet sich nach § 47 SGB V. Bei vordergründiger Betrachtung entscheidet sowohl der Gesetzgeber als auch der Sozialversicherungsfachangestellte über das Krankengeld. Hierbei bliebe allerdings unberücksichtigt, dass § 47 SGB V keinen Anspruch, sondern nur eine Anspruchsgrundlage darstellt. Die Entscheidung darüber, ob und wann Krankengeld gezahlt wird, ist vom Gesetzgeber getroffen worden. Über Sachleistungen in Form der Krankenbehandlung entscheidet ebenfalls nicht der Verwaltungsrat einer Krankenkasse. Denn diese Leistungen werden in der Regel nicht von den Krankenkassen selbst, sondern von den behandelnden Vertragsärzten erbracht. Der

---

[43] *Tettinger/Mann*, Zur demokratischen Legitimation in sondergesetzlichen Wasserverbänden, S. 10.

[44] BVerfGE 47, 253 (273); 93, 37 (68); BVerwGE 106, 64 (75).

[45] *Muckel*, Friedenswahlen in der Sozialversicherung, S.161; *Schnapp*, Friedenswahlen in der Sozialversicherung- vordemokratisches Relikt oder scheindemokratisches Etikett?, in: FS für Knut Ipsen, S. 814.

[46] *Muckel*, Friedenswahlen in der Sozialversicherung, S.161.

Vertragsarzt entscheidet nach Maßgaben der gesetzlichen Vorschriften - insbesondere des in § 12 SGB V normierten Wirtschaftlichkeitsgebotes und im Rahmen der Richtlinien des Gemeinsamen Bundesausschusses - welche Leistung er gegenüber dem Versicherten zur Behandlung der Krankheit erbringt[47].

a) Legitimationsformen

Ein effektiver Einfluss des Volkes auf die Ausübung von Staatsgewalt kann durch unterschiedliche Arten der Legitimation vermittelt werden. Denn Art. 20 Abs. 2 S. 1 GG legt als Eckpunkte nur das Volk als Subjekt und die Staatsgewalt als Objekt demokratischer Legitimation fest, hinsichtlich der Legitimationsformen ist er offen[48]. Legitimationssubjekt sind die Wahlberechtigten, Objekt der Legitimation die Maßnahmen der Selbstverwaltungsgremien. Die sachlich-inhaltliche oder auch materielle Legitimation wird durch den Vollzug der parlamentsbeschlossenen Gesetze vermittelt[49]. Diese Form der demokratischen Legitimation aufgrund der Gesetzesbindung ist im Bereich des Sozialrechts durch den in § 31 SGB I normierten Gesetzesvorbehalt besonders betont[50]. Eine uneingeschränkte personelle Legitimation besitzt, wer „verfassungsgemäß sein Amt im Wege einer Wahl durch das Volk oder das Parlament oder dadurch erhalten hat, dass er durch einen seinerseits personell legitimierten Amtsträger bestellt worden ist“[51].

aa) Vermittlung der personellen Legitimation

Bei der Vermittlung der personellen Legitimation stellt sich zunächst die Frage, ob eine personelle Legitimation überhaupt durch die Wahlberechtigten vermittelt werden kann. Denn die Gruppe der wahlberechtigten Versicherten und Arbeitnehmer ist nicht ohne weiteres dem in Art. 20 Abs. 2 S. 1 GG genannten „Volk“ gleichzusetzen. Volk bedeutet das Staatsvolk der Bundesrepublik Deutschland, das nur von den Deutschen gebildet werden soll[52]. Ist als „Volk“ im Sinne von Art. 20 Abs. 2 GG die Gesamtheit der Staatsbürger als offene und unbestimmte Allgemeinheit anzusehen[53], so hat Volkssouveränität „nicht zum Inhalt, dass sich die Entscheidungen der Staatsgewalt von den jeweiligen Betrof-

---

[47] *Schnapp,* Muss ein Vertragsarzt demokratisch legitimiert sein?, NZS 2001, S. 338.
[48] *Schnapp*, in: *v.Münch/ Kunig,* Grundgesetz Kommentar Band II, Art. 20 Rn 23.
[49] *Schnapp*, in: *v.Münch/ Kunig,* Grundgesetz Kommentar Band II, Art. 20 Rn 20.
[50] *Muckel,* Friedenswahlen in der Sozialversicherung, S. 164.
[51] BVerfGE 93, 37 (67); BVerwGE 106, 64 (75).
[52] BVerfGE 83, 37 (50 f.).
[53] BVerfGE 83, 37 (55).

fenen her zu legitimieren hat"[54]. Zum Teil wird daher in der Literatur eine personelle Legitimation, die nicht von der Gesamtheit der Staatsbürger, sondern nur von einer Gruppe von Betroffenen vermittelt wird, als defizitär erachtet[55]. Nach anderer Ansicht kann auch ein „Teilvolk" Legitimationssubjekt im Sinne von Art. 20 Abs. 2 GG sein, wenn es sich um eine homogen zusammengesetzte, abgrenzbare gesellschaftliche Gruppe handelt[56]. Erforderlich ist, dass die von einem Teilvolk legitimierte Selbstverwaltungseinrichtung ausschließlich oder ganz überwiegend eigene Belange der Mitglieder regelt[57]. Ist hingegen der wesentliche Zweck der so legitimierten Verwaltungseinheit die Wahrung von Gemeinwohlbelangen, die den Interessenkreis der Betroffenen nach Umfang und Gewicht eindeutig überschreiten, so ist eine nach funktions- und interessensbestimmten Merkmalen abgegrenzte Gruppe kein Volk im Sinne von Art. 20 Abs. 2 GG[58]. Ob es sich bei den zur Sozialwahl Wahlberechtigten um ein „Teilvolk" handelt, das eine personelle Legitimation vermitteln kann, wird in der Literatur angezweifelt: es wird vertreten, dass aufgrund der Anzahl und der gegensätzlichen Interessen innerhalb der wahlberechtigten Gruppen der Versicherten und Arbeitgeber bereits keine homogen zusammengesetzte Gruppe besteht[59]. Sind die Wahlberechtigten weder das Staatsvolk als Ganzes, noch „als Teilvolk im Sinne einer unbestimmten gleichheitlichen Allgemeinheit, die dem Staatsvolk strukturell ähnlich ist[60]" zu verstehen, so kann über eine Wahl durch die Wahlberechtigten eine personelle Legitimation nicht vermittelt werden. Zur Kompensation einer so entstandenen mangelnden personellen Legitimation wird dann in der Literatur gefordert, dass die Organe der funktionalen Selbstverwaltung „autonom legitimiert" sein müssen, d.h. über eine Legitimationskette verfügen müssen, die sich auf die Verbandsmitglieder zurückführen lässt[61]. Erforderlich sei, dass klare gesetzliche Aufgaben und Befugnisse den Selbstverwaltungskörperschaften zugewiesen werden und darüber hinaus eine demokratisch

---

[54] BVerfGE 83, 37 (51).

[55] *Böckenförde,* in : HStR I, § 22 Rn 33, 34; *Tettinger/Mann,* Zur demokratischen Legitimation in sondergesetzlichen Wasserverbänden, S.20.

[56] *Herzog,* in: *Maunz/Dürig,* Art. 20 Abs. 2 Rn 56 ff; *Oebbecke,* Weisungs- und unterrichtungsfreie Räume in der Verwaltung, S. 88 ff.

[57] BVerwGE 106, 64 (77).

[58] BVerwGE 106, 64 (77).

[59] *Axer,* Verfassungsrechtliche Fragen einer Organisationsform in der Rentenversicherung, S. 42.

[60] *Tettinger/Mann,* Zur demokratischen Legitimation in sondergesetzlichen Wasserverbänden, S. 20.

[61] *Tettinger/Mann,* Zur demokratischen Legitimation in sondergesetzlichen Wasserverbänden, S. 22, 64; *Böckenförde,* in : HStR I, § 22 Rn 33; *Schmidt-Aßmann,* Verwaltungslegitimation, AöR 116 (1991), S. 329 (376 ff), *Oebbecke,* Demokratische Legitimation nicht-kommunaler Selbstverwaltung, VerwArch 81 (1990), S. 349 (358).

verantwortliche Rechtsaufsicht besteht[62]. Nach weiterer Ansicht ist die funktionale Selbstverwaltung ein grundrechtskonformer Verwaltungstyp, der durch kollektive personelle Legitimation gekennzeichnet ist[63]. Das Modell der kollektiven personellen Legitimation knüpft daran an, dass der Gesetzgeber den Mitgliedern der Träger der funktionalen Selbstverwaltung die sie betreffenden Aufgaben aufgrund ihrer besonderen sachlichen Befähigung zugewiesen hat[64]. Die auf diesem Wege verwirklichte demokratischer Legitimation setzt eine ausreichend homogene Mitgliedergruppe sowie eine Beteiligung der Betroffenen voraus[65].

Einigkeit besteht trotz unterschiedlicher Argumentationsansätze jedenfalls darüber, dass eine Legitimationskette nachweisbar sein muss, die auf die Beteiligten zurückzuführen ist. Ein solcher Nachweis ist im Falle von Friedenswahlen nicht möglich. Bei einer Wahl ohne Wahlhandlung, also ohne Beteiligung der Wahlberechtigten, kann keine ununterbrochene Vermittlungskette von den Wahlberechtigten zu den Mitgliedern der Selbstverwaltung bestehen. Die personelle Legitimation der Selbstverwaltungsgremien der Sozialversicherungsträger ist daher immer dann unvollkommen oder „hinkend“[66], wenn Friedenswahlen durchgeführt worden sind.

bb) Rechtliche Konsequenzen einer mangelnden personellen Legitimation

Aus der Feststellung einer mangelnden personellen Legitimation allein lässt sich noch kein Verstoß gegen das Demokratieprinzip ableiten. Zum Teil wird das Fehlen einer Legitimation, die durch eine echte Wahl begründet wird, als rechtlich ohne Konsequenz angesehen, weil sich der Gesetzgeber für ein Berufungsverfahren hätte entscheiden können und damit auf eine Legitimation durch die Betroffenen ganz hätte verzichten können[67]. So wie die Mitglieder der „Selbstverwaltung“ (im organisatorischen Sinne) der Bundesanstalt für Arbeit gem. § 390 SGB III berufen werden, könnte auch eine Bestellung der Gruppenvertretung in den übrigen Zweigen der Sozialversicherung erfolgen. Eine unterschiedliche Organisation der Versicherungsträger ist möglich, da der Gesetzgeber „po-

[62] *Tettinger/Mann*, Zur demokratischen Legitimation in sondergesetzlichen Wasserverbänden, S. 64.
[63] *Kluth*, Demokratische Legitimation in der funktionalen Selbstverwaltung - Grundzüge und Grundprobleme, S. 33.
[64] *Kluth*, Demokratische Legitimation in der funktionalen Selbstverwaltung - Grundzüge und Grundprobleme, S. 33.
[65] *Kluth*, Demokratische Legitimation in der funktionalen Selbstverwaltung - Grundzüge und Grundprobleme, S. 35.
[66] *Schnapp*, Friedenswahlen in der Sozialversicherung - vordemokratisches Relikt oder scheindemokratisches Etikett?, in: FS für Knut Ipsen, S. 822.
[67] *Ruland*, in: *Wannagat* , SGB, § 46 Rn 23.

litisch Raum für Alternativen oft mehrerer verfassungskonformer Alternativen hat, diese Verfassungskonformität lässt inhaltliche Ausgestaltungen erkennen, die letztlich von der Verfassung angeregt oder auch nur mit begrenzter Kraft mitbestimmt sind"[68]. Von dem allgemeinen Grundsatz, dass Wahlen zu den Sozialversicherungsträgern stattfinden, sind gesetzlich Ausnahmen vorgesehen. Die Mitglieder des Verwaltungsrates bei einer erfolgten freiwilligen Vereinigung von Krankenkassen werden abweichend von der allgemeinen Regel nicht gewählt, sondern von der Aufsichtsbehörde gem. § 144 Abs. 3 SGB V berufen. Gem. § 44 Abs. 2 a S. 3 Nr. 1- 6 SGB IV werden bei einigen Unfallkassen die Arbeitgebervertreter der Selbstverwaltungsorgane von den dort genannten Stellen bestimmt. Gem. § 36 Abs. 2 a SGB IV werden bei der Unfallkasse Post und Telekom der Geschäftsführer und sein Vertreter vom Bundesministerium der Finanzen bestellt. Schließlich sind Berufungen durch die Aufsichtsbehörde gem. § 46 Abs. 4 SGB IV ersatzweise vorgesehen, wenn die Wahl zur Vertreterversammlung scheitert.

§ 46 Abs. 4 SGB IV ist jedoch eine eng auszulegende Ausnahmevorschrift: das Wahlrecht hat Vorrang vor dem Berufungsrecht[69]. Dieser Aspekt deckt sich mit dem Ziel des historischen Gesetzgebers, Wahlen in der Sozialversicherung wieder einzuführen, nachdem in der nationalsozialistischen Zeit die Leiter und Beiräte der Versicherungsträger berufen wurden[70]. Es sollte der vor 1933 herrschende Rechtszustand wiederhergestellt werden. Ursprünglicher Sinn der Regelung des heutigen § 46 Abs. 3 SGB IV ist daher nicht, Wahlen zu verhindern. Vielmehr wird die grundsätzliche Bedeutung von Wahlen in der Sozialversicherung dadurch unterstrichen, dass auch in den Fällen, in denen eine Wahlhandlung aufgrund fehlender miteinander konkurrierender Bewerber nicht sinnvoll erscheint, eine Wahl fingiert wird. Wird die Ausnahme fiktiv als ein Fall der grundsätzlichen Regelung angesehen, so erfolgt mit der durch die Fiktion vorgenommenen Zuordnung eine Bekräftigung des zugrunde liegenden Obersatzes[71]. Damit ist der Hinweis auf eine mögliche Berufung der Mitglieder der Vertreterversammlung nicht geeignet, die Frage zu lösen, ob den Anforderungen des Demokratieprinzips im Falle von Friedenswahlen entsprochen wird.

---

[68] *Häberle*, Verfassungsprinzipien im Verwaltungsverfahren, in: FS zum 50jährigen Bestehen des Richard Boorberg Verlages, S. 47 ff.
[69] *Krause*, in: GK-SGB IV, § 46 Rn 28.
[70] *Leopold*, Die Selbstverwaltung in der Sozialversicherung, S. 63 f.
[71] *Pfeifer*, Fiktionen im öffentlichen Recht, insbesondere im Beamtenrecht, S. 208.

cc) Vermittlung der materiell-inhaltlichen Legitimation durch Aufsicht

Die materiell-inhaltliche Legitimation wird hergestellt durch die Gesetzesbindung der Exekutive und – so eine weitere Ansicht - auch durch die Weisungsabhängigkeit der Amtsträger in der Sache und die Aufsicht[72]. Gem. § 87 Abs. 1 S. 1 SGB IV unterliegen alle Versicherungsträger staatlicher Aufsicht. Diese Aufsicht ist gem. § 87 Abs. 1 S. 2 SGB IV nur in Form einer Rechtmäßigkeitskontrolle möglich. Geltendes Recht muss vom Sozialversicherungsträger beachtet und richtig angewendet werden. Diese Beschränkung trägt dem für die Selbstverwaltung konstitutiven Merkmal der Eigenverantwortlichkeit der Aufgabenerfüllung Rechnung[73]. Als Ausnahme hiervon ist gem. § 87 Abs. 2 SGB IV eine Fachaufsicht auf den Gebieten der Prävention in der gesetzlichen Unfallversicherung vorgesehen. Gem. § 90 Abs. 1 S.1 SGB IV führt das Bundesversicherungsamt die Aufsicht über die bundesunmittelbaren Sozialversicherungsträger. Über die Bereiche der Prävention in der gesetzlichen Unfallversicherung erfolgt abweichend hierzu gem. § 90 Abs. 1 S. 1 SGB IV eine Fachaufsicht durch das Bundesministerium für Wirtschaft und Arbeit, bzw. - soweit delegiert - durch das Bundesversicherungsamt. Gem. § 90 Abs. 1 S. 2 SGB IV führt die Aufsicht über die Unfallkasse Post und Telekom auf dem Gebiet der Prävention der gesetzlichen Unfallversicherung das Bundesministerium der Finanzen. Landesunmittelbare Sozialversicherungsträger unterstehen gem. § 90 Abs. 2 SGB IV der Aufsicht des Bundeslandes, in dem jeweils ihr Sitz liegt. Als Mittel der Aufsicht hat gem. § 89 Abs. 1 S. 1 SGB IV zunächst eine Beratung zu erfolgen. Soweit ein Versicherungsträger trotz entsprechender Hinweise eine Rechtsverletzung nicht behebt, kann im Rahmen der Rechtsaufsicht einen Verpflichtungsbescheid von der Aufsichtsbehörde erlassen werden, erforderlichenfalls verbunden mit der Anordnung der sofortigen Vollziehung. Von der Aufsicht ist zunächst die Prüfung nach § 274 SGB V zu unterscheiden. Mindestens alle fünf Jahre wird die Geschäfts-, Rechnungs- und Betriebsführung der Krankenkassen und ihrer Verbände geprüft. Die Prüfung erfolgt für die Krankenkassen durch das Bundesversicherungsamt und die für die Sozialversicherung zuständigen obersten Verwaltungsbehörden der Länder, für die Spitzenverbände der Krankenkassen durch das Bundesministerium für Gesundheit und Soziale Sicherung und für die Landesverbände der Krankenkassen ebenfalls von den für die Sozialversicherung zuständigen obersten Verwaltungsbehörden der Länder. Gem. § 274 Abs. 1 S. 4 SGB V umfasst die Prüfung den gesamten Geschäftsbetrieb hinsichtlich der Gesetzmäßigkeit und Wirtschaftlichkeit. Die aufgrund der Prüfung festgestellten Sachverhalte sollen die Prüfstellen veranlassen, die Kran-

[72] *Muckel,* Friedenswahlen in der Sozialversicherung, S. 162.
[73] *Hendler*, in: HStR IV, § 106 Rn 36.

kenkassen und ihre Verbände zu beraten und ihnen Verbesserungen vorzuschlagen[74].

Gem. § 34 Abs. 1 S. 2 SGB IV bestehen Mitwirkungsrechte der jeweils zuständigen Aufsichtsbehörde in Form von Genehmigungen bei Erlass und Änderung von Satzungen. Auch die von den gesetzlichen Vorschriften abweichende Anlage des Verbandsvermögens bedarf gem. § 86 SGB IV der Genehmigung der Aufsichtsbehörde. Diese staatlichen Mitwirkungsrechte an den kraft Gesetzes mitwirkungsbedürftigen Akten der Sozialversicherungsträger, die im Gesetz mit „Genehmigung" bezeichnet werden, werden zum Teil als eine dritte Form der Staatsaufsicht angesehen[75]. Nach anderer Ansicht soll es sich hierbei um Mitwirkungshandlungen des Staates außerhalb der Aufsicht handeln[76]. Jedenfalls erstrecken sich diese staatlichen Mitwirkungsrechte auch auf Zweckmäßigkeitserwägungen, allerdings nur auf die, die von der Verwaltungsaufgabe her erforderlich und zulässig sind[77]. Nach Ansicht des Bundessozialgerichtes ist eine Prüfung im Rahmen des Genehmigungsverfahrens nur dort auf eine reine Rechtskontrolle beschränkt, wo das Gesetz es ausdrücklich bestimmt[78]. Ausdrücklich angeordnet ist eine reine Rechtskontrolle z.B. in § 148 Abs. 1 S. 2 SGB V: hiernach darf die Genehmigung in dem Verfahren zur Errichtung einer Betriebskrankenkasse nur versagt werden, wenn die in § 147 Abs. 1 SGB V genannten Voraussetzungen nicht vorliegen oder die Krankenkasse zum Zeitpunkt der Errichtung nicht 1000 Mitglieder haben wird. Die Aufsichtsbehörde darf nur die Zweckmäßigkeitserwägungen anstellen, die für die Einräumung des Mitwirkungsrechts maßgeblich waren[79]. Zudem hat sie die Primärkompetenz der Selbstverwaltung insofern zu beachten, als sie bei Ermessensentscheidungen auf eine Nachprüfung der korrekten Ermessensausübung des Versicherungsträgers beschränkt ist[80]. Die Erstregelungskompetenz und inhaltliche Gestaltungsfreiheit der Selbstverwaltungsträger wird durch die Mitwirkungsvorbehalte nicht in Frage gestellt. Werden von der Aufgabenerledigung der Selbstverwaltung Dritte betroffen, kommt der Beteiligung staatlicher Stellen in Form von Genehmigungsvorbehalten die Bedeutung zu, dass die Berücksichtigung der Interessen

[74] Kass. Komm -*Peters*, § 274 SGB V Rn 2.
[75] *Schirmer/Kater/Schneider*, Aufsicht in der Sozialversicherung , 500,1.
[76] *Hauck*, in: *Hauck/Noftz*, SGB IV, § 87, Rn 5, *Schnapp*, in: *Schulin*, HS-KV, § 52 Rn 16.
[77] *Schnapp*, in: *Schulin*: HS-KV, § 52, Rn 18; *Bieback*, in: *Schulin*, HS-UV, § 57 Rn 10; *Wigge*, Die Neuordnung der Organisationsstruktur der Ortskrankenkassen durch das Gesundheitsstrukturgesetz, VSSR 1994, S. 154; *Baier*, in: *Krauskopf*, § 34 SGB IV, Rn 13; *Hauck*, in: *Hauck/Noftz*, SGB IV, § 34 Rn 4, Kass.Komm- *Maier*, § 34 SGB IV Rn 9.
[78] BSGE 37, 272 (276); 51, 293 (294).
[79] *Schnapp*, in: *Schulin*, HS-KV, § 52 Rn 18.
[80] BSGE 23, 206 (209).

Dritter durch umfassende demokratische Vorentscheidungen sichergestellt werden soll[81].

Grundsätzlich kann der Aufsicht eine Ausgleichsfunktion hinsichtlich einer defizitären demokratischen Legitimation zukommen[82]. Ist nur eine geringe gesetzliche Steuerung der Aufgabenwahrnehmung vorhanden, so ist eine effektive Fachaufsicht ein notwendiges Mittel zur Sicherstellung der sachlich-inhaltlichen demokratischen Legitimation[83]. In der Literatur wird vertreten, dass die primäre Sachverantwortung durch eine Fachaufsicht „temporär geteilt" wird und somit die Fachaufsicht eine demokratische Legitimation vermitteln kann[84]. Die Bedeutung der Rechtsaufsicht in Hinblick auf ihre legitimationsstiftende Wirkung hängt maßgeblich von der Legitimationskraft der Gesetze ab, die als Maßstab für die Rechtsaufsicht dienen[85]. Die sachlich-inhaltliche Legitimationskraft der Rechtsaufsicht differiert nach Maßgaben der inhaltlichen Regelungsdichte und der damit einhergehenden Steuerungskraft der betreffenden gesetzlichen Inhaltsvorgaben[86]. Die Intensität der Aufsicht ist umso geringer, je größer der Ermessensbereich der Körperschaft ist[87]. Gehören zu den Prüfungsmaßstäben der rechtsaufsichtlichen Kontrolle hingegen unbestimmte Rechtsbegriffe, kann die administrative Eigenständigkeit eines Sozialversicherungsträgers eingeengt werden und die Rechtmäßigkeitskontrolle in ihren praktischen Auswirkungen einer Zweckmäßigkeitsaufsicht nahe kommen[88]. Zu den unbestimmten Rechtsbe- griffen gehören die Grundsätze der Wirtschaftlichkeit und Sparsamkeit[89]. Die Sozialversicherungsträger sind gem. § 69 Abs. 2 SGB IV gesetzlich zur Berücksichtigung der Grundsätze der Wirtschaftlichkeit und Sparsamkeit verpflichtet, für die gesetzliche Krankenversicherung wird das Gebot der Wirtschaftlichkeit in den §§ 12 und 70 SGB V normiert. Wirtschaftlichkeit bedeutet nach dem Minimal- oder Maximalprinzip die Erzielung des bestmöglichen Ergebnisses mit dem geringstmöglichen Aufwand[90]. Bei der Beurteilung der Wirtschaftlichkeit und der Sparsamkeit einer Maßnahme muss dem einzelnen Versicherungsträger ein Beurteilungsspielraum in Gestalt einer „Einschätzungsprärogative" verbleiben[91]. Diese Forderung ist bedingt durch die sachimmanenten

---

[81] *Oebbecke,* Weisungs- und unterrichtungsfreie Räume in der Verwaltung, S.90.
[82] *Kaltenborn,* Richtliniengebung durch ministerielle Ersatzvornahme, VSSR 2000, S. 265.
[83] Staatsgerichtshof der Freien Hansestadt Bremen vom 25.1.2002- ST 1/01- S. 23.
[84] *Kluth,* Funktionale Selbstverwaltung, S. 271, 272.
[85] *Emde,* Die demokratische Legitimation der funktionalen Selbstverwaltung, S. 84.
[86] *Brosius-Gersdorf,* Deutsche Bundesbank und Demokratie, S. 50.
[87] *Wolff/Bachof/Stober,* Verwaltungsrecht II, 5. Auflage, § 84 Abs. 4 Rn 39.
[88] *Hendler,* in: HStR IV, § 106 Rn 37.
[89] *Schnapp,* Der Haushaltsgrundsatz der Wirtschaftlichkeit und Sparsamkeit – im Sozialrecht und in anderen Rechtsgebieten, in: FS für von Maydell, S. 627.
[90] BSGE 56, 197 (198).
[91] BSGE 71, 108 (110).

Schwierigkeiten einer Erfolgskontrolle und wird verstärkt durch das den Versicherungsträgern zustehende Selbstverwaltungsrecht[92]. Das Gebot einer wirtschaftlichen und sparsamen Haushaltsführung kann dort, wo Zwecke und Mittel sich nicht in ein rein monetäres Verhältnis bringen lassen, nicht dazu führen, dass „eine administrative Punktlandung in einem ziffernmäßigen Betrag zu absolvieren" ist[93]. Es gibt daher nicht eine richtige, da wirtschaftliche, Entscheidung, sondern eine gewisse „Bandbreite von Entscheidungsmöglichkeiten", die dem Wirtschaftlichkeitsbegriff entsprechen[94]. Gerügt werden können nur offenbar unwirtschaftliche Entscheidungen[95]. Die Grenze des „Bewertungsspielraums", der dem einzelnen Versicherungsträger verbleiben muss, ist dort zu ziehen, wo eine Entscheidung unter keinem Gesichtspunkt vertretbar erscheint; dann kann die Aufsichtsbehörde von einem Verstoß gegen den Wirtschaftlichkeitsgrundsatz ausgehen[96].

Zusammenfassend lässt sich feststellen, dass die grundsätzlich als Rechtsaufsicht ausgestaltete Aufsicht über die Sozialversicherungsträger aufgrund enger gesetzlicher Vorgaben einer Fachaufsicht nahe stehen kann. Denn eine detaillierte Gesetzgebung macht eine Zweckmäßigkeitskontrolle überflüssig, sie schließt sie in Grenzbereichen sogar aus[97].

b) Legitimationsniveau

Aus verfassungsrechtlicher Sicht entscheidend ist nicht die Form der demokratischen Legitimation staatlichen Handelns, sondern deren Effektivität; notwendig ist, dass ein bestimmtes Legitimationsniveau erreicht wird[98]. Die unterschiedlichen Legitimationsformen stehen in einem wechselbezüglichen Verhältnis und sind auf das gleiche Ziel bezogen: auf die Sicherung einer effektiven demokratischen Legitimation staatlichen Handelns[99]. Überwiegend wird eine Kompensation von Defiziten des einen Legitimationsaspektes durch eine Verwirklichung

---

[92] BSGE 71, 108 (110).

[93] *Schnapp,* Der Haushaltsgrundsatz der Wirtschaftlichkeit und Sparsamkeit – im Sozialrecht und in anderen Rechtsgebieten, in: FS für von Maydell, S. 631.

[94] *Schnapp,* Der Haushaltsgrundsatz der Wirtschaftlichkeit und Sparsamkeit – im Sozialrecht und in anderen Rechtsgebieten, in: FS für von Maydell, S. 632.

[95] *Schnapp,* Der Haushaltsgrundsatz der Wirtschaftlichkeit und Sparsamkeit – im Sozialrecht und in anderen Rechtsgebieten, in: FS für von Maydell, S. 631.

[96] *Schnapp,* Der Haushaltsgrundsatz der Wirtschaftlichkeit und Sparsamkeit – im Sozialrecht und in anderen Rechtsgebieten, in: FS für von Maydell, S. 632.

[97] *Schnapp,* in: *Schulin,* HS-KV § 52 Rn 12.

[98] BVerfGE 83, 60 (72); 89, 155 (182); 93, 37 (67).

[99] BVerwGE 106, 64 (74).

des anderen Aspektes für grundsätzlich möglich erachtet[100]. Die Legitimation durch die Gesetzgebung ist umso höher, je genauer das Handeln der Entscheidungsträger durch das Gesetz bestimmt wird, denkbar ist eine Legitimationsabstufung entsprechend dem Grad der Bestimmtheit des Gesetzes[101]. Gerade das Sozialversicherungsrecht ist geprägt durch exakte gesetzliche Vorgaben, die in der Regel keine Möglichkeit zu einer Alternativentscheidung eröffnen[102]. Wo hingegen Entscheidungsfreiräume begründet werden, ist eine personelle Legitimation unverzichtbar[103]. In dem Maße, in dem den Selbstverwaltungsorganen eine personelle Legitimation fehlt, muss somit zur Erreichung eines erforderlichen Legitimationsniveaus die materielle Legitimation ansteigen. Ob die fehlende personelle Legitimation durch eine inhaltliche Determination des Handelns der Selbstverwaltungsgremien kompensiert wird, hängt also davon ab, inwieweit die für die Beteiligten wesentlichen Entscheidungen vom Gesetzgeber selbst getroffen werden, so dass die Sozialversicherungsträger als „verlängerter Arm“ des Gesetzgebers fungieren. Das zentrale Problem ist daher, inwieweit in den einzelnen Zweigen der Sozialversicherung Entscheidungsfreiräume bestehen.

---

[100] Staatsgerichtshof der Freien Hansestadt Bremen vom 25.1.2002- St1/01- S. 11, betreffend die Verfassungsmäßigkeit des Gesetzes zur Übertragung von Aufgaben staatlicher Förderung auf juristische Personen des Privatrechts; *Schnapp*, in: *v.Münch/ Kunig*, Grundgesetz Kommentar Band II, Art. 20 Rn 21; Darstellung der „Rechtfertigungs-“ und „Kompensationslehre“ bei *Muckel,* Friedenswahlen in der Sozialversicherung, S. 165, 166; Darstellung der verschiedenen Legitimationsvermittlungsmodelle bei *Kluth,* Demokratische Legitimation in der funktionalen Selbstverwaltung- Grundzüge und Grundprobleme, S. 30 ff; Hinweise zum Meinungsstand bei *Tettinger/Mann* Zur demokratischen Legitimation in sondergesetzlichen Wasserverbänden, S. 9, Fn 20.

[101] *Waechter,* Geminderte demokratische Legitimation staatlicher Institutionen, S. 35.

[102] *Schnapp,* Friedenswahlen in der Sozialversicherung- vordemokratisches Relikt oder scheindemokratisches Etikett?, in: FS für Knut Ipsen, S. 811.

[103] *Kluth,* Funktionale Selbstverwaltung, S. 367.

2. Teil Entscheidungsfreiräume der Sozialversicherungsträger

I Gesetzliche Rentenversicherung

Historisch bedingt ist die gesetzliche Rentenversicherung in verschiedene Zweige aufgeteilt: in die Rentenversicherung der Arbeiter (§§ 127-131 SGB VI), die Rentenversicherung der Angestellten (§§ 132-135 SGB VI), die Knappschaftliche Rentenversicherung (§§ 136-141 SGB VI) und in die Altershilfe für Landwirte, die im „Gesetz über die Altershilfe für Landwirte" (ALG)[104] geregelt ist.

Die Altershilfe für Landwirte wurde zum 1. 10. 1957 mit dem Gesetz über eine Altershilfe für Landwirte (GAL) eingeführt[105]. 1995 wurde mit dem Agrarsozialreformgesetz (ASRG 1995)[106] die Alterssicherung der Landwirte mit dem Gesetz über eine Alterssicherung der Landwirte (ALG) neu geregelt. Durch das ALG wurden die Beitragsberechnungen an den Beitrag in der gesetzlichen Rentenversicherung gekoppelt. Hierdurch hat die Alterssicherung der Landwirte strukturell an Selbständigkeit verloren[107]. Am 1.8.2001 ist das Gesetz zur Organisationsreform in der landwirtschaftlichen Sozialversicherung (LSVorgG) vom 17.7.2001[108] in Kraft getreten, das zu umfassenden Änderungen und Ergänzungen des ALG und des KVLG 1989[109] geführt hat. Durchgeführt werden die Aufgaben nach dem ALG durch zehn landwirtschaftliche Alterskassen, die Körperschaften des öffentlichen Rechts sind. Gem. § 32 Abs. 1 SGB IV sind Organe der landwirtschaftlichen Krankenkassen und der landwirtschaftlichen Alterskassen die Organe der landwirtschaftlichen Berufsgenossenschaften, bei denen sie errichtet sind. In Angelegenheiten der Alterssicherung der Landwirte stehen gem. § 44 Abs. 3 S. 1 SGB IV den Vertretern der Selbständigen, die in der betreffenden Versicherung nicht versichert sind, sowie den Vertretern der Arbeitnehmer keine Mitwirkungsrechte in den Selbstverwaltungsorganen zu.

Träger der Rentenversicherung der Arbeiter sind gem. § 127 SGB VI die Landesversicherungsanstalten, die Bahnversicherungsanstalt und die Seekasse. Trä-

---

[104] ALG in der Fassung vom 29.7.1994, BGBl I S. 1890,1891, zuletzt geändert durch Art. 6 a des Gesetzes am 23.12.2002, BGBl I, S. 4621.

[105] BGBl I, S. 1293.

[106] BGBl I, S. 1890.

[107] *Koch/Möller-Schlotfeldt*, in: *Schulin*, HS-RV, § 60 Rn 17.

[108] BGBl I., S. 1600.

[109] Zweites Gesetz über die Krankenversicherung der Landwirte (KVLG 1989) vom 20.12.1988 (BGBL I, S. 2477 Art. 8), zuletzt geändert durch Gesetz vom 19.12.1998 (BGBG I, S. 3853).

ger der Rentenversicherung der Angestellten ist gem. § 132 SGB VI die Bundesversicherungsanstalt für Angestellte, Träger der knappschaftlichen Rentenversicherung gem. §§ 125 Nr. 3, 136 SGB VI die Bundesknappschaft. Bei der Bundesknappschaft setzt sich gem. § 44 Abs. 1 Nr. 3 SGB IV die Vertreterversammlung zu 2/3 aus Vertretern der Versicherten und zu 1/3 aus Vertretern der Arbeitgeber zusammen.

1) Versicherter Personenkreis und Beitragsrecht

In der Rentenversicherung sind der versicherte Personenkreis und das Leistungsspektrum gesetzlich vorgegeben, die Beitragssätze werden gem. § 160 SGB VI von der Bundesregierung durch Rechtsverordnung festgesetzt. Die Beiträge zur Rentenversicherung werden im Rahmen des Lohnabzugsverfahrens einbehalten und zusammen mit den Kranken- und Arbeitslosenversicherungsbeiträgen als Gesamtsozialversicherungsbeitrag an die Krankenkasse als zuständige Einzugsstelle gem. § 28 h SGB IV gezahlt. Gem. § 28 p SGB IV prüfen die Träger der Rentenversicherung bei den Arbeitgebern die Richtigkeit der Beitragszahlung und der Meldung.

2) Leistungsrecht

a) Leistungen zur Teilhabe, §§ 9-32 SGB VI

aa) Voraussetzungen für die Leistungen, §§ 9-12 SGB VI

Durch Maßnahmen der Rehabilitation soll die Erwerbsfähigkeit des Versicherten möglichst bis zum Erreichen der rentenrechtlichen Altersgrenze erhalten bleiben oder wiederhergestellt werden und die Gewährung von Frührenten vermieden oder wenigstens hinausgeschoben werden[110]. Gem. § 9 Abs. 1 S. 2 SGB VI haben die Leistungen zur Rehabilitation Vorrang vor Rentenleistungen. Der Rentenversicherungsträger kann gem. § 9 Abs. 2 S. 1 SGB VI Rehabilitationsleistungen gewähren. Es besteht daher auf die Gewährung der Leistung kein unbedingter Rechtsanspruch. Unter Beachtung des Postulates „Rehabilitation vor Rente" müssen jedoch bei einer Leistungsminderung des Versicherten, die durch Rehabilitationsmaßnahmen behoben werden kann, solche in der Regel auch gewährt werden. Aufgrund der langjährigen Praxis bei der Gewährung von Rehabilitationsleistungen dürfte mittlerweile eine Selbstbindung eingetreten sein.

---

[110] *Kolb/Seidel*, Rehabilitationsrecht, Rn 28; *Pitschas*, in: *Schulin*, HS-RV, § 31 Rn 27.

Beantragt ein Versicherter eine Leistung zur Rehabilitation, so prüft der zuständige Rentenversicherungsträger, ob die persönlichen und versicherungsrechtlichen Voraussetzungen vorliegen. Zu den persönlichen Voraussetzungen gehört gem. § 10 SGB VI, dass die Erwerbsfähigkeit des Versicherten aufgrund von Krankheit oder körperlicher, geistiger oder seelischer Behinderung erheblich gefährdet oder gemindert ist[111]. Die Gewährung von präventiven Maßnahmen für den gesunden Versicherten ist nicht vorgesehen. Erheblichkeit liegt vor, wenn nach ärztlicher Feststellung in absehbarer Zeit mit einer Minderung der Erwerbsfähigkeit zu rechnen ist, die reine Möglichkeit einer Minderung reicht nicht aus[112]. Ein absehbarer Zeitraum wird entsprechend der Regelung in § 102 Abs. 2 S. 2 SGB VI zu befristeten Renten bei drei Jahren angenommen[113]. Die persönlichen Leistungsvoraussetzungen werden im Rahmen eines ärztlichen Begutachtungsverfahrens geprüft. Die Begutachtung erfolgt entweder durch ausgewählte approbierte Ärzte, die hauptamtlich für Rentenversicherungsträger tätig sind oder durch beauftragte niedergelassene Ärzte oder Krankenhausärzte, die als beauftragte Gutachter tätig werden[114]. Die versicherungsrechtlichen Voraussetzungen liegen gem. § 11 Abs. 1 SGB VI vor, wenn bei Antragstellung die Wartezeit von 15 Jahren erfüllt ist oder eine Rente wegen verminderter Erwerbsfähigkeit bezogen wird. Weitere Voraussetzungen sind in §§ 11 Abs. 2 und 2 a SGB VI geregelt, die eine Unterscheidung zwischen medizinischen und berufsfördernden Leistungen zur Rehabilitation vornehmen. Ausgeschlossen sind Rehabilitationsleistungen unter den in § 12 Abs. 1 SGB VI genannten Bedingungen. Gem. § 12 Abs. 2 SGB VI werden medizinische Leistungen zur Rehabilitation nicht vor Ablauf von vier Jahren wiederholt. Sind die persönlichen und versicherungsrechtlichen Voraussetzungen erfüllt, besteht eine Pflicht des Rentenversicherungsträgers zur Gewährung der Leistung[115]. Der Charakter der Rehabilitationsleistungen als Ermessensleistungen ist daher durch Gesetz und Rechtsprechung erheblich eingeschränkt[116].

bb) Umfang der Leistungen, § 13 SGB VI

Die Ausübung des Ermessens beschränkt sich somit gem. § 13 Abs. 1 SGB VI auf die Bestimmung von Art, Dauer, Umfang, Beginn und Durchführung der

---

[111] *Ruland,* in: SRH, § 16 Rn 206.
[112] Kass-Komm.- *Niesel,* § 10 SGB VI Rn 17.
[113] Kass-Komm.- *Niesel,* § 10 SGB VI Rn 17.
[114] *Schaub,* in: HDR 22, Rn 114.
[115] *Erlenkämper/Fichte,* Sozialrecht, S. 415.
[116] *Schaub,* in: HDR, § 22 Rn 58; *Ruland,* in: SRH, § 16 Rn 205; *Pitschas*, in: *Schulin,* HS-RV, § 31 Rn 78.

Rehabilitationsleistung sowie auf die Bestimmung der jeweiligen Einrichtung[117]. Dieses Bestimmungsrecht steht unter dem Postulat der Wirtschaftlichkeit und der Sparsamkeit. Um eine Gleichbehandlung aller Betroffenen sicherzustellen, verfahren die Rentenversicherungsträger bei der Ausübung ihres Ermessens nach einheitlichen Grundsätzen für die Gewährung von Maßnahmen zur Rehabilitation[118].

cc) Leistungen zur medizinischen Rehabilitation und zur Teilhabe am Arbeitsleben, §§ 15- 19 SGB VI

Welche Maßnahmen von der medizinischen Rehabilitation und zur Teilhabe am Arbeitsleben umfasst werden, ist in den §§ 15 und 16 SGB VI geregelt. Gem. § 15 Abs. 2 S. 3 SGB VI müssen die Leistungen der Einrichtungen der medizinischen Rehabilitation nach Art und Schwere der Erkrankung erforderlich sein. § 15 Abs. 3 SGB VI regelt die grundsätzliche stationäre Rehabilitationsdauer von drei Wochen, von der nur in Ausnahmefällen abgewichen werden soll. Gem. § 15 Abs. 3 S. 2 SGB VI ist auch eine längere stationäre Rehabilitation möglich ist, wenn dies erforderlich ist, um das Rehabilitationsziel zu erreichen. Die durchschnittliche Dauer einer Rehabilitationsmaßnahme beträgt vier Wochen[119]. Bei der Gewährung von Rehabilitationsleistungen sind von den Rentenversicherungsträgern die Vorschriften des SGB IX - Rehabilitation und Teilhabe behinderter Menschen-, das am 1.7.2001 in Kraft getreten ist, zu beachten. Gem. § 16 SGB VI erbringen die Träger der Rentenversicherung die Leistungen zur Teilhabe am Arbeitsleben nach §§ 33 bis § 38 SGB IX. Diese können gem. § 18 S. 2 SGB IX unter bestimmten Voraussetzungen im grenznahen Ausland erbracht werden. Bis zum Inkrafttreten des § 18 SGB IX wurde der Ort der Leistungen in § 14 SGB VI geregelt. Rehabilitationsleistungen waren gem. § 14 Abs. 1 S. 1 SGB VI im Inland zu erbringen. Ausnahmen konnten nur nach gutachterlicher Äußerung des Verbandes Deutscher Rentenversicherungsträger (VDR) mit der Genehmigung der Aufsichtsbehörde gem. § 14 Abs. 1 S. 2 SGB VI zugelassen werden. § 18 SGB IX trägt der Rechtsprechung des EuGH Rechnung[120]. Da hierdurch jedoch nur ein eingeschränkter Bereich einer Leistungserbringung im Ausland geregelt wird, ist bei den nicht geregelten Bereichen im Hinblick auf den freien Dienstleistungsverkehr i.S.v. § 49 EGV bei der

---

[117] BSGE 54, 54 (61); 68, 167 (169); *Schaub,* in: HDR, 22 Rn 58; *Pitschas,* in: *Schulin,* HS-RV, § 31 Rn 78.

[118] „Richtlinien, Empfehlungen und Vereinbarungen zur Rehabilitation in der gesetzlichen Rentenversicherung", VDR-Schrift Band 17, Ausgabe Okt. 1999, Frankfurt am Main.

[119] *Pitschas,* in: *Schulin,* HS-RV, § 32 Rn 22.

[120] *Brodkorb,* in: *Hauck/Noftz,* SGB IX, K § 18 Rn 11.

Erbringung von medizinischen Behandlungsmaßnahmen im EU-Ausland weiterhin auf das EG-Recht und die EuGH-Rechtsprechung zurückzugreifen[121].

Das SGB IX hat das RehaAnglG vom 7.8.1974[122] abgelöst. Da auch im Rahmen der gesetzlichen Kranken- und Unfallversicherung, der Arbeitsförderung und der Sozialhilfe Leistungen zur Rehabilitation möglich sind, ist aufgrund der Existenz verschiedener Rehabilitationsträger eine gesetzliche Regelung zur Koordination der Rehabilitationsträger notwendig, um eine weitgehende Einheitlichkeit des Umfanges der Leistungen und des Verfahrens zu erreichen[123]. Ziel des RehaAnglG war die Angleichung der medizinischen, berufsfördernden und ergänzenden Leistungen der Rehabilitation und die Verbesserung der Zusammenarbeit der einzelnen Rehabilitationsträger. Hierdurch sollte ein zügiges und nahtlos ablaufendes Rehabilitationsverfahren, verbunden mit einer besseren Orientierung des Behinderten im gegliederten System der Rehabilitation bewirkt werden[124]. Um eine reibungslose und koordinierte Zusammenarbeit der Leistungsträger zu gewährleisten, verpflichtet das SGB IX die Rehabilitationsträger zur Vereinbarung gemeinsamer Empfehlungen. Diese Vereinbarungen werden von der 1969 gegründeten Bundesarbeitsgemeinschaft für Rehabilitation (BAR) getroffen. Die BAR setzt sich zusammen aus den Spitzenverbänden der gesetzlichen Kranken-, Unfall- und Rentenversicherung, der Bundesanstalt für Arbeit, den Ländern, der Arbeitsgemeinschaft der Deutschen Hauptfürsorgestelle, der Bundesarbeitsgemeinschaft der überörtlichen Träger der Sozialhilfe, der Kassenärztlichen Bundesvereinigung, der Bundesvereinigung der Deutschen Arbeitgeberverbände, dem DGB und dem DAG. Primäres Ziel und Anliegen der BAR ist es ihrer Satzung entsprechend, darauf hinzuwirken, dass Leistungen der Rehabilitation nach den gleichen Grundsätzen durchgeführt werden und so eine Kooperation und Koordination der beteiligten Leistungsträgern gewährleistet wird. Die BAR hat u.a. folgende Gesamtvereinbarungen für die Regelung des Rehabilitationsverfahrens getroffen:

- Gesamtvereinbarung über die Gewährung vorläufiger Leistungen vom 1.1.1978[125]
- Gesamtvereinbarung über den Rehabilitationssport und das Funktionstraining vom 22.6.1993[126]

[121] *Brodkorb,* in: *Hauck/Noftz,* SGB IX, K § 18 Rn 14.
[122] BGBl I, S. 1881, zuletzt geändert durch Gesetz vom 22.12.1999, BGBl I, S. 2534.
[123] *Kolb,* in: SRH § 27 Rn 65.
[124] *Kolb,* in SRH, § 27 Rn 14.
[125] Abgedruckt in: VDR Komm. Anhang. 2.3. zu § 13 SGB VI.
[126] Abgedruckt in. VDR Komm. Anhang 2.8 zu § 13 SGB VI.

- Gesamtvereinbarung über die Berücksichtigung der Wirtschaftlichkeit und Sparsamkeit bei der Durchführung der Maßnahmen zur beruflichen Rehabilitation vom 1.9.1983[127]
- Gesamtvereinbarung über die Berücksichtigung der Wirtschaftlichkeit und Sparsamkeit bei der Durchführung der Maßnahmen zur medizinischen Rehabilitation vom 1.9.1984[128].

Die zulässigen finanziellen Aufwendungen sind gem. § 220 SGB VI dahingehend begrenzt, dass sich die Aufwendungen für Leistungen zur Rehabilitation von einem Jahr zum anderen nicht stärker als die voraussichtliche Bruttolohn- und Gehaltssumme je durchschnittlich beschäftigtem Arbeitnehmer verändern sollen, wobei allerdings die Zahl der Versicherten und strukturelle Veränderungen zu berücksichtigen sind[129]. Im Bereich der Träger der Rentenversicherung der Arbeiter werden die auf den einzelnen Träger entfallenden Anteile an dem Gesamtbetrag für Leistungen zur Rehabilitation im VDR abgestimmt. Dabei ist gem. § 220 Abs. 2 S. 2 SGB VI darauf hinzuwirken, dass die Leistungen zur Rehabilitation dem Umfang und den Kosten nach einheitlich erbracht werden. Weiterhin ist durch das Wachstums- und Beschäftigungsförderungsgesetz (WFG)[130] eine Budgetierung der Mittel für die Rehabilitation in der Rentenversicherung eingeführt worden. Der Leistungsanteil der Rehabilitationsmaßnahmen an den Gesamtausgaben betrug in den vergangenen Jahren regelmäßig weniger als 2%[131].

dd) Ergänzende und sonstige Leistungen, Zuzahlungen, §§ 28-32 SGB VI

Außer durch das Übergangsgeld werden die Leistungen zur Teilhabe gem. § 28 SGB VI durch die Leistungen nach §§ 44 Abs. 1 Nr. 2 bis 6 und Abs. 2 sowie den §§ 53 und 54 des SGB IX ergänzt. Ergänzende Leistungen sind gem. § 44 Abs. 1 Nr. 2 SGB IX Beiträge und Beitragszuschüsse zur Kranken-, Unfall- und Rentenversicherung sowie zur Bundesanstalt für Arbeit gem. § 44 Abs. 1 Nr. 3 und Nr. 4 SGB IX ärztlich verordneter Rehabilitationssport in Gruppen und ärztlich verordnetes Funktionstraining in Gruppen, gem. § 44 Abs. 1 Nr. 5 SGB IX Reisekosten, gem. § 44 Abs. 1 Nr. 6 SGB IX Betriebs- und Haushaltshilfe und Kinderbetreuung. Welche Kosten wann in welcher Höhe als Reisekosten übernommen werden, wird in § 53 SGB IX geregelt, Bestimmungen über die Kosten von Betriebs- und Haushaltshilfe und Kinderbetreuung finden sich in

[127] Abgedruckt in: VDR Komm. Anhang 2.6 zu § 13 SGB VI.
[128] Abgedruckt in: VDR Komm. Anhang 2.7 zu § 13 SGB VI.
[129] *Schaub,* in: HDR 22, Rn 148.
[130] BGBl I, S. 1461.
[131] Einnahmen- Ausgaben Statistik des VDR, abrufbar unter: www.vdr.de

§ 54 SGB IX. Ergänzende Leistungen sind in den genannten Vorschriften genau definiert und in ihrem Umfang festgelegt. Zu den ergänzenden Leistungen zur Teilhabe gehört auch das in einem besonderen Titel in den §§ 20 und 21 SGB VI geregelte Übergangsgeld[132]. Hierbei sind die Anspruchsvoraussetzungen, die Berechnungsgrundlage, die Höhe, Dauer, Anpassung und Anrechnung von Einkommen gesetzlich geregelt, so dass keine Entscheidungsfreiräume der Selbstverwaltungsgremien bestehen.

Sonstige Leistungen zur Teilhabe sind in dem Leistungskatalog des § 31 SGB VI aufgeführt. Bei diesen Maßnahmen handelt es sich zum Teil um Nachsorgeleistungen, zum Teil um präventive Leistungen und um Leistungen an besondere Personengruppen oder für besondere Zwecke[133]. Sie sind darauf ausgerichtet, bestimmte Formen rehabilitativer Maßnahmen der Rentenversicherungsträger durch eine Erweiterung der versicherungsrechtlichen und sonstigen Voraussetzungen einem vergrößerten Kreis von Empfängern zugänglich zu machen[134]. Sonstige Leistungen werden gem. § 31 Abs. 2 S. 2 SGB VI nur auf Grund gemeinsamer Richtlinien der Rentenversicherungsträger erbracht, die im Benehmen mit dem Bundesministerium für Gesundheit und Soziale Sicherung (BMGS) erlassen werden[135]. Gem. § 31 Abs. 3 SGB VI sind die aufzuwendenden Mittel für die sonstigen Leistungen begrenzt: sie dürfen im Kalenderjahr 7,5% der Haushaltsansätze für die medizinischen, berufsfördernden und ergänzenden Leistungen zur Rehabilitation nicht übersteigen. Diese Vorschrift ergänzt die allgemeine Regelung des § 220 SGB VI. Die als Ermessensleistung ausgestaltete Vorschrift über sonstige Leistungen zur Teilhabe ist daher aufgrund der gemeinsamen Richtlinien des VDR und der Deckelung der Aufwendungen stark eingeschränkt.

Schließlich kann gem. § 32 Abs. 4 SGB VI von Zuzahlung bei medizinischen und sonstigen Leistungen abgesehen werden, wenn hierdurch eine unzumutbare Belastung für den Versicherten oder Rentner entstehen würde. Die Beurteilung, ob eine Zuzahlung eine unzumutbare oder eine zumutbare Belastung für den Versicherten darstellt, hängt entscheidend von der wirtschaftlichen Situation des Versicherten ab[136]. Um eine gleichmäßige Ermessensausübung und eine gleichmäßige Anwendung des Begriffs „unzumutbar" sicherzustellen[137], sind auch die

---

132 *Hauck*, in: *Hauck/Noftz*, SGB VI, K § 28 Rn 3.

133 *Hauck*, in: *Hauck/Noftz*, SGB VI, K § 31 Rn 2.

134 *Schaub*, in: HDR, 22 Rn 106.

135 „Richtlinien, Empfehlungen und Vereinbarungen zur Rehabilitation in der gesetzlichen Rentenversicherung", VDR-Schrift Band 17, Ausgabe Okt. 1999, Frankfurt am Main.

136 *Eicher/Haase/Rauschenbach*, Die Rentenversicherung der Arbeiter und der Angestellten, § 32 SGB VI.

137 *Hauck*, in: *Hauck/Noftz*, SGB VI, K § 32 Rn 11.

Voraussetzungen für die Befreiung von Zuzahlung in Richtlinien des VDR festgelegt worden.

b) Renten, §§ 33- 105 SGB VI

Hinsichtlich der Rentenleistungen macht bereits ein Blick auf die Überschriften der jeweiligen Unterabschnitte deutlich, dass sämtliche Bereiche, die für die Leistungsgewährung von Renten von Bedeutung sind, gesetzlich geregelt sind:

1. Unterabschnitt: Rentenarten und Voraussetzungen für einen Rentenanspruch
2. Unterabschnitt: Anspruchsvoraussetzungen für einzelnen Renten
3. Unterabschnitt: Rentenhöhe und Rentenanpassung
4. Unterabschnitt: Zusammentreffen von Renten und Einkommen
5. Unterabschnitt: Beginn, Änderung und Ende von Renten
6. Unterabschnitt: Ausschluss und Minderung von Renten

Über den bloßen Normenvollzug hinausgehende eigenverantwortliche Gestaltungsmöglichkeiten bestehen hinsichtlich dieser Leistungen nicht.

c) Zusatzleistungen, §§ 106-108 SGB VI

Gleiches gilt für die Zusatzleistungen der gesetzlichen Renteversicherung: in bestimmten Fällen sind gesetzlich Zuschüsse zur Kranken- und Pflegeversicherung sowie eine Rentenabfindung bei Wiederheirat von Witwen und Witwern vorgesehen. Diese Zusatzleistungen sind in den jeweiligen Normen der Höhe nach bestimmt. Beginn, Änderung und Ende von Zusatzleistungen bestimmt sich gem. § 108 SGB VI nach entsprechender Anwendung der Vorschriften über Beginn, Änderung und Ende von Renten. Durch Satzung vorgesehene Zusatzleistungen, wie sie in der gesetzlichen Kranken- und Unfallversicherung möglich sind, gibt es in der Rentenversicherung nicht.

d) Serviceleistungen, §§ 109, 109 a SGB VI

Serviceleistungen beziehen sich auf Renteninformation und Rentenauskunft sowie Hilfe in Angelegenheiten des Gesundheitssicherungsgesetzes. In diesem

Bereich stellt sich die Frage der demokratischen Legitimation nicht, da es um rein beratende Leistungen und nicht um Entscheidungen handelt.

e) Leistungen an Berechtigte im Ausland, §§ 110-114 SGB VI

Für Berechtigte, die ihren gewöhnlichen Aufenthalt im Ausland haben, werden die Leistungen der gesetzlichen Rentenversicherung in bestimmten Bereichen modifiziert, ohne dass hierdurch jedoch ein Beurteilungsspielraum für die Selbstverwaltungsorgane eröffnet würde.

3) Zusammenfassung

Das Leistungsrecht des SGB VI ist gesetzlich genau geregelt. Für die Selbstverwaltung in der gesetzlichen Rentenversicherung bestehen daher aufgrund der erheblichen normativen Überlagerung nur geringe eigenverantwortliche Gestaltungsmöglichkeiten[138]. In beschränktem Maße sind Entscheidungsfreiräume der Rentenversicherungsträger hinsichtlich der Leistungen zur Teilhabe eröffnet[139]. Auch hier stehen jedoch weder Umfang der Leistungen noch Leistungsvoraussetzungen zur Disposition der einzelnen Versicherungsträger. Die Richtlinien des VDR, die Gesamtvereinbarung des BAR sowie die Ausgabenbudgetierung reduzieren den Umfang der Entscheidungsmöglichkeiten weitestgehend. Die Mitglieder der Vertreterversammlung können keine eigenen Entscheidungen im Leistungsbereich treffen, die sich in erheblicher Weise auf die Versicherten auswirken würden, da alle wesentlichen Entscheidungen für die Versicherten vom Gesetzgeber getroffen worden sind. Eine fehlende personelle demokratische Legitimation der Mitglieder der Vertreterversammlungen der Rentenversicherungsträger kann daher durch die starke sachlich-inhaltliche Legitimation kompensiert werden.

II Gesetzliche Unfallversicherung

Die Träger der gesetzlichen Unfallversicherung sind in § 114 SGB VII aufgeführt. Hierzu zählen die in Anlage 1 zu § 114 SGB VII genannten Berufsgenossenschaften, die in Anlage 2 aufgeführten landwirtschaftlichen Berufsgenossenschaften sowie die Unfallversicherungsträger der öffentlichen Hand. Mitglieder der Unfallversicherung sind nur die Unternehmer.

---

[138] *Maier*, in: HDR, 35 Rn 33; *Pitschas*, in: *Schulin*, HS-RV, § 45 Rn 5, § 44 Rn 16.

[139] *Hendler*, in: SRH, § 6 Rn 43; *Maier*, in: HDR, 35 Rn 33; *Pitschas*, in: *Schulin*, HS-RV, § 45 Rn 5; *Ebsen*, in: *Schulin*, HS-RV, § 6 Rn 19.

Gem. § 47 Abs. 1 Nr. 2 SGB IV gehören zur Gruppe der Versicherten „bei den Trägern der Unfallversicherung die versicherten Personen, die regelmäßig mindestens 20 Stunden im Monat eine die Versicherung begründende Tätigkeit ausüben, und die Rentenbezieher, die der Gruppe der Versicherten unmittelbar vor dem Ausscheiden aus der versicherten Tätigkeit angehört haben“. Diese Gruppe hat gem. § 48 Abs. 1 Nr. 4 SGB IV das Recht, Vorschlagslisten einzureichen. Eine Teilnahme an der Selbstverwaltung bei einer relativ dauerhaften Rechtsbeziehung zum Versicherungsträger ist geboten, weil Arbeitnehmer durch die Unfallverhütungsvorschriften nur gebunden sein können, wenn sie an deren Beschluss hinreichend beteiligt sind[140]. Weitere Gründe sind, dass die Unfallversicherung die Arbeitnehmer existentiell betrifft und die ihnen an sich zustehenden privatrechtlichen Schadensersatzansprüche transformiert und verwaltet[141]. Nur kurzfristig tätige Personen wie Unfallhelfer oder Blutspender oder wegen nur sehr geringfügiger Tätigkeit versicherte Personen, die zwar Leistungen erhalten, wenn ein Versicherungsfall eingetreten ist, nicht aber „an sich“ versichert sind, werden nicht am Wahlverfahren und damit an der Selbstverwaltung beteiligt. Eine solche Beteiligung ist weder geboten noch praktisch durchführbar[142].

Die Zuständigkeit der landwirtschaftlichen Berufsgenossenschaften bestimmt sich nach § 123 SGB VII. Der Unfallversicherungsschutz bezieht sich insbesondere auf selbständige landwirtschaftliche Unternehmer und deren Familienangehörige. Neben der Ablösung der Unternehmerhaftung ist die Rechtsnatur der landwirtschaftlichen Unfallversicherung auch vom Prinzip der genossenschaftlichen Eigenhilfe geprägt[143]. Mit der Einführung der landwirtschaftlichen Unfallversicherung in den neuen Bundesländern ist jedoch der Anteil der Arbeitnehmer aufgrund der anders gelagerten Betriebsstrukturen erheblich angestiegen, so dass der Gedanke der Ablösung der Unternehmerhaftung wieder an Bedeutung gewonnen hat[144]. In der landwirtschaftlichen Unfallversicherung besteht als Selbstverwaltungsorgan gem. § 33 SGB IV die Vertreterversammlung, deren Zusammensetzung und Bestellung sich aus §§ 43 ff SGB IV ergibt. Besonderheiten bei den Trägern der landwirtschaftlichen Unfallversicherung mit Ausnahme der Gartenbau-Berufsgenossenschaft bestehen dahingehend, dass neben den Arbeitgebern die Gruppe der Selbständigen ohne fremde Arbeitskräfte existiert. Abweichend von § 44 Abs. 1 Nr. 1 SGB IV setzen sich die Selbstverwaltungsorgane der landwirtschaftlichen Unfallversicherung mit Ausnahme der Gartenbau-Berufsgenossenschaft gem. § 44 Abs. 1 Nr. 2 SGB IV zu je einem Drittel aus Vertretern der Arbeitnehmer, der Selbständigen ohne fremde Ar-

---

140 *Spellbrink,* in: *Schulin*, HS-UV, § 24 Rn 219, 223.
141 *Bieback,* in: *Schulin*, HS-UV, § 54 Rn 4.
142 BT-Drucks. 10/1162, S. 6.
143 *Mell,* in: *Schulin*, HS-UV, § 70 Rn 2.
144 *Mell,* in: *Schulin*, HS-UV, § 70 Rn 30.

beitskräfte und der Arbeitgeber zusammen. Die Gruppenzugehörigkeit zur Gruppe der Selbständigen ohne fremde Arbeitskräfte bestimmt sich nach § 47 Abs. 3 SGB IV. Diese drittelparitätische Zusammensetzung bewirkt ein Kräfteverhältnis in den Selbstverwaltungsorganen in der landwirtschaftlichen Unfallversicherung von zwei zu eins zugunsten der Unternehmer gegenüber den versicherten Arbeitnehmern[145]. Um die versicherten Arbeitnehmer stärker an der Selbstverwaltung zu beteiligen und eine Majorisierung einer Gruppe durch zwei andere Gruppen zu verhindern, ist die Regelung des § 62 Abs. 3 S. 2 SGB IV eingeführt worden[146]. Hiernach führen bei den Trägern der landwirtschaftlichen Unfallversicherung mit Ausnahme der Gartenbau-Berufsgenossenschaft die Vertreter der einzelnen Gruppen während ihrer Amtsdauer abwechselnd je für mindestens ein Jahr den Vorsitz. § 65 Abs. 1 SGB IV regelt die Beschlussfassung in den Selbstverwaltungsorganen der landwirtschaftlichen Unfallversicherung. Für die dort genannten Entscheidungen ist jeweils eine Mehrheit in den Gruppen der Versicherten, der Selbständigen ohne fremde Arbeitskräfte und der Arbeitgeber erforderlich. Die Abstimmung erfolgt in den Gruppen getrennt[147].

In der Vergangenheit bestand aufgrund von Art. 3 Abs. 1 des 7. Gesetzes zur Änderung des Selbstverwaltungsgesetzes vom 3.8.1967[148] eine weitere Besonderheit hinsichtlich der Wahl zu den Vertreterversammlungen der landwirtschaftlichen Unfallversicherung: die Wahlen wurden immer als Friedenswahlen durchgeführt, für die Bewerber war das Berufungsverfahren durch die zuständigen Stellen geregelt. Die Übergangsregelung sollte so lange gelten, bis die Wahlberechtigten in ihrer Gruppenzugehörigkeit hinreichend erfasst und mit Wahlausweisen versehen werden konnten. Gem. Art. 2 des Zweiten Wahlrechtverbesserungsgesetzes[149] vom 10.8.1992 galt die Übergangsvorschrift bei den achten allgemeinen Wahlen zur Sozialversicherung mit der Maßgabe fort, dass die Voraussetzungen für eine Wahl ohne Wahlhandlung als noch erfüllt galten. Mit Wirkung vom 31.12.1993 wurde die Übergangsvorschrift aufgehoben. Aufgrund der starken Stellung des Deutschen Bauernverbandes sind aber weiterhin die Wahlen zu den Selbstverwaltungsorganen der landwirtschaftlichen Berufsgenossenschaften als Friedenswahlen durchgeführt worden. Die Zuständigkeit der Unfallversicherungsträger der öffentlichen Hand ist in den §§ 125-129 SGB VII geregelt. Besonderheiten bestehen hierbei hinsichtlich der Organisation, der Finanzierung und der Unfallverhütung.

---

145 *Mell*, in: *Schulin*, HS-UV, § 70 Rn 259
146 *Mell*, in: *Schulin*, HS-UV, § 70 Rn 259.
147 KassKomm.,-*Maier*, § 65 SGB IV Rn 2.
148 BGBl I, S. 845.
149 BGBl I, S. 1494.

1) Versicherter Personenkreis

Bestimmungen zum versicherten Personenkreis finden sich in den §§ 2-6 SGB VII. Wie auch in der gesetzlichen Renten- und Krankenversicherung besteht neben der Versicherung kraft Gesetzes die gesetzliche Möglichkeit einer freiwilligen Versicherung. Anders als in den anderen Sozialversicherungszweigen kann jedoch in der gesetzlichen Unfallversicherung eine Versicherungspflicht kraft Satzung entstehen. § 3 Abs. 1 SGB VII begründet eine zusätzliche Beitragspflicht für Unternehmer und ihre im Unternehmen mitarbeitenden Ehegatten sowie für Besucher der Unternehmensstätte. Die Versicherungsfreiheit nach § 4 SGB VII schließt daher eine Versicherung kraft Satzung nach § 3 SGB VII nicht aus[150]. Bei einer satzungsmäßigen Versicherung der Unternehmer kommt der die gesetzliche Unfallversicherung beherrschende Grundsatz der Ablösung der Haftpflicht nicht zum Tragen[151]. Diese Versicherung stellt vielmehr eine auf genossenschaftlicher Grundlage im Wege der Versicherung erfolgten Eigenhilfe der Unternehmer dar[152]. Von den 35 gewerblichen Berufsgenossenschaften haben 18 von der Möglichkeit einer Ausdehnung der Versicherung auf Unternehmer und deren Ehegatten Gebrauch gemacht[153].

Problematisch ist die zwangsweise Einbeziehung in den Versicherungsschutz und die daraus entstehende Beitragspflicht insofern, als dass grundsätzlich nach der Wesentlichkeits-Doktrin zu fordern ist, dass eine solche Bestimmung durch Gesetz geregelt werden muss und nicht der Satzung des Versicherungsträgers überlassen werden kann[154]. Begründet wird eine Unternehmerversicherung kraft Satzung damit, dass das Entstehen einer zusätzlichen Beitragspflicht und Versicherungsschutz über § 3 SGB VII eine geringfügige Ergänzung des gesetzlichen Systems darstellt[155]. Da Unternehmer bereits kraft Gesetzes Mitglieder der Berufsgenossenschaften und für ihre Arbeitnehmer beitragspflichtig sind, ist eine Grundentscheidung in Bezug auf den versicherten Personenkreis bereits gefallen.

2) Beitragsrecht

Berechnungsgrundlagen für die Höhe der Beiträge sind gem. § 153 SGB VII der Finanzbedarf, die Arbeitsentgelte der Versicherten bis zur satzungsmäßigen

---

150 *Bereiter-Hahn/Mertens,* A 294 Rn 11.
151 Lauterbach- *Schwerdtfeger,* UV-SGB VII, § 3 Rn 5.
152 *Bereiter-Hahn/Mertens,* A 292, Rn 5.
153 *Bereiter-Hahn/Mertens* A 292.
154 *Bieback,* in: *Schulin,* HS-UV, § 54 Rn 38.
155 *Bieback,* in: *Schulin,* HS-UV, § 54 Rn 38.

Höchstgrenze und die Gefahrklassen. Die Gefahrklassen drücken das individuelle Risiko des jeweiligen Unternehmens aus, sie werden gem. § 157 Abs. 3 SGB VII „aus dem Verhältnis der gezahlten Leistung zu den Arbeitsentgelten" berechnet. Es erfolgt also keine abstrakte Berechnung der Unfallgefahr, sondern eine Gegenüberstellung der für Versicherungsfälle der jeweiligen Tarifstelle gezahlten Entschädigungsleistungen und dem dort angefallenen Entgelt in einem bestimmten Zeitraum, das Ergebnis ergibt die Belastungsziffer[156]. Die Gefahrklassen werden in Gefahrtarifen zusammengefasst und stellen ein wesentliches Element der Beitragsgestaltung dar. Zurzeit bestehen rund 600 Risikostufen[157].

Während sich in der gesetzlichen Renten- und Krankenversicherung die Beitragserhebung an der Leistungsfähigkeit und am Bedarf aller Versicherten orientiert, werden die Beiträge in der Unfallversicherung entsprechend dem individuellen Risiko erhoben. Die risikoorientierte Beitragsabstufung erfolgt aufgrund des gesetzlichen Auftrages der gesetzlichen Unfallversicherung zur Prävention von Arbeitsunfällen und Berufskrankheiten: durch die Beitragsgestaltung wird ein ökonomischer Anreiz für die Unternehmen geschaffen, effektive Unfallverhütung zu praktizieren. Während die unternehmerische Entscheidung, wie viel Geld in Unfallverhütung investiert wird, wodurch das versicherte Risiko verringert wird, durch finanzielle Anreize beeinflussbar ist, besteht eine derartige Möglichkeit in den anderen Versicherungszweigen nicht. Daher ist es aus Gründen der Unfallprävention sinnvoll und sachgerecht, dem Versicherungsprinzip in der gesetzlichen Unfallversicherung größere Bedeutung gegenüber dem Solidarprinzip einzuräumen, als in anderen Zweigen der Sozialversicherung[158]. Abweichend von der risikoorientierten Beitragsabstufung in der allgemeinen gesetzlichen Unfallversicherung ist für die See-Unfallversicherung ein Gefahrtarif nicht zwingend vorgesehen. Zwar können die See-Berufsgenossenschaften gem. § 157 Abs. 1 S. 3 SGB VII einen Gefahrtarif auch für die Schifffahrt vorsehen, dieses ist jedoch noch nicht erfolgt, obwohl auch in der Seefahrt die Unfallgefahren unterschiedlich hoch sein können. Die Selbstverwaltungsorgane haben sich bisher dahingehend entschieden, dass die Unfallrisiken der unterschiedlichen Seefahrtsbereiche solidarisch von der Gemeinschaft der Versicherten zu tragen sind[159].

---

[156] *Petri/Voelze/Wagner,* Gesetzliche Unfallversicherung SGB VII, § 157 Rn 6.

[157] *Schulz,* Der Gefahrtarif der gewerblichen Berufsgenossenschaften, S. 18.

[158] *Papier/Möller,* Die Rolle des Solidarausgleichs in der gesetzlichen Unfallversicherung, NZS 1998, S. 353 (359).

[159] *Göttsch,* in: *Schulin,* HS-UV, § 71 Rn 92.

a) Gefahrtarif, § 157 SGB VII

Die Unfallversicherungsträger setzen gem. § 157 Abs. 1 S. 1 SGB VII den Gefahrtarif als autonomes Recht fest. Der Gefahrtarif hat gem. § 157 Abs. 6 SGB VII eine Geltungsdauer von höchstens sechs Kalenderjahren. Spätestens nach Ablauf dieses Zeitraums erfolgt eine Gefahrtarifrevision, bei der die Gefahrtarifstellenzusammensetzung anhand mathematischer Signifikanzmerkmale überprüft wird und je nach Ergebnis neue Tarifstellen geschaffen oder bestehende zusammengefasst werden[160]. Der Gefahrtarif wird gem. § 157 Abs. 2 S. 1 SGB VII „nach Gefahrtarifstellen gegliedert, in denen Gefahrengemeinschaften nach Gefährdungsrisiken unter Berücksichtigung eines versicherungsmäßigen Risikoausgleichs gebildet werden". Gesetzliche Regelungen hinsichtlich der Anzahl und der Größe der Tarifstellen bestehen nicht. Ebenso wenig enthält § 157 Abs. 2 SGB VII eine Aussage über die Länge des Beobachtungszeitraumes; die meisten Berufsgenossenschaften haben sich für einen Zeitraum von fünf Jahren entschieden[161]. Weiterhin steht im Ermessen des Unfallversicherungsträgers, ob und wieweit er im Hinblick auf die Belastungsentwicklung sog. Altlasten, also Aufwendungen, die aus länger zurückliegenden Zeiten herrühren, einbezieht[162]. Bisher erfolgt die Berechnung der Gefahrklassen nur nach „Neulasten", „Altlasten" werden nicht berücksichtigt[163]. Auch bestehen keine Bestimmungen hinsichtlich der Einbeziehung von Wegeunfällen, der Behandlung von Regresseinnahmen, der Hinzuziehung von Zahlenunterlagen der Unternehmer, deren Gefahrklasse erhöht oder erniedrigt worden ist und der Sicherstellung der Deckungsgleichheit von Berechnungs- und Veranlagungsmassen[164]. Somit ist der Gefahrtarif lediglich in den Grundzügen geregelt und stellt kein bloßes Rechenwerk dar, sondern einen Zusammenfluss rechnerischer, wertender und gewichtender Faktoren[165]. Es stellt sich daher die Frage, ob die Mitglieder der Vertreterversammlung der Unfallversicherungsträger eigene wertende Entscheidungen hinsichtlich des Beitragsgestaltung durch den Gefahrtarif treffen können und im Anschluss daran, ob sie hierzu einer demokratischen Legitimation durch die Betroffenen benötigen.

---

160 *Schulz,* Der Gefahrtarif der gewerblichen Berufsgenossenschaften, S. 146.

161 *Freischmidt,* in: *Hauck/Noftz,* SGB VII, K § 157 Rn 14.

162 *Freischmidt,* in: *Hauck/Noftz,* SGB VII, K § 157 Rn 14.

163 *Schulz,* Verfassungsrechtliche Fragen der Festsetzung der Beiträge in der Unfallversicherung, SGb 1999, S. 172 (175);

164 *Schulz,* Der Gefahrtarif der gewerblichen Berufsgenossenschaften, S. 161.

165 *Achterrath,* Die Aufhebung von Beitragsbescheiden und Veranlagungsbescheiden zu den Gefahrklassen in der allgemeinen gesetzlichen Unfallversicherung, mit Verweis auf BSG Urteil vom 18.10.1994, 2 RU 6/94 in Fn 32.

aa) Entscheidungsfreiräume bei der Bildung von Gefahrtarifen

Die Vertreterversammlung der Verwaltungs-Berufsgenossenschaft hatte mit Wirkung zum 1.1.1995 rückwirkend die alte Gefahrtarifstelle „Sportvereine“ in zwei neue Gefahrtarifstellen „Besondere Sportvereine“ und „andere Sportvereine“ aufgeteilt. Zu den besonderen Sportvereinen zählen solche, die mit einer Fußballmannschaft in der ersten oder zweiten Bundesliga und der Regionalliga vertreten sind. Diese Satzungsänderung bewirkte für die „Besonderen Sportvereine“ eine Beitragssteigerung um das Siebenfache im Vergleich zum Vorjahr. Der Beitragssatz betrug 1995 39,37 % des beitragspflichtigen Arbeitsentgeltes, so dass eine völlig neue wirtschaftliche Situation für die Abgabepflichtigen geschaffen wurde. In der Literatur wird in diesem Zusammenhang vorgebracht, dass § 157 SGB VII verfassungswidrig sei, weil der sich aus dem Demokratie- und Rechtsstaatsprinzips ergebende Vorbehalt des Gesetzes nach Maßgabe der Wesentlichkeitstheorie verletzt werde, indem der Gesetzgeber wesentliche Entscheidungen auf die Unfallversicherungsträger als Setzer autonomen Rechts übertragen habe[166]. Die konkret übertragene Entscheidungsbefugnis könne zudem von der Vertreterversammlung der Unfallversicherungsträger nicht besser wahrgenommen werden, als vom Gesetzgeber[167]. Der Aspekt der demokratischen Legitimation der Mitglieder der Vertreterversammlung konnte in dieser Diskussion ausgeblendet werden, da bei der Verwaltungsberufsgenossenschaft im Jahr 1993 eine Wahl zur Vertreterversammlung erfolgt war.

Dieser Ansicht wird in der Literatur zunächst entgegengehalten, dass die starke Gefahrklassenerhöhung für die besonderen Sportvereine mit Wirkung ab 1.1.1995 gem. § 730 RVO erfolgte, und die gesetzliche Regelung des § 157 SGB VII im Gegensatz zu § 730 RVO wesentlich bestimmter ist[168]. § 730 RVO lautete:

„Zur Abstufung der Beiträge nach dem Grad der Unfallgefahr hat die Vertreterversammlung durch einen Gefahrtarif Gefahrklassen zu bilden“.

Die wesentlichen Entscheidungen der Tarifstellenbildung und Berechnung von Gefahrklassen seien hingegen in § 157 SGB VII vorgeben, so dass sich die Fra-

---

[166] *Papier/Möller*, Verfassungsrechtliche Fragen der Festsetzung der Beiträge in der Unfallversicherung, SGb 1998, S. 337 (348).

[167] *Papier/Möller*, Verfassungsrechtliche Fragen der Festsetzung der Beiträge in der Unfallversicherung, SGb 1998, S. 337 (343).

[168] *Schulz*, Verfassungsrechtliche Fragen der Festsetzung der Beiträge in der Unfallversicherung, SGb 1999, S. 172 (177).

ge der Verfassungswidrigkeit nicht stelle[169]. Weiterhin seien die berufsgenossenschaftlichen Selbstverwaltungsorgane durchaus kompetent, über die Frage des Solidarausgleiches innerhalb der Gruppen der Versichertengemeinschaft zu entscheiden, da sie die Entwicklung innerhalb der einzelnen Gewerbezweige genau kennen würden. Fragen des berufsgenossenschaftlichen Gefahrtarifs könnten von den Selbstverwaltungskörperschaften besser wahrgenommen werden, als vom Gesetzgeber, da dieser nicht in der Lage sei, schnell auf Entwicklungen zu reagieren und einen erforderlichen Ausgleich innerhalb der Gewerbezweige zu sichern[170].

bb) Begrenzung der Entscheidungsfreiräume

Bei der Tarifstellenbildung ist gem. § 157 Abs. 2 S. 1 SGB V gesetzlich vorgegeben, dass Gewerbezweige mit ähnlichen, homogenen Versicherungsrisiken zusammengefasst werden sollten und dass bei dieser Zusammenfassung der versicherungsmäßige Risikoausgleich zu berücksichtigen ist. Diese beiden Erfordernisse schränken den Spielraum der Unfallversicherungsträger ganz erheblich ein[171]. Annähernd gleiche Unfallrisiken haben im Einklang mit der Rechtsprechung des Bundessozialgerichts Gewerbezweige, deren Belastungsziffern nicht „auffällig", sondern „zufällig" voneinander abweichen[172]. Damit ein versicherungsmathematischer Risikoausgleich verwirklicht werden kann, müssen die Tarifstellen Mindestgrößen aufweisen, ein Risikoausgleich wird umso besser verwirklicht, je größer die Tarifstellen sind[173]. Die Mindesttarifstellengröße ist insofern mathematisch ermittelbar[174]. Den Mitgliedern der Vertreterversammlung steht damit ein gewisser Freiraum bei der Bewertung eines zahlenmäßigen Materials zu. Dieser Bewertungsspielraum ist erforderlich, um die Gestaltung der Gefahrtarife kontinuierlich an die stochastischen und wirtschaftlichen Entwicklungen anzupassen[175]. Hierbei müssen die jeweils in Zahlen ausgedrückten

---

169 *Schulz,* Verfassungsrechtliche Fragen der Festsetzung der Beiträge in der Unfallversicherung, SGb 1999, S. 172 (180); *Schulz* Der Gefahrtarif der gewerblichen Berufsgenossenschaften, S. 48.

170 *Schulz,* Verfassungsrechtliche Fragen der Festsetzung der Beiträge in der Unfallversicherung, SGb 1999, S. 172 (179).

171 *Schulz,* Verfassungsrechtliche Fragen der Festsetzung der Beiträge in der Unfallversicherung, SGb 1999, S. 172 (174).

172 *Schulz,* Verfassungsrechtliche Fragen der Festsetzung der Beiträge in der Unfallversicherung, SGb 1999, S. 172 (174).

173 *Schulz,* Der Gefahrtarif der gewerblichen Berufsgenossenschaften, S. 83.

174 *Schulz,* Der Gefahrtarif der gewerblichen Berufsgenossenschaften, S. 109.

175 *Schulz,* Der Gefahrtarif der gewerblichen Berufsgenossenschaften, S. 9.

Gefahrklassen nicht nachrechenbar, wohl aber nachvollziehbar sein[176]. Maßgebend ist, ob sachgerechte, plausible Gründe für die Gefahrklasseneinteilung sprechen[177]. Ferner sind neben der Beachtung mathematischer Gesetzmäßigkeiten in den §§ 176 ff SGB VII Ausgleichsnotwendigkeiten unter den gewerblichen Berufsgenossenschaften normiert, wodurch ein gesetzlicher Rahmen vorgegeben wird. Der Regelungsspielraum der Unfallversicherungsträger wird ferner dadurch begrenzt, dass der Gefahrtarif nicht zu den tragenden Grundsätzen des Unfallversicherungsrechts im Gegensatz stehen darf und mit sonstigem höherrangigem Recht vereinbar sein muss[178]. Insbesondere ist dabei das Gleichheitsgebot des Art. 3 GG zu beachten[179]. Schließlich bedürfen gem. § 158 SGB VII der Gefahrtarif und jede Änderung der Genehmigung der Aufsichtsbehörde.

b) Zuschläge, Nachlässe, Prämien, § 162 Abs. 1 SGB VII

Während der Gefahrtarif über die Gefahrklassen mittelfristig auf die Beiträge wirkt, soll das Beitragsausgleichsverfahren gem. § 162 SGB VII das individuelle betriebliche Unfallgeschehen kurzfristig im Beitrag zum Ausdruck bringen[180]. Durch die Gewährung von Nachlässen oder Prämien bzw. die Auferlegung von Zuschlägen wird eine Beitragsabstufung nach dem betrieblichen Unfallgeschehen vorgenommen. Das Beitragsausgleichsverfahren bewirkt eine Änderung des Finanzbedarfs (Umlagesoll): Zuschläge führen zu einer Verringerung, Nachlässe zu einer Erhöhung des auf die Unternehmen umzulegenden Betrages[181]. Wegeunfälle bleiben bei dieser Berechnung gem. § 162 Abs. 1 S. 2 SGB VII außer Betracht. Gem. § 162 Abs. 1 S. 3 SGB VII wird das Nähere durch die Satzung bestimmt. Der jeweiligen Satzung entsprechend können Versicherungsfälle durch höhere Gewalt, durch alleiniges Verschulden Versicherungsfremder, auf Betriebswegen sowie Berufskrankheiten ausgeschlossen sein. Begründet sind diese Ausnahmen dadurch, dass keine oder nur eine sehr geringe Möglichkeit der Einflussnahme des Unternehmers besteht[182]. Die Vertreterversammlung kann weiterhin entscheiden, welches Verfahren gem. § 162 Abs. 1 S. 1 SGB VII angewendet werden soll, auch kann ein kombiniertes Nachlass-/ Zuschlagsver-

---

[176] *Achterrath,* Die Aufhebung von Beitragsbescheiden und Veranlagungsbescheiden zu den Gefahrklassen in der allgemeinen gesetzlichen Unfallversicherung, mit Verweis auf BSG Urteil vom 18.10.1994, 2 RU 6/94 in Fn 33.
[177] BSGE 73, 253 (256); 75, 45 (47).
[178] BSGE 27, 237 (240); 55, 26 (27).
[179] BSGE 75, 45 (47).
[180] *Schulz,* Grundfragen des berufsgenossenschaftlichen Beitragsausgleichsverfahrens, S. 138.
[181] *Schulz,* Grundfragen des berufsgenossenschaftlichen Beitragsausgleichsverfahrens, S. 80.
[182] Kass.Komm.- *Ricke,* § 154 SGB VII, Rn 9.

fahren durchgeführt werden. In welchem Verfahren die Zuschläge oder Nachlässe ermittelt werden, ist ebenfalls dem Satzungsrecht überlassen[183]. Über die Zweckmäßigkeit der Verfahren haben allein die berufsgenossenschaftlichen Selbstverwaltungsorgane zu entscheiden[184]. Das Gesetz sieht Mindesthöhe und Höchstgrenze für Zuschläge und Nachlässe nicht vor, diese Begrenzung steht im Ermessen der Vertreterversammlung[185].

Gem. § 162 Abs. 1 S. 4 SGB VII dienen die Zahl, die Schwere oder die Aufwendungen der Versicherungsfälle als Berechnungsgrundlage für die Höhe der Zuschläge und/oder Nachlässe. Die Berücksichtigung von nicht gewerbsmäßigen Bauarbeiten bei Nachlass- bzw. Zuschlagsverfahren ist gem. § 162 Abs. 3 SGB VII ausgeschlossen. Die untere Grenze für Zuschläge/Nachlässe kann bei Werten angenommen werden, die für die Unternehmer keine Belastung durch einen gewährten Nachlass oder auferlegten Zuschlag bedeuten[186]. Ein einheitliches, gesetzlich geregeltes Bonus/Malus-Verfahren für alle gewerblichen Berufsgenossenschaften ist nicht erstrebenswert, da bei der Wahl und dem Aufbau der Verfahren sachliche und örtliche Verschiedenheiten zu berücksichtigen sind, die für den Gesetzgeber oft nur schwer zu erkennen sind[187]. Die gesetzliche Regelung gibt den Berufsgenossenschaften beim Aufbau des Beitragsausgleichsverfahrens einen gewissen Spielraum, sie steckt aber auch Grenzen, die nicht überschritten werden dürfen[188].

c) Gefahrklassenänderung in Einzelfällen

In den Gefahrtarifen von sieben Berufsgenossenschaften ist die Möglichkeit der Erhöhung der Gefahrklassen bei außergewöhnlichen Unfallgefahren vorgesehen. Gefahrtarifliche Regelungen über Gefahrklassenänderungen in Einzelfällen beruhen auf Empfehlungen des früheren Reichsversicherungsamtes aus dem Jahr 1886[189]. Eine Verpflichtung zum Erlass einer solchen Regelung besteht nach dem SGB VII nicht, ebenso wenig sind nähere Vorgaben enthalten, nach welchen Gesichtspunkten solche Regelungen differenzieren[190]. Ansatzpunkt der Gefahrklassenänderung im Einzelfall war ursprünglich die Schaffung einer größe-

---

[183] *Platz*, in: *Schulin*, HS-UV, § 58 Rn 77.
[184] *Schulz*, Grundfragen des berufsgenossenschaftlichen Beitragsausgleichsverfahrens, S. 56.
[185] *Schulz*, Grundfragen des berufsgenossenschaftlichen Beitragsausgleichsverfahrens, S. 67.
[186] *Schulz*, Grundfragen des berufsgenossenschaftlichen Beitragsausgleichsverfahrens, S. 67.
[187] *Schulz*, Grundfragen des berufsgenossenschaftlichen Beitragsausgleichsverfahrens, S. 67.
[188] *Schulz*, Grundfragen des berufsgenossenschaftlichen Beitragsausgleichsverfahrens, S. 18.
[189] *Schulz*, Beitragsabstufung bei den gewerblichen Berufsgenossenschaften, SGb 1993, S. 402 (403).
[190] *Papier/Möller*, Verfassungsrechtliche Fragen der Festsetzung der Beiträge in der Unfallversicherung, SGb 1998, S. 337 (348).

ren Einzelfallgerechtigkeit. Denn die im Gefahrtarif gebildeten Gefahrklassen gelten für Unternehmen mit regelrechten Betriebsverhältnissen und allen bekannten und üblichen Vorkehrungen zur Verhütung von Unfällen und Berufskrankheiten. Weichen die Betriebsverhältnisse im Einzelfall erheblich von der Regel ab - ist also die Unfallgefahr erheblich größer oder kleiner als in anderen gleichartigen Unternehmen - so kann der Gefahrtarif für solche Fälle eine Bestimmung darüber treffen, wie die Gefahrklasse erhöht oder herabgesetzt wird. Das Bundesversicherungsamt geht davon aus, dass seit in Krafttreten des SGB VII keine Ermächtigung zur Herabsetzung oder Erhöhung von Gefahrklassen mehr besteht[191].

3) Aufgaben: Unfallverhütung, §§ 14 ff SGB VII

Ein wesentliches Aufgabenfeld der Selbstverwaltung in der Unfallversicherung ist die Prävention von Unfällen, die in den §§ 14 ff SGB VII geregelt ist. Die Präventionsaufwendungen der Berufsgenossenschaften sind im Jahr 2000 um 5 % gegenüber dem Vorjahr gestiegen und betrugen 1,277 Milliarden DM[192]. § 14 Abs. 1 SGB VII wiederholt den in § 1 Nr. 1 SGB VII genannten Auftrag, Arbeitsunfälle, Berufskrankheiten und arbeitsbedingte Gesundheitsgefahren „mit allen geeigneten Mitteln" zu verhüten. Durch diese Formulierung wird der weite Gestaltungsspielraum der Unfallversicherungsträger hervorgehoben[193]. Die oberste Grenze des Gestaltungsspielraums ist die Geeignetheit der Mittel.

a) Erlass von Unfallverhütungsvorschriften

Zum Zweck der Unfallverhütung müssen die Unfallversicherungsträger Unfallverhütungsvorschriften (UVV) erlassen. Diese werden für die einzelnen Gewerbezweige erstellt, um sie den spezifischen Anforderungen des Gewerbebetriebes anzupassen. Sie basieren auf dem Wissen über typische Unfallgefahren und Geschehensabläufe und enthalten gezielte Sicherheitsmaßnahmen zur Abwehr der Gefährdung. Die Unfallverhütungsvorschriften beinhalten Regeln über die Ausgestaltung des Arbeitsplatzes, das Verhalten während der Arbeit sowie den Umgang mit gesundheitsschädlichen und gefährlichen Werkstoffen und Arbeitsgeräten. Des Weiteren sind zwingend Vorschriften aufzunehmen über die ärztliche Untersuchung der Versicherten, die vor der Beschäftigung mit Arbeiten durch-

---

[191] *Bereiter-Hahn/Mertens,* B 295 Rn 7.1.
[192] *Reiß,* Unternehmen und Versichert, Unfälle und Berufskrankheiten sowie Leistungsaufwendungen bei den gewerblichen Berufsgenossenschaften, BG 2001, S. 419 (430).
[193] *Bereiter-Hahn/ Mertens,* A 501 Rn 3.

zuführen sind, deren Verrichtung mit außergewöhnlichen Unfall- oder Gesundheitsgefahren für sie oder Dritte verbunden sind[194].

Die Beschäftigten haben nach dem SGB VI keinen Anspruch auf Maßnahmen der Unfallverhütung[195]. Die in § 618 BGB normierten Schutzpflichten des Arbeitgebers werden jedoch nicht nur durch gesetzliche Arbeitsschutzpflichten konkretisiert, sondern auch durch die von den Berufsgenossenschaften erlassenen Unfallverhütungsvorschriften[196]. Daher sind die Unfallverhütungsvorschriften Bestandteil der arbeitsvertraglichen Pflichten des Arbeitgebers, so dass ein Anspruch des Arbeitnehmers auf Einhaltung dieser Maßnahmen besteht[197].

Der berufsgenossenschaftliche Vorentwurf einer Unfallverhütungsvorschrift wird in den zuständigen Fachausschüssen der Zentralstelle für Unfallverhütung und Arbeitssicherheit (ZefU) beraten[198]. Diesen Fachausschüssen gehören neben den Technischen Aufsichtsbeamten der fachlich beteiligten Berufsgenossenschaften vom Bundesministerium für Wirtschaft und Arbeit bestellte Vertreter der staatlichen Gewerbeaufsicht, Vertreter der Verbände der Hersteller und Betreiber der Einrichtungen, Vertreter der Fachverbände der Arbeitgeber und der zuständigen Gewerkschaft sowie Sachverständige aus Wissenschaft und Praxis, wenn ihre Mitarbeit geboten ist, an[199]. Nach der Überarbeitung des Entwurfes wird dieser vom Fachausschuss dem Bundesministerium für Wirtschaft und Arbeit, den Landesministerien und den beteiligten Berufsgenossenschaften zur Stellungnahme zugeleitet. Erst nach Einarbeitung eventueller Änderungsvorschläge aufgrund dieser Stellungnahme entsteht ein beschlussfähiger Entwurf der Unfallverhütungsvorschrift. Somit kommt es zu einer frühzeitigen Einschaltung der Aufsichtsbehörde in den verbandlichen Entscheidungsprozeß[200].

Unfallverhütungsvorschriften bedürfen gem. § 15 Abs. 4 S. 1 SGB VII der Genehmigung des Bundesministeriums für Wirtschaft und Arbeit. Gem. § 87 Abs. 2 SGB IV erstreckt sich die Aufsicht auch auf den Umfang und die Zweckmäßigkeit der Maßnahmen. Eine Berufsgenossenschaft kann vom Bundesministerium für Wirtschaft und Arbeit zum Erlass und zur Änderung von Unfallverhütungsvorschriften verpflichtet werden. Das Bundesministerium für

---

[194] *Gitter,* in: SRH, § 15 Rn 61.
[195] *Schulin/Igl,* Sozialrecht, Rn 526, 527/529.
[196] *Wank,* in: Erfurter Kommentar Nr. 230, § 618 BGB Rn 12.
[197] *Schulin/Igl,* Sozialrecht, Rn 526, 527/529.
[198] *Hein,* Die Verbände der Sozialversicherungsträger in der Bundesrepublik Deutschland, S. 230.
[199] *Hein,* Die Verbände der Sozialversicherungsträger in der Bundesrepublik Deutschland, S. 231.
[200] *Hein,* Die Verbände der Sozialversicherungsträger in der Bundesrepublik Deutschland, S. 231.

Wirtschaft und Arbeit hat damit dieselbe inhaltliche Durchsetzungskompetenz, wie wenn die Vorschrift von ihm als Verordnung zu erlassen wäre[201]. In Bezug auf den Erlass von Unfallverhütungsvorschriften gleicht daher die bestehende Fachaufsicht eine fehlende personelle Legitimation der Selbstverwaltungsorgane der Unfallversicherungsträger aus.

b) Unfallverhütungsvorschriften als Bestandteil des öffentlich-rechtlichen Arbeitsschutzrechts

Der öffentlich-rechtliche Arbeitsschutz wird gebildet aus den Unfallverhütungsvorschriften der Berufsgenossenschaften, den Vorschriften des Arbeitsschutzgesetzes[202], des Arbeitssicherheitsgesetzes[203], der Arbeitsstättenverordnung[204] und der Gefahrstoffverordnung[205]. Das öffentlich-rechtliche Arbeitsschutzrecht basiert auch auf der Grundlage von Art. 138 EGV und zahlreichen Richtlinien des europäischen Rechts, u.a. ist die Rahmenrichtlinie 89/391/EWG zu beachten. Diese Rahmenrichtlinie über die Durchführung von Maßnahmen zur Verbesserung der Sicherheit und des Gesundheitsschutzes der Arbeitnehmer bei der Arbeit wurde durch das Arbeitsschutzgesetz in nationales Recht umgesetzt[206].

Durch die Transformation von EG-Richtlinien in nationales Recht kann die Möglichkeit, durch Unfallverhütungsvorschriften verbindliches Recht zu setzen und Sicherheitsstandards vorzugeben, entfallen[207]. So hatten Bau- und Ausrüstungsbestimmungen der Unfallverhütungsvorschriften für Maschinen aufgrund der EG-Maschinenrichtlinie ihre Gültigkeit kurz nach Inkrafttreten 1994 wieder verloren. Die EG-Maschinenrichtlinien wurden durch das Gerätesicherheitsgesetz in nationales Recht umgesetzt. Freiräume für die Selbstverwaltungsorgane verbleiben nur, wenn durch EG Richtlinien lediglich Mindesstandards festgelegt werden. Dann können die Berufsgenossenschaften über den gesetzlich vorgeschriebenen Mindestschutz hinausgehende ergänzende Regelungen branchen-

---

201 *Ebsen,* Autonome Rechtssetzung in der Sozialversicherung und der Arbeitsförderung als Verfassungsproblem, VSSR 1990, S. 57 (71).

202 Gesetz über die Durchführung von Maßnahmen des Arbeitsschutzes und zur Verbesserung der Sicherheit und des Gesundheitsschutzes der Beschäftigten bei der Arbeit (ArbSchG) vom 7.8.1996, abgedruckt bei: *Kittner,* Arbeits- und Sozialordnung Nr. 7.

203 Gesetz über Betriebsärzte, Sicherheitsingenieure und andere Fachkräfte für Arbeitssicherheit (AsiG) vom 12.12.1973, abgedruckt bei: *Kittner,* Arbeits- und Sozialordnung Nr. 7a.

204 Verordnung über Arbeitsstätten (ArbStättV) vom 20.3.1975, abgedruckt bei: *Kittner,* Arbeits- und Sozialordnung Nr. 7b.

205 Verordnung zum Schutz vor gefährlichen Stoffen (GefStoffV) vom 26.10.1973, abgedruckt bei: *Kittner,* Arbeits- und Sozialordnung Nr. 7c.

206 *Bereiter-Hahn/ Mertens,* A 512 Rn 5.10.3.

207 *Radek,* Die Selbstverwaltung in der gesetzlichen Unfallversicherung, NZS 1994, S. 6 (10).

spezifisch bezogen auf den betrieblichen Arbeitsschutz erlassen und ihre Mitgliedsunternehmen hinsichtlich der Einhaltung der Arbeitsschutzpflichten beraten und überwachen[208].

c) Geltungsbereich der Unfallverhütungsvorschriften

Von den Unfallverhütungsvorschriften können auch Personen betroffen werden, die nicht an der Willensbildung der Berufsgenossenschaft teilnehmen. In den folgenden drei Fällen erstreckt sich der Geltungsbereich auf Außenseiter: bei Leiharbeitnehmern, bei Versicherten, die nicht zur Gruppe der Wahlberechtigten gem. § 47 Abs. 2 SGB IV gehören und bei ausländischen Unternehmern, soweit diese ihre Beschäftigten in inländische Betriebsabläufe eingegliedert haben[209].

Die Geltung der Unfallverhütungsvorschriften bei Zuständigkeit anderer Unfallversicherungsträger und für ausländische Unternehmen ist in § 16 SGB VII geregelt. Die „Geltungserstreckung auf Außenseiter" kann dann als akzeptabel angesehen werden, wenn die Geltungserstreckung „in einem engen Zusammenhang mit der Sachaufgabe der jeweiligen autonomen Körperschaft steht und nach ihrem Gewicht und/oder dem erfassten Personenkreis lediglich von nachgeordneter Bedeutung ist"[210]. Unter diesen Gesichtspunkten ist die Einbeziehung der oben genannten Personengruppen in den Geltungsbereich der Unfallverhütungsvorschriften zulässig, da nur kleinere Randgruppen betroffen sind, durch deren Einbeziehung das Unfallversicherungssystem abgerundet wird[211]. Das durch eine solche Einbeziehung begründete Legitimationsdefizit wird als dadurch kompensiert erachtet, dass die Unfallverhütungsvorschriften der Genehmigung gem. §§ 87 Abs. 2, 89 Abs. 2 SGB IV bedürfen[212].

4) Leistungsrecht

Nach Eintritt eines Versicherungsfalls haben die Versicherten nach den gesetzlichen Vorgaben einen Anspruch auf Heilbehandlung, Rehabilitation, Pflege, Geldleistung, Renten, Beihilfen sowie Abfindungen. Ob eine Leistung gewährt wird, steht damit nicht im Ermessen der Unfallversicherungsträger. Das „Wie"

---

[208] *Radek*, Die Selbstverwaltung in der gesetzlichen Unfallversicherung, NZS 1994, S. 6 (10).
[209] *Clemens*, Normenstrukturen im Sozialrecht, NZS 1994, 337 (341).
[210] *Ossenbühl*, in: HStR III, § 66 Rn 32, 33.
[211] *Clemens*, Normenstrukturen im Sozialrecht, NZS 1994, S. 337 (341).
[212] *Bieback*, in: Schulin, HS-UV, § 54 Rn 40; ***Ebsen***, Autonome Rechtssetzung in der Sozialversicherung und der Arbeitsförderung als Verfassungsproblem, VSSR 1990, S. 57 (71); *Clemens*, Normenstruktur im Sozialrecht, NZS 1994, S. 337 (341).

der Leistungsgewährung im Rahmen der Heilbehandlung und der Leistungen zur Teilhabe steht jedoch gem. § 26 Abs. 5 S. 1 SGB VI im pflichtgemäßen Ermessen der Unfallversicherungsträger: sie bestimmen, welche Leistung im Einzelnen als Sach- oder Dienstleistung gewährt wird. Nach § 39 Abs. 1 S. 1 SGB I ist bei Ermessensentscheidungen einmal der Zweck der Ermächtigung, also insbesondere das Ziel der Heilbehandlung oder Rehabilitation zu beachten, weiterhin sind die gesetzlichen Grenzen des Ermessens einzuhalten[213]. Unter Beachtung dieser beiden Kriterien kann im Einzelfall die Ermessensfreiheit so schrumpfen, dass nur eine einzige ermessensfehlerfreie Verwaltungsentscheidung denkbar ist[214]. Die Heilbehandlung im Rahmen der gesetzlichen Unfallversicherung beginnt in der Regel mit dem sog. „Durchgangsarztverfahren". Jeder Unfallverletzte ist möglichst sofort nach einem Unfall einem Durchgangsarzt, d.h. einem besonders in der Unfallmedizin ausgebildeten Arzt oder einem entsprechenden Augen- oder Ohrenarzt vorzuführen, der dann über die von ihm weiter für notwendig gehaltenen Maßnahmen entscheidet[215]. Bei bestimmten schweren Verletzungen ist der Unfallverletzte unverzüglich in hierfür zugelassene Unfallkrankenhäuser, die zum Teil von den Berufsgenossenschaften unterhalten werden, einzuweisen[216]. Die Leistungen der Heilbehandlung der gesetzlichen Unfallversicherung entsprechen inhaltlich denen der gesetzlichen Krankenversicherung.

Satzungsmäßige Mehrleistungen sind in der Unfallversicherung nur zulässig, soweit dieses gesetzlich ausdrücklich zugelassen ist: gem. § 94 SGB VII besteht eine solche Möglichkeit für Personen, „die selbständig oder unentgeltlich, insbesondere ehrenamtlich im Gesundheitswesen oder in der Wohlfahrtspflege tätig sind" (§ 2 Abs. 1 Nr. 9 SGB VII) und für Personen, „die in Unternehmen zur Hilfe bei Unglücksfällen oder im Zivilschutz unentgeltlich, insbesondere ehrenamtlich tätig sind oder an Ausbildungsveranstaltungen dieser Unternehmen teilnehmen" (§ 2 Abs. 1 Nr. 12 SGB VII). Fast alle Träger der gesetzlichen Unfallversicherung haben von dieser Möglichkeit Gebrauch gemacht[217]. Diese Mehrleistungen müssen sich auf die Ergänzung, bzw. die Erhöhung gesetzlich vorgesehener Leistungen beziehen, die Gewährung gesetzlich nicht vorgesehener Leistungen kommt nicht in Betracht[218]. Daher sind der Ersatz von Sachschäden oder die Gewährung von Schmerzensgeld nicht zulässig[219]. Mehrleistungen zu Renten sind durch § 94 Abs. 2 SGB VII der Höhe nach begrenzt.

---

[213] *Benz,* in: *Hauck/Noftz,* SGB VII, K § 26 Rn 37.
[214] *Benz,* in: *Hauck/Noftz,* SGB VII, K § 26 Rn 38.
[215] *Viefhues/Fritze,* in: *Fritze,* Die ärztliche Begutachtung, S. 74.
[216] *Viefhues/Fritze,* in: *Fritze,* Die ärztliche Begutachtung, S. 74.
[217] Lauterbach-*Schwerdtfeger,* UV-SGB VII, § 94 Rn 6.
[218] Lauterbach-*Schwerdtfeger,* UV-SGB VII, § 94 Rn 8.
[219] *Freund,* in: *Hauck/Noftz,* SGB VII, K § 94 Rn 3.

Gem. § 31 Abs. 1 SGB VII erstreckt sich die Heilbehandlung auch auf die Versorgung mit Hilfsmitteln. Gem. § 31 Abs. 2 S. 2 SGB VII wird das Nähere durch gemeinsame Richtlinien der Verbände der Unfallversicherungsträger bestimmt, soweit keine Festlegung in einer Rechtsverordnung durch die Bundesregierung gem. § 31 Abs. 2 S. 1 SGB VII erfolgt ist. Diese Richtlinien binden zwar als allgemeine Verwaltungsvorschriften die Unfallversicherungsträger, sie entfalten aber keine unmittelbare Rechtswirkung gegenüber den Versicherten[220].

§ 47 Abs. 1 S. 3 SGB VII sieht vor, dass bei nicht kontinuierlicher Arbeitsverrichtung und –vergütung in der Satzung abweichende Bestimmungen zur Zahlung und Berechnung des Verletztengeldes vorgesehen sein können. Zweck ist, die Entgeltersatzfunktion des Verletztengeldes sicher zu stellen. Gem. § 83 SGB VII wird in der Satzung des Unfallversicherungsträgers der Jahresarbeitsverdienst für kraft Gesetzes versicherte selbständig Tätige sowie für kraft Satzung versicherte Unternehmer und deren Ehegatten und für freiwillig Versicherte festgelegt.

5) Zusammenfassung

In der gesetzlichen Unfallversicherung bestehen vornehmlich im Bereich der Beitragsgestaltung bei der Festsetzung des Gefahrtarifs und im Beitragsausgleichsverfahren Entscheidungsfreiräume für die Selbstverwaltungsorgane. Diese Gestaltungsmöglichkeiten sind aufgrund der risikoorientierten Beitragsabstufung erforderlich, sie gewährleisten eine kontinuierliche Anpassung an die wirtschaftlichen und versicherungsmathematischen Verhältnisse. Die vorhandenen gesetzlichen Regelungen bewirken jedoch eine hinreichende Bindung der Mitglieder der Vertreterversammlung an das Gesetz. Die Unfallverhütungsvorschriften unterliegen einer Fachaufsicht, die eine fehlende personelle demokratische Legitimation kompensieren kann. Der Aufgabenbereich der Mitglieder der Vertreterversammlung der gesetzlichen Unfallversicherungsträger erfordert nicht, dass die Betroffen ihnen im Wege der Wahl das Mandat erteilen.

III Gesetzliche Krankenversicherung

1) Primär- sowie Ersatzkassen

Zum 1.1.1996 ist die Binnenstruktur der Krankenversicherungsträger mit dem Gesetz zur Sicherung und Strukturverbesserung der gesetzlichen Krankenversi-

---

[220] *Benz,* in: *Hauck/Noftz,* SGB VII, K § 31 Rn 35.

cherung (Gesundheitsstrukturgesetz, GSG)[221] grundlegend verändert worden. Das für alle Sozialversicherungszweige grundsätzlich einheitliche Modell der dreistufigen Aufteilung der Selbstverwaltungskompetenzen ist bei den Krankenkassen durch ein bipolares Unternehmermodell ersetzt worden[222]. Der erste Verwaltungsrat der Krankenkassen ist gem. Art. 33 § 10 Abs. 1 GSG nicht durch eine Wahl der Versicherten gebildet worden, sondern durch eine Wahl der bisherigen Selbstverwaltungsorgane[223]. Der Verwaltungsrat hat im Wesentlichen die Aufgaben der Vertreterversammlung übernommen. Zusätzlich weist § 33 Abs. 3 S. 3 SGB IV dem Verwaltungsrat Aufgaben des früheren ehrenamtlich tätigen Vorstandes bzw. dessen Vorsitzenden zu.

Der Verwaltungsrat wählt gem. § 35 a Abs. 5 S. 1 SGB IV den hauptamtlich agierenden Vorstand und kann ihn gem. § 35 a Abs. 7 SGB IV seines Amtes entheben. Die Regelung dient der Stärkung der Aufsichts- und Kontrollbefugnis des Verwaltungsrates gegenüber dem Vorstand[224], die Stellung des Vorstandes wird der Stellung des Vorstandes einer Aktiengesellschaft im Verhältnis zum Aufsichtsrat angeglichen[225]. Weiterhin hat der Verwaltungsrat oder dessen Vorsitzende die Aufgaben des Vorstandes oder dessen Vorsitzenden nach § 37 Abs. 2, § 38 SGB IV sowie nach dem Zweiten Titel des SGB IV wahrzunehmen. In den §§ 194-197 SGB V sind spezielle Regelungen über die Satzung der Krankenkassen und die Aufgaben des Verwaltungsrates getroffen worden. Entsprechende gesetzliche Bestimmungen bestehen für die gesetzlichen Renten- und Unfallversicherung nicht, hier gilt das SGB IV.

a) Satzung der Krankenkassen, § 194 SGB V

Der organisationsrechtliche Mindestgehalt der Satzung der Krankenkassen ist in § 194 SGB V geregelt. Die obligatorisch genannten Gegenstände müssen geregelt werden, auch wenn das Gesetz wenig oder keinen Spielraum lässt. In der Regel lehnen sich die Satzungen der Krankenkassen wegen der Vielfältigkeit des in § 194 SGB V und an anderen Stellen des Gesetzes geforderten Inhaltes von Satzungen an Mustersatzungen an[226]. Gem. § 194 Nr. 5 SGB V ist die Zahl der Mitglieder der Organe in der Satzung festzulegen. Der Verwaltungsrat darf

---

221 BGBl I, S. 2266.

222 *Ruland,* in: *Schmidt-Aßmann*, BesVerwR, 11. Auflage 1999, 7. Abschnitt, Rn 248.

223 Kritische Beurteilung der Übergangsregelung bei *Dudda,* Die Binnenstruktur der Krankenversicherungsträger nach dem Gesundheitsstrukturgesetz, S. 62, 69.

224 BT-Drucks. 12/3608, S. 128.

225 *Balzer,* Änderungen des Selbstverwaltungsrechts und des Dienstrechts in der gesetzlichen Krankenversicherung durch das GSG, NZS 1994, S. 1 (3).

226 Kass.Komm.- *Peters*, § 194 Rn 8.

höchstens 30 Mitglieder, also die Hälfte der gem. § 43 Abs. 1 S. 2 1. HS SGB IV für die Vertreterversammlung vorgesehene Mitgliederzahl, haben. Diese Beschränkung ist vorgenommen worden, um die Effektivität der Arbeit des Verwaltungsrates zu steigern[227].

Gem. § 194 Nr. 6 SGB V muss die Satzung der Krankenkassen Bestimmungen über die Rechte und Pflichten der Organe enthalten. Somit können aufgrund der Satzung eine Aufgabenzuordnung und eine Konkretisierung der Kompetenzen des Verwaltungsrates und des Vorstandes erfolgen. Die eigentliche gesetzliche Aufgabenzuweisung zwischen Verwaltungsrat und Vorstand darf hierdurch jedoch nicht berührt werden[228]. Eine Richtlinienkompetenz des Verwaltungsrates gegenüber dem Vorstand, wie sie im Verhältnis von Vorstand und Geschäftsführer in der gesetzlichen Unfall- und Rentenversicherung einschließlich der Altersversicherung der Landwirte gem. § 35 Abs. 2 SGB IV besteht, ist nicht vorgesehen[229].

b) Verwaltungsrat, § 197 SGB V

Der speziell für den Bereich der gesetzlichen Krankenkassen gem. § 197 SGB V normierte Aufgabenkatalog des Verwaltungsrates deckt sich zum Teil mit den in § 33 SGB IV genannten Aufgaben der Vertreterversammlung. So bestimmt § 197 Abs. 1 Nr. 1 SGB V entsprechend § 33 Abs. 3 S. 1 und 2 i.V.m. Abs. 1 SGB IV, dass der Verwaltungsrat die Satzung und sonstiges autonomes Recht der Krankenkassen beschließt.

aa) Kontrollbefugnis, § 197 Abs. 1 Nr. 1 a SGB V

§ 197 Abs. 1 Nr. 1 a SGB V berechtigt und verpflichtet den Verwaltungsrat zur Überwachung des Vorstandes. Die hierzu erforderliche Einsichtnahme und Prüfung wird durch § 197 Abs. 2 SGB V gewährleistet. Die Kontrollfunktion des Verwaltungsrates ergibt sich bereits aus § 33 Abs. 3 S. 3 SGB IV, der auf die §§ 37 Abs. 2, 38 SGB IV und die Vorschriften der §§ 43 ff SGB IV verweist. Diese Kontrollbefugnis berechtigt den Verwaltungsrat jedoch nicht, eine Verwaltungssache, die vom Vorstand bearbeitet wird, an sich zu ziehen und selbst

---

227 BT-Drucks. 12/3608, S. 128.

228 *Finkenbusch,* GKV Der hauptamtliche Vorstand der Wahlkassen, ZFSH/SGB, 1998, S. 36.

229 *Finkenbusch,* GKV Der hauptamtliche Vorstand der Wahlkassen ,ZFSH/SGB, 1998, S. 36; *Hauck,* in: *Hauck/Noftz*, SGB V, K § 197 Rn 4.

zu entscheiden, da ansonsten ein Verstoß gegen die Kompetenznorm des § 35 a Abs. 1 SGB IV gegeben wäre[230].

bb) Leitlinienkompetenz, § 197 Abs. 1 Nr. 1 b SGB

Gem. § 197 Abs. 1 Nr. 1 b SGB V hat der Verwaltungsrat alle Entscheidungen zu treffen, die für die Krankenkasse von grundsätzlicher Bedeutung sind. Welche Reichweite diese Bestimmung hat, ist aufgrund des unbestimmten Wortlautes umstritten. Es wird vertreten, § 197 Abs. 1 Nr. 1 b SGB V restriktiv auszulegen und eine Beschränkung auf sozialpolitische Grundsatzfragen der Gesetzlichen Krankenversicherung vorzunehmen[231]. Die Vorschrift soll dem Verwaltungsrat die Möglichkeit eröffnen, die Leitlinien der Gesundheitspolitik und deren Darbietung, die Unternehmens-, Wettbewerbs- und Vertragspolitik sowie Art und Umfang der Öffentlichkeitsarbeit und die Personalpolitik des Versicherungsträgers festzulegen[232]. Die Grundsatzentscheidungen des Verwaltungsrates haben nur Wirkung im Innenverhältnis zwischen Verwaltungsrat und Vorstand, im Außenverhältnis der Krankenkassen zu Dritten wird durch § 197 Abs. 1 Nr. 1 b SGB V keine unmittelbare Wirkung erzeugt[233].

cc) Feststellung des Haushaltsplans, § 197 Abs. 1 Nr. 2 SGB V

Gem. § 197 Abs. 1 Nr. 2 SGB V stellt der Verwaltungsrat den Haushaltplan fest und beschließt über die Entlastung des Vorstandes wegen der Jahresrechnung. Sondergesetzliche Regelungen zu hinsichtlich Aufsichtsmittel und Aufsichtsmaßstäbe sind in den §§ 70 und 71 SGB IV getroffen worden[234]. Ob die Haushaltspläne als autonomes Recht im weiteren Sinne zu verstehen sind, ist strittig, unstreitig stellen sie kein autonomes Recht im Sinne des § 34 Abs. 2 SGB IV dar[235].

---

[230] *Hauck*, in: *Hauck/Noftz*, SGB V, K § 197 Rn 4.
[231] *Hauck*, in: *Hauck/Noftz*, SGB V, K § 197 Rn 5; *Bloch*, in: GK-SGB V, § 197 Rn 8.
[232] *Dudda*, Der Kompetenzkonflikt zwischen Verwaltungsrat und Vorstand, Die BKK 1997, S. 392 (395).
[233] *Hauck*, in: *Hauck/Noftz* SGB V, K § 197 Rn 5.
[234] Siehe dazu *Schnapp*, Der Haushaltsgrundsatz der Wirtschaftlichkeit und Sparsamkeit – im Sozialrecht und in anderen Rechtsgebieten, in: FS für von Maydell, S. 621 (629 f).
[235] Kass.Komm.- *Maier*, § 34 SGB IV Rn 10.

dd) Immobilienverwaltung, § 197 Abs. 1 Nr. 5 SGB

Gem. § 197 Abs. 1 Nr. 5 SGB V hat der Verwaltungsrat über den Erwerb, die Veräußerung und die Belastung von Grundstücken sowie über die Errichtung von Gebäuden zu beschließen. Diese Bestimmung steht im Einklang mit der Rechtsprechung des Bundessozialgerichts, wonach die Beschlussfassung über alle nicht alltäglichen Geschäfte den Mitgliedern der gewählten Vertretungskörper oder ihren Ausschüssen vorbehalten bleiben muss[236]. Dieses gilt auch für den eigentlichen Selbstverwaltungsbereich der Sozialversicherungsträger, zu dem etwa Entscheidungen über Grundstückskäufe gehören[237].

Die zitierte Entscheidung befasste sich mit der Abgrenzung der Aufgaben zwischen Vorstand und Geschäftsführer einer Landesversicherungsanstalt. Mit Ausnahme der Orts-, Betriebs- und Innungskrankenkassen sowie der Ersatzkassen werden laufenden und sonstigen Verwaltungsgeschäften gem. § 36 Abs. 1 S. 1 SGB IV von dem hauptamtlichen Geschäftsführer geführt. Laufende Verwaltungsgeschäfte werden im Wesentlichen auf solche Geschäfte beschränkt, die mehr oder weniger regelmäßig wiederkehren und sachlich, insbesondere wirtschaftlich, keine erhebliche Bedeutung haben[238]. Die Entscheidungen über Grundstückskäufe und –verkäufe, die Errichtung von Verwaltungsgebäuden und Rehabilitationseinrichtungen und die Anlage des Vermögens gehören in den Zuständigkeitsbereich der Selbstverwaltungsorgane[239].

Das Element der Hauptberuflichkeit wird bei Orts-, Betriebs- und Innungskassen sowie Ersatzkassen gem. § 35 a Abs. 1 S. 1 SGB IV durch den Vorstand repräsentiert. Als problematisch wird in der Literatur angesehen, ob neben dem Verwaltungsrat auch der Vorstand über Grundstücksgeschäfte entscheiden kann. Dieses wird zum Teil befürwortet, da nicht jedes Grundstücksgeschäft unabhängig vom Volumen als grundsätzlich bedeutsam im Sinne des § 197 Nr. 1 b SGB V angesehen werden kann[240]. Daher wird eine teleologische Reduktion empfohlen, wonach sich die Genehmigungsbedürftigkeit an der Größenordnung orientiert[241]. Es wird aber auch vertreten, dass auch der Kauf eines relativ klei-

---

236 BSGE 26, 129 (130).
237 BSGE 26, 129, (131).
238 BSGE 26, 129 (130).
239 *Krasney,* Zur Zuständigkeitsabgrenzung zwischen Vorstand und Geschäftsführer eines Sozialversicherungsträgers, DRV 1990, S. 742 (748).
240 *Hänlein,* in: LPK-SGB V, § 197 Rn 3.
241 *Bloch,* in: GK-SGB V, § 197 Rn 7.

nen und preisgünstigen Grundstücks ausschließlich in den Bereich der Selbstverwaltungsorgane fällt[242].

ee) Auflösungs- und Vereinigungsbeschlüsse, § 197 Abs. 1 Nr. 6 SGB V

Die freiwillige Vereinigung mit anderen Krankenkassen oder die Auflösung der Krankenkasse erfolgt gem. § 197 Abs. 1 Nr. 6 SGB V auf Beschluss des Verwaltungsrates. § 144 SGB V regelt die freiwillige Vereinigung von Ortskrankenkassen. Für Betriebskrankenkassen verweisen die §§ 150 und 152 SGB V auf § 144 SGB V, für die Innungskrankenkassen die §§ 160 und 162 SGB V, für die Ersatzkassen gelten gem. § 168 a SGB V die Bestimmungen in § 144 Abs. 2 - 4 SGB V entsprechend. Die Schaffung größerer Einheiten aufgrund von freiwilligen Vereinigungen ist sinnvoll, um ausgewogene Risikostrukturen zu schaffen und Finanzausgleichsverfahren zu vermeiden[243]. Der Vereinigungsvertrag muss gem. § 144 Abs. 2 SGB V außer der Vereinigungsabrede die Satzung der zukünftigen Kasse, einen Vorschlag zur Berufung der Mitglieder des Verwaltungsrates der neuen Kasse sowie eine Vereinbarung über die Rechtsbeziehung zu Dritten enthalten. Der Vereinigungsbeschluss bedarf gem. § 144 Abs. 1 S. 2 SGB V der Genehmigung der zuständigen Aufsichtsbehörde.

Der Wortlaut des § 144 Abs. 3 SGB V („genehmigt") lässt eine Verpflichtung der Aufsichtsbehörde zur Genehmigung eines Zusammenschlusses bei Vorliegen der Voraussetzungen von Abs. 1 vermuten. Dennoch wird in der Literatur vertreten, dass Genehmigungen für freiwillige Vereinigungen nach pflichtgemäßem Ermessen versagt werden können, wenn die Vereinigung im Vergleich zu einer anders gestalteten Kassenregion nach Ansicht der Aufsichtsbehörde unzweckmäßig wäre[244]. Denn bei dem Zusammenschluss handelt es sich um einen Satzungsbeschluss, dessen Genehmigung nicht eine Maßnahme der Rechtsaufsicht sondern eine staatliche Mitwirkungshandlung darstellt. Der Prüfungsmaßstab bei sozialversicherungsrechtlichen Mitwirkungsrechten ist nicht auf eine reine Rechtskontrolle beschränkt, sondern die Mitwirkungsbehörde ist grundsätzlich auch befugt, Zweckmäßigkeitserwägungen in ihre Entscheidung einfließen zu lassen[245]. Dieses soll jedoch nicht bedeuten, dass die Mitwirkungsbefugnisse mit einer Fachaufsichtskompetenz im Sinne eines umfassenden Prü-

---

[242] *Krasney,* Zur Zuständigkeitsabgrenzung zwischen Vorstand und Geschäftsführer eines Sozialversicherungsträgers, DRV 1990, S. 742 (748).
[243] BT-Drucks. 11/2237, S. 209.
[244] *Wigge,* Die Neuordnung der Organisationsstruktur der Ortskrankenkassen durch das Gesundheitsstrukturgesetz, VSSR 1994, S. 131 (154, 156).
[245] BSGE 26, 206 (209).

fungs- und Weisungsrechts gleichzusetzen wäre[246]. Auch da, wo das Gesetz eine aufsichtsbehördliche Genehmigung vorschreibt, muss dem Versicherungsträger ein Spielraum der eigenen personellen und organisatorischen Belange verbleiben[247]. Die Aufsichtsbehörde darf daher ihre Mitwirkung nur aus solchen Gründen verweigern, die für das gesetzliche Einräumen des Mitwirkungsrechts maßgeblichen waren[248]. Indem das Bundessozialgericht die Ermessensentscheidungen der zur Aufsicht berufenen Aufsichtsbehörde darauf kontrolliert, ob sie die konkreten Zielsetzungen des Gesetzes einhält, und die Zielsetzung zugleich eng interpretiert, hat es die Zweckmäßigkeitskontrolle eng an die Rechtmäßigkeitskontrolle herangerückt und damit der Selbstverwaltung erhebliche Freiräume gesichert[249].

Die Reichweite der Kontrollbefugnis der Aufsichtsbehörde lässt sich durch Auslegung von § 144 SGB V ermitteln, erforderlich ist weiterhin eine Abwägung zwischen dem Motiv der staatlichen Mitwirkung und dem Selbstverwaltungsrecht des Sozialversicherungsträgers. Bei der freiwilligen Vereinigung von Ortskrankenkassen ist von der Aufsichtsbehörde im Interesse der Versicherten und Arbeitgeber vorrangig auf ausgewogene Risikostrukturen und eine verbesserte Leistungsfähigkeit der betroffenen Krankenkassen zu achten, verwaltungsinterne Kriterien, wie eine wirtschaftliche Verwaltung und eine zweckmäßige Organisation sind von nur nachgeordneter Bedeutung[250].

2) See-Krankenkasse

Für die See-Krankenkasse gibt es keinen rechtlich verselbständigten Träger, sie ist keine selbständige Körperschaft und besitzt keine eigenen Organe[251]. Sie wird gem. § 165 Abs. 1 und 3 SGB V als besondere Abteilung des in § 127 Nr. 3 SGB VI aufgeführten Rentenversicherungsträgers „Seekasse" mit gesonderter Rechnungsführung und Finanzverwaltung geführt. Die Seekasse wiederum ist eine Sonderanstalt der See-Berufsgenossenschaft als Träger der See-Unfallversicherung. Für die Seekasse ist gem. § 33 SGB IV die Vertreterver-

---

[246] *Kaltenborn,* Die Genehmigung von Vermögensanlagen der Sozialversicherungsträger nach § 85 SGB V, SGb 1999, S. 444 (448).

[247] *Kaltenborn,* Die Genehmigung von Vermögensanlagen der Sozialversicherungsträger nach § 85 SGB V, SGb 1999, S. 444 (448).

[248] *Kaltenborn,* Die Genehmigung von Vermögensanlagen der Sozialversicherungsträger nach § 85 SGB V, SGb 1999, S. 444 (448).

[249] *Krause,* Die Selbstverwaltung der Sozialversicherungsträger in der Rechtsprechung des RVA und des BSG, in: Festgabe 100 Jahre sozialgerichtliche Rechtsprechung , S. 575 (600).

[250] *Wigge,* Die Neuordnung der Organisationsstruktur der Ortskrankenkassen durch das Gesundheitsstrukturgesetz, VSSR 1994, S. 131 (154).

[251] *Baier,* in: *Krauskopf,* § 165 SGB V Rn 5; *Hauck,* in *Hauck/Noftz* SGB V, K § 165 Rn 3.

sammlung als Selbstverwaltungsorgan zuständig, deren Zusammensetzung und Bestellung sich aus den §§ 43 ff SGB IV ergibt. Eine ortsnahe Versorgung der Mitglieder der See- Krankenkasse soll § 165 Abs. 4 SGB V sicherstellen. Danach erhalten Versicherte der See-Krankenkasse ihre Leistungen von der Ortskrankenkasse ihres Beschäftigungsortes im Rahmen eines öffentlich-rechtlichen Auftragsverhältnisses.

3) Landwirtschaftliche Krankenkassen

Träger der Krankenversicherung der Landwirte sind gem. § 166 SGB V die nach dem KVLG 1989 bei jeder landwirtschaftlichen Berufsgenossenschaft errichteten landwirtschaftlichen Krankenkassen. Die Krankenversicherung der Landwirte ist im KVLG 1989 eigenständig geregelt. Die Organe der landwirtschaftlichen Krankenkassen sind gem. § 32 Abs. 1 SGB IV die Organe der Berufsgenossenschaften, bei denen sie errichtet sind. Bei den landwirtschaftlichen Krankenkassen gibt es keine Landesverbände. Gem. § 36 S. 1 KVLG 1989 nimmt in der landwirtschaftlichen Krankenversicherung jeweils die landwirtschaftliche Krankenkasse, in deren Bereich die Kassenärztliche Vereinigung ihren Sitz hat, die Position der Landesverbände wahr. Die landwirtschaftlichen Krankenkassen sind daher auch für alle anderen Aufgaben zuständig, die nach anderen Vorschriften des SGB V den Landesverbänden zugewiesen sind.

4) Die knappschaftliche Krankenversicherung

Die knappschaftliche Krankenversicherung wird gem. § 167 S. 1 SGB V von der Bundesknappschaft durchgeführt; es gelten gem. § 167 S. 2 SGB V die Vorschriften der gesetzlichen Krankenversicherung. Die knappschaftliche Krankenversicherung wird von den üblichen drei Organen verwaltet: als Selbstverwaltungsorgan besteht hier gem. § 33 SGB IV die Vertreterversammlung, deren Zusammensetzung und Bestellung sich aus den §§ 43 ff SGB IV ergibt.

Der Anwendungsbereich der §§ 194-197 SGB V erstreckt sich auch auf die See-Krankenkasse, die landwirtschaftlichen Krankenkassen und die Bundesknappschaft, bei denen nach wie vor Vertreterversammlung, Vorstand und Geschäftsführer handeln. Die §§ 194-197 SGB V sind für diese Kassen so zu lesen, als ob sie sich jeweils auf die Vertreterversammlung beziehen würden[252].

---

[252] *Hänlein*, in LPK-SGB V, vor §§ 194-197 Rn 21.

5) Versicherter Personenkreis und Beitragsrecht

In der gesetzlichen Krankenversicherung ist der Kreis der versicherten Personen in den §§ 5-10 SGB V gesetzlich bestimmt. Gesetzliche Regelungen zu Beiträgen finden sich in den §§ 220-258 SGB V sowie in den §§ 20-28 SGB IV. Die Beiträge zur gesetzlichen Krankenversicherung sind gem. § 194 Nr. 4 SGB V in der Satzung festzulegen, das Bestimmungsrecht bezieht sich auf die Höhe, Fälligkeit und Zahlung der Beiträge.

a) Höhe der Beiträge

aa) Beitragspflichtige Einnahmen, §§ 226-240 SGB V

Gem. §§ 21 SGB IV, 220 Abs. 1 S. 2 SGB V sind die Beiträge so zu bemessen, dass die im Haushaltsplan vorgesehenen Ausgaben und die vorgeschriebene Auffüllung von Rücklagen durch sie gedeckt werden. Gem. § 223 Abs. 2 S.1 SGB V werden die Beiträge nach dem beitragspflichtigen Einnahmen der Mitglieder bemessen. Die §§ 226-240 SGB V regeln, welche Einnahmen beitragspflichtig und damit Grundlage der Beitragsbemessung sind. Bei versicherungspflichtigen Beschäftigten ist die Regelung abschließend.

Für freiwillig Versicherte hingegen werden gem. § 240 Abs. 1 S. 1 SGB V die beitragspflichtigen Einnahmen der freiwilligen Mitglieder in der Satzung festgelegt. Die Beschränkung der gesetzlichen Regelung auf allgemeine Grundsätze soll ermöglichen, dass „sachgerechte Sonderregelungen insbesondere für Selbständige und einkommenslose freiwillig versicherte Ehegatten“[253] getroffen werden können[254]. Folgende Rahmenbedingungen sind vorgeschrieben: die gesamte wirtschaftliche Leistungsfähigkeit des freiwilligen Mitgliedes ist gem. § 240 Abs. 1 S. 2 SGB V zu berücksichtigen, es müssen gem. § 240 Abs. 2 S. 1 SGB V mindestens die Einnahmen, die bei einem Pflichtversicherten der Beitragsbemessung zugrunde gelegt werden, berücksichtigt werden und es werden gem. § 240 Abs. 4 SGB V fiktive Mindesteinnahmen zugrunde gelegt.

Eine Beitragsbemessung durch die Satzung kann gem. § 226 Abs. 3 SGB V auch für Schwangere vorgenommen werden, deren Mitgliedschaft nach § 192 Abs. 2 SGB V erhalten bleibt, wenn während der Schwangerschaft das Beschäftigungsverhältnis zulässigerweise vom Arbeitgeber aufgelöst oder eine

---

[253] BT-Drucks. 11/2237, S. 225.
[254] *Engelhard*, in: *Schulin*, HS-KV, § 54 Rn 180.

Beurlaubung ohne Bezüge vorgenommen worden ist. Eine Orientierung ist dabei an der Regelung über die beitragspflichtigen Einnahmen bei freiwillig Versicherten möglich. Zulässig ist aber auch die Zugrundelegung eines Mindesteinkommens entsprechend § 240 Abs. 4 SGB V[255]. Gem. § 233 Abs. 2 SGB V kann das beitragspflichtige Arbeitsentgelt der Seeleute nach Maßgaben der Satzung der See-Krankenkasse festgelegt werden, wenn ein monatlicher Durchschnittsverdienst nach § 92 SGB VII nicht festgelegt worden ist.

§ 239 SGB V regelt die Beitragsbemessung bei Rentenantragsstellern. Besteht keine Beitragsfreiheit, sind nach Maßgabe der Satzung Beiträge zu erheben, die die gesamte wirtschaftliche Leistungsfähigkeit des Rentenantragsstellers berücksichtigen, § 239 S. 3 SGB V i.V.m. § 240 SGB V.

bb) Beitragssatz, §§ 241-248 SGB V

Die Beiträge werden gem. § 241 Abs. 1 S. 1 SGB V nach einem Beitragssatz erhoben, der in der Satzung in Hundertsteln der beitragspflichtigen Einnahmen festgesetzt wird. Abweichend hiervon ist in den §§ 242-243 SGB V unter den dort aufgeführten Voraussetzungen ein erhöhter bzw. ermäßigter Beitragssatz vorgeschrieben. Das Recht zur Beitragsfestsetzung ist in diesen Fällen eingeschränkt. Gesetzlich festgelegt ist der Beitragssatz in den §§ 245, 247 SGB V bei Studenten und Praktikanten sowie Rentnern. In diesen Fällen besteht kein Recht der Selbstverwaltung zur Festsetzung der Beitragssätze in der Satzung. Gem. § 220 Abs. 4 S. 1 und 2 SGB V sind die Einsparungen, die durch die dort genannten Gründe bewirkt worden sind, in vollem Unfang bzw. mindestens zur Hälfte zur für Beitragssatzsenkungen zu verwenden.

b) Fälligkeit und Zahlung der Beiträge

Die Fälligkeit der Beiträge bestimmt sich nach § 23 Abs. 1 SGB IV. Nach § 23 Abs. 1 S. 1 SGB IV obliegt es den Krankenkassen, den Fälligkeitstermin durch die Satzung festzulegen. Dabei können die Krankenkassen jedoch nur insoweit über den Fälligkeitstermin disponieren, als die Regelung in § 23 Abs. 1 S. 2, S. 3 2. HS und S. 4 SGB IV dieses zulässt. In der Praxis bleibt den Krankenkassen daher nur die Möglichkeit, einen Termin zwischen dem 1. und 15. des Folgemonats festzulegen[256]. Die Zahlung der Beiträge richtet sich nach den §§ 28 d SGB IV ff. In der Satzung der Krankenkasse kann gem. § 28 e Abs. 5 SGB V bestimmt werden, unter welchen Voraussetzungen vom Arbeitgeber Vorschüsse

[255] *Gerlach*, in *Hauck/Noftz*, SGB V, K § 226 Rn 12.
[256] *von Maydell*, in: GK-SGB IV, § 23 Rn 12.

auf den Gesamtsozialversicherungsbeitrag verlangt werden können. Alle wesentlichen Entscheidungen hinsichtlich der Höhe der Beiträge sind damit gesetzlich bestimmt. Von einer Beitragsautonomie kann daher nicht gesprochen werden[257].

6) Leistungen der Krankenkassen, §§ 11 – 66 SGB V

§ 11 Abs. 1 SGB V bestimmt, dass Versicherte auf folgende Leistungen einen „Anspruch" haben:

Leistungen zur Verhütung von Krankheiten (§§ 20-24 b SGB V),
Leistungen zur Früherkennung von Krankheiten (§§ 25 und 26 SGB V) und
Leistungen bei Krankheit (§§ 27-52 SGB V).

Dieser Anspruch auf Krankenbehandlung ist jedoch kein Anspruch i.S. von § 194 BGB, der dem Versicherten „das Recht, von einem anderen ein Tun oder Unterlassen zu verlangen" gewährt. Die Normierung eines Leistungsanspruchs des Versicherten i.S. von § 194 BGB ist aus rein tatsächlichen Gründen nicht möglich, da ansonsten im SGB V der Gesamtkatalog ärztlicher Leistungen des Einheitlichen Bewertungsmaßstabes aufgeführt sein müsste und sämtliche Leistungen unter Berücksichtigung der Richtlinien des Gemeinsamen Bundesausschusses auf die einzelnen Versicherten und auf jeden eingetretenen Behandlungsfall zu beziehen wären[258]. Das Leistungsrecht verbleibt daher notwendigerweise auf einer gewissen Abstraktionshöhe[259].

Vielmehr soll es sich bei den in § 27 Abs. 1 Nr. 1-6 SGB V genannten Leistungsansprüchen nach dem „Konkretisierungskonzept" des Bundessozialgerichts nur um einen Anspruch „dem Grunde nach" handeln[260]. Dem Versicherten sollen nur ausfüllungsbedürftige „Rahmenrechte" zustehen[261]. Ein konkreter Leistungsanspruch im Rahmen ambulanter Behandlung kann entsprechend dem Konkretisierungskonzept der Rechtsprechung des Bundessozialgerichts nur dadurch entstehen, dass ein zugelassener Vertragsarzt in Bindung an die für ihn geltenden Vorschriften des Leistungserbringerrechts eine entsprechende Entscheidung trifft[262]. Entscheidet letztlich der behandelnde Vertragsarzt über

---

[257] *Schnapp,* Friedenswahlen in der Sozialversicherung - vordemokratisches Relikt oder scheindemokratisches Etikett?, in: FS für Knut Ipsen, S. 824.; *Schnapp,* in: *Schulin*, HS-KV, § 49 Rn 71; *Kirchhof,* in : HStR IV, § 93 Rn 10, 11.

[258] *Schnapp,* Untergesetzliche Rechtsquellen im Vertragsarztrecht – am Beispiel der Richtlinien, vorgesehen für FS 50 Jahre BSG, Erscheinungsdatum Sept. 2004.

[259] *Schnapp,* Untergesetzliche Rechtsquellen im Vertragsarztrecht – am Beispiel der Richtlinien, vorgesehen für FS 50 Jahre BSG, Erscheinungsdatum Sept. 2004.

[260] BSGE 73, 271 (289), BSG SozR 3-2200, § 182 Nrn 13,15.

[261] BSG SozR 2500, § 13 Nr. 4.

scheidung trifft[262]. Entscheidet letztlich der behandelnde Vertragsarzt über den „Anspruch" des Versicherten, indem er Art und Umfang der Krankenbehandlung im Einzelnen festlegt, so kann sich die Frage aufdrängen, ob nicht der Vertragsarzt ebenfalls demokratisch legitimiert sein muss[263]. Als Bestandteil der Sachleistung sind jedoch Maßnahmen des Vertragsarztes, die er im Behandlungsverhältnis zum sozialversicherten Patienten erbringt, der Krankenkasse zuzurechnen und binden die Krankenkasse rechtlich[264]. Im Behandlungsverhältnis zwischen dem Vertragsarzt und dem Versicherten nimmt der Vertragsarzt keine rechtliche relevanten Maßnahmen vor, die ärztlichen Leistungen gegenüber dem Patienten sind damit keine „amtlichen Handlungen mit Entscheidungscharakter" sondern reale Erfüllungshandlungen, so dass eine demokratische Legitimation des Vertragsarztes nicht erforderlich ist[265].

Weitere Ausgestaltung findet dieser so verstandene Leistungsanspruch, der in Übereinstimmung mit der Rechtsprechung des Bundessozialgerichts im folgenden als Rahmenrecht bezeichnet wird, durch die Regelungen der §§ 2 und 12 SGB V. Gem. § 2 Abs. 1 S. 3 SGB V haben Qualität und Wirksamkeit der Leistungen dem allgemein anerkannten Stand der medizinischen Erkenntnisse zu entsprechen und den medizinischen Fortschritt zu berücksichtigen. Für alle Leistungsarten gilt das Wirtschaftlichkeitsgebot des § 12 Abs. 1 S. 1 SGB V: die Leistungen müssen ausreichend, zweckmäßig und wirtschaftlich sein und dürfen das Maß des Notwendigen nicht überschreiten. Das Wirtschaftlichkeitsgebot wird näher ausgefüllt durch die Richtlinien des Gemeinsamen Bundesausschusses, die für den Arzt den Bereich der abrechnungsfähigen Leistungen festlegen[266].

Das Konkretisierungskonzeptes soll an folgendem Fall veranschaulicht werden: ein Versicherter sucht aufgrund eines akut entzündeten Zahnes einen Vertragszahnarzt. Gem. § 27 Abs. 1 S. 1 und S. 2 Nr. 2 SGB V hat er einen „Anspruch" auf Krankenbehandlung in Form von zahnärztlicher Behandlung. Welche einzelnen Behandlungsvorgänge von diesem „Anspruch" abgedeckt werden, lässt sich dem Gesetz nicht entnehmen. Der Zahnarzt hat verschiedene Möglichkeiten: er kann den Zahn mit einer Wurzelfüllung versehen oder ihn extrahiert. Bei dieser Entscheidung müssen vom Behandler die Richtlinien des Gemeinsamen

---

[262] *Ebsen,* Der Behandlungsanspruch des Versicherten in der gesetzlichen Krankenversicherung und das Leistungserbringerrecht, in: FS für Krasney, S. 80 (95).
[263] *Schnapp,* Muss ein Vertragsarzt demokratisch legitimiert sein? NZS 2001, S.337 ff.
[264] *Schnapp,* Muss ein Vertragsarzt demokratisch legitimiert sein? NZS 2001, S.337 (341).
[265] *Schnapp,* Muss ein Vertragsarzt demokratisch legitimiert sein? NZS 2001, S.337 (340).
[266] *Schnapp,* Muss ein Vertragsarzt demokratisch legitimiert sein? NZS 2001, S. 339.

Bundesausschusses beachtet werden. In den „Behandlungs-Richtlinien“[267] wird folgendes festgelegt:

III Nr. 9
Zähne mit Erkrankungen oder traumatischer Schädigung der Pulpa sowie Zähne mit nekrotischem Zahnmark können in der Regel durch endodontische Maßnahmen erhalten werden.
Die Wurzelbehandlung von Molaren ist in der Regel angezeigt, wenn
- *damit eine geschlossene Zahnreihe erhalten werden kann*
- *eine einseitige Freiendsituation vermieden wird*
- *der Erhalt von funktionstüchtigem Zahnersatz möglich wird.“*

IV Nr.3
Die Notwendigkeit zur Zahnextraktion ergibt sich aus Diagnose und Befund, die Zahnextraktion kann angezeigt sein bei
(....)
c) *Erkrankungen der Pulpa und des apikalen Parodontiums, die einer endodontischen und chirurgischen Therapie nicht zugänglich sind,*

(....)
f) *schlechter Prognose anderer Maßnahmen*
g) *oder wenn wichtige medizinische Gründe eine zwingende Rechtsfertigung dafür liefern, eine bestehende oder potentielle orale Infektionsquelle zu beseitigen.*

Hinzukommen die nur vom Behandler zu beurteilenden individuellen Kriterien, wie das Lebensalter des Versicherten, seine Bereitschaft und Fähigkeit zur Mitarbeit u.ä.. Der Versicherte kann demzufolge keinen „Anspruch“ auf eine Behandlung mit einer Wurzelfüllung oder auf die Extraktion des Zahnes haben, notwendigerweise ist sein „Anspruch“ als ein „Anspruch dem Grunde“ nach zu verstehen. Die Entscheidung des Vertragszahnarztes, auf welche Art und Weise der Zahn behandelt werden soll, füllt dieses „Rahmenrecht“ aus. Bei seiner Entscheidung hat er die „Behandlungs-Richtlinien“, die im Wesentlichen die Therapiewahl vorbestimmen, zu beachten. Seine Maßnahmen zur Behandlung des Zahnes sind der Krankenkasse des Versicherten zuzurechnen, da sowohl Wurzelfüllung als auch Extraktion Sachleistungen sind, welche die Krankenkasse dem Versicherten gem. § 2 Abs. 1 S. 1 SGB V zur Verfügung zu stellen hat[268].

---

[267] vom 4.6.2003 in der ab 1.1.2004 gültigen Fassung.
[268] *Schnapp,* Muss ein Vertragsarzt demokratisch legitimiert sein? NZS 2001, S. 340.

a) Leistungen zur Verhütung von Krankheiten, §§ 20-24 b SGB V

aa) Prävention und Selbsthilfe

§ 20 Abs. 1 S. 1 und 2 SGB V weist den Krankenkassen die Aufgabe zu, durch Leistungen zur Primärprävention den allgemeinen Gesundheitszustand der Versicherten zu verbessern. Sie sollen ein gesundheitsgerechtes Verhalten der Mitglieder unterstützen, um so Gesundheitsbeeinträchtigungen zu vermeiden. Hierzu zählen beispielsweise Maßnahmen der Ernährungsberatung, der Raucherentwöhnung und der Stressbewältigung.

Gem. § 20 Abs. 1 S. 3 SGB V sind von den Spitzenverbänden der Krankenkassen die Handlungsfelder und Kriterien für präventive Leistungen festzulegen. Dieses soll unter Einbeziehung von unabhängigem Sachverstand erfolgen. Den Kassen ist die Erbringung einer solchen Leistung freigestellt. Um eine unterschiedliche Regelung einzelner Kassen innerhalb einer Kassenart zu vermeiden, besteht in diesem Bereich gem. § 217 Abs. 3 SGB V die Kompetenz der Bundesverbände, verbindliche Grundsatzentscheidungen für die Kassen zu treffen. Im Bereich der Prävention sollen entsprechende Leistungen in der Satzung der Krankenkasse vorgesehen werden, es handelt sich hierbei um satzungsmäßige Mehrleistungen der Krankenkassen gem. § 194 Nr. 3 SGB V. Gem. § 194 Nr. 3 SGB V muss die Satzung Bestimmungen über Art und Umfang der Leistungen, soweit diese nicht gesetzlich bestimmt sind, enthalten. Satzungsmäßige Leistungen, die über die gesetzlich Vorgesehenen hinausgehen, darf gem. § 31 SGB I eine Krankenkasse nur dann vorsehen, wenn eine gesetzliche Bestimmung hierzu vorhanden ist.

Gem. § 20 Abs. 2 S. 1 SGB V können von den Krankenkassen ergänzende Maßnahmen zur Verhütung arbeitsbedingter Gesundheitsgefahren durchgeführt werden. Auch in diesem Zusammenhang beschließen die Spitzenverbände der Krankenkassen gemeinsam und einheitlich Handlungsfelder und Kriterien der Maßnahmen. Hierbei ist eine Zusammenarbeit der Krankenkassen mit den Trägern der gesetzlichen Unfallversicherung gesetzlich vorgesehen. Begrenzt wird das Ermessen der Krankenkassen hinsichtlich dieser Leistungen nicht nur durch die Beschlüsse der Spitzenverbände, sondern auch durch die Regelung des § 20 Abs. 3 SGB V: die Ausgaben sollen im Jahr 2000 für jeden Versicherten einen Betrag von 2,56 Euro umfassen und in den Folgejahren entsprechend der prozentualen Veränderung der monatlichen Bezugsgrößen nach § 18 Abs. 1 SGB IV angepasst werden.

Gem. § 20 Abs. 4 S. 1 SGB V sollen die Krankenkassen Selbsthilfegruppen und -kontaktstellen durch Zuschüsse fördern. Eine Förderung ist dann zulässig, wenn es sich um Krankheitsbilder handelt, die in einem gem. § 20 Abs. 4 S. 2 SGB V von den Spitzenverbänden der Krankenkassen erstellten Verzeichnis genannt werden. Das zu erstellende Verzeichnis hat sich an medizinischen Kriterien zu orientieren, z.B. an Stoffwechselerkrankungen, Krebs, Suchterkrankungen, neurologischen Erkrankungen oder Erkrankungen des Bewegungsapparates[269]. Diese Vorschrift begründet die Möglichkeit einer institutionellen Förderung, sie kann jedoch nicht als Rechtsgrundlage für einen Leistungsanspruch des einzelnen Versicherten dienen[270]. Eine sog. Vollförderung, die Abgeltung der anfallenden Personal- und Sachkosten unter Einschluss eines Honorarteils wird von der Vorschrift nicht abgedeckt[271]. Die Zuschusserteilung der Krankenkassen steht unter dem Gebot der Wirtschaftlichkeit. Daher sollen nur solche Stellen in die Förderung einbezogen werden, die Gewähr dafür bieten, dass sie die ihnen zugewiesenen Mittel effektiv und zuverlässig für die gesetzlich vorgegebenen Ziele einsetzen[272]. Weiterhin beschließen gem. § 20 Abs. 4 S. 3 SGB V die Spitzenverbände Grundsätze zur Förderung von Selbsthilfe. Der Höchstbetrag und dessen Anpassung in den Folgejahren, den die Kassen für die Förderung aufbringen sollen, ist in § 20 Abs. 4 S. 5 SGB V festgelegt.

bb) Gruppen- und Individualprophylaxe

Die §§ 21 und 22 SGB V regeln die Gruppen- und Individualprophylaxe von Zahnerkrankungen. Gem. § 22 Abs. 1 SGB V können die Versicherten, die das 6., aber noch nicht das 18. Lebensjahr vollendet haben, sich zur Verhütung von Zahnerkrankungen einmal in jedem Kalenderhalbjahr untersuchen lassen. Worauf sich die Untersuchungen erstrecken, bestimmt sich nach § 22 Abs. 2 SGB V. Gem. § 22 Abs. 3 SGB V gehört nur die Fissurenversiegelung an den Molaren 6 und 7 zur vertragszahnärztlichen Versorgung. Eine Fissurenversiegelung der Prämolaren 4 und 5 kann daher nicht zu Lasten der Krankenkassen erbracht werden. Gem. § 21 Abs. 2 SGB V sind von den Spitzenverbänden der Krankenkassen Rahmenempfehlungen zur Gruppenprophylaxe abzugeben. Art, Umfang und Nachweis der zahnärztlichen Maßnahmen zur Verhütung von Zahnerkrankungen werden gem. § 22 Abs. 5 SGB V in den Richtlinien des Gemeinsamen Bundesausschusses nach § 92 SGB V festgelegt. In den „Individualprophylaxe-Richtlinien“[273] wird ausgeführt, dass der Zahnarzt Inhalt und Um-

[269] BT-Drucks. 13/5099, S. 17.
[270] *Schneider*, in: *Schulin*, HS-KV, § 21 Rn 15.
[271] BT-Drucks. 12/3608, S. 77 Nr. 8.
[272] KassKomm.-*Höfer*, § 20 SGB V Rn 9.
[273] Vom 4.6.2003 in der ab dem 1.4.12004 geltenden Fassung.

fang der notwendigen Prophylaxemaßnahmen nach den individuellen Gegebenheiten des Einzelfalls festlegen soll. Bei Versicherten, die kein hohes Kariesrisiko aufweisen, sind die Prophylaxe Maßnahmen in zahnmedizinisch sinnvoller Weise zu beschränken. Weiterhin sollen die Individualpropyhlaxe Maßnahmen nach Maßgabe des Zahnheilkundegesetzes und den geltenden Ausbildungs- und Fortbildungsbestimmungen durchgeführt werden.

cc) Medizinische Vorsorgeleistungen und Medizinische Vorsorge für Mütter und Väter

Medizinische Vorsorgeleistungen können nur gewährt werden, wenn eine der in § 23 Abs. 1 Nr. 1-4 SGB V aufgezählten medizinischen Indikationen vorliegt und diese Indikation vom Medizinischen Dienst der Krankenkassen gem. § 275 Abs. 2 Nr. 1 SGB V überprüft worden ist. Die Krankenkassen sind vor Bewilligung einer Leistung nach § 23 SGB V verpflichtet, eine Überprüfung durch den Medizinischen Dienst der Krankenkassen vornehmen zu lassen. Gem. § 23 Abs. 2 und 4 SGB V können zusätzlich ambulante und stationäre Vorsorgekuren gewährt werden, wenn die medizinischen Vorsorgeleistungen nach § 23 Abs. 1 SGB V nicht ausreichen. Diese Leistungen stehen grundsätzlich im pflichtgemäßen Ermessen der Krankenkassen, erforderlich ist auch hier eine Überprüfung der Indikation gem. § 275 Abs. 2 Nr. 1 SGB V durch den Medizinischen Dienst der Krankenkassen. Werden medizinische Vorsorgeleistungen gem. § 23 Abs. 1 und 2 SGB V gewährt, so sind gem. § 23 Abs. 3 SGB V die Vorschriften der §§ 31-34 SGB V über Arznei- und Verbandmittel sowie Heil- und Hilfsmittel anzuwenden. § 23 Abs. 2 S. 2 und 3 SGB V bestimmen, dass die Satzung der Krankenkassen eine Zuschussgewährung bei ambulanten Vorsorgeleistungen bis zu 13 Euro täglich enthalten kann. Die Vorleistungen können gem. § 24 Abs.1 SGB V auch in einer Einrichtung des Müttergenesungswerkes oder einer ähnlichen Einrichtung erbracht werden.

dd) Empfängnisverhütung, Schwangerschaftsabbruch und Sterilisation

Die vom Arzt auszuführenden Maßnahmen nach §§ 24 a und b SGB V werden in den gem. § 92 Abs. 1 S. 2 Nr. 11 SGB V beschlossenen Richtlinien über Sonstige Hilfen: ärztliche Maßnahmen zur Empfängnisregelung, Sterilisation und zum Schwangerschaftsabbruch[274] („Sonstige Hilfen-Richtlinien") näher bestimmt.

---

[274] in der Fassung vom 4.12.1990 zuletzt geändert am 17.12.1992.

Die Leistungspflicht der Krankenkassen erstreckt sich gem. § 24 a Abs. 2 SGB V nicht auf die Kosten für empfängnisverhütende Mittel, es sei denn, es handelt sich um verordnungspflichtige Mittel zur Empfängnisverhütung bei Versicherten bis zum vollendeten 20. Lebensjahr. In den Richtlinien wird festgehalten, dass die ärztliche Beratung die wissenschaftlich anerkannten Methoden zur Empfängnisregelung berücksichtigen soll und welche gynäkologischen Untersuchungen vor der erstmaligen Verordnung eines Mittels zur Empfängnisverhütung durchgeführt werden sollen. Hinsichtlich der Sterilisation und des Schwangerschaftsabbruches sind die detaillierten gesetzlichen Vorgaben des § 24 b SGB V sowie der §§ 218 a und b StGB zu beachten. Die Richtlinien führen daneben aus, dass eine Sterilisation nur erfolgen soll, nachdem die Versicherte über die anderen Möglichkeiten der Empfängnisverhütung beraten worden ist und dass jeder Arzt im Rahmen der von ihm durchzuführenden ärztlichen Beratung der Schwangeren daraufhinzuwirken hat, dass die Schwangerschaft ausgetragen wird, sofern nicht schwerwiegende gesundheitliche Gründe entgegenstehen.

b) Leistungen zur Früherkennung von Krankheiten, §§ 25 und 26 SGB V

In § 25 Abs. 1, 2 und 3 SGB V wird festgelegt, ab welchem Alter, in welchem zeitlichen Abstand und unter welchen Voraussetzungen sich Versicherte einer Gesundheitsuntersuchung zur Früherkennung von Krankheiten unterziehen können. Gem. § 25 Abs. 4 S. 3 SGB V kann der Gemeinsame Bundesausschuss für geeignete Gruppen von Versicherten abweichende Bestimmungen hinsichtlich der Altersgrenze sowie über die Häufigkeit der Untersuchungen treffen.

§ 26 SGB V betrifft die Kinderuntersuchungen. Hierzu gehören gem. § 26 Abs. 1 S. 2 SGB V bei familienversicherten Kinder, die das 6.Lebensjahr noch nicht vollendet haben, auch Früherkennungsuntersuchungen auf Zahn-, Mund- und Kieferkrankheiten. Diese Untersuchungen umfassen gem. § 26 Abs. 1 S. 2 SGB V insbesondere „die Inspektion der Mundhöhle, die Einschätzung oder Bestimmung des Kariesrisikos, die Mundhygiene und Ernährungsberatung sowie Maßnahmen zur Schmelzhärtung der Zähne und zur Keimzahlsenkung“. Die wesentlichen diagnostischen und therapeutischen Schritte sind hiermit gesetzlich aufgeführt. Gem. §§ 25 Abs. 4 S. 2, 26 Abs. 2 SGB V wird Näheres in den Richtlinien nach § 92 SGB V durch den Gemeinsamen Bundesausschuss geregelt.

aa) Richtlinien über die Gesundheitsuntersuchung zur Früherkennung von Krankheiten[275]

In den „Gesundheitsuntersuchungsrichtlinien“ wird festgelegt, welche Leistungen Inhalt der Gesundheitsuntersuchung sind: die Gesundheitsuntersuchung umfasst eine Anamnese, klinische Untersuchung, Laboratoriumsuntersuchungen und Elektrokardiographische Untersuchungen. Nach Abschluss dieser Maßnahmen soll der Arzt den Versicherten über die Ergebnisse informieren und insbesondere das individuelle Risikoprofil des Patienten ansprechen. Für den Fall, dass die Ergebnisse der Untersuchungen das Vorliegen oder den Verdacht auf das Vorliegen einer Krankheit ergeben, soll der Arzt eine weitere Diagnostik oder Therapie veranlassen. Die Dokumentation erfolgt auf einem Berichtsvordruck, der als Anlage zu den Richtlinien als Muster beifügt ist. Festgelegt wird in den Richtlinien weiterhin, dass bei Inanspruchnahme dem Arzt ein Berechtigungsschein vorzulegen ist.

bb) Richtlinien über die Früherkennung von Krebserkrankungen [276]

In den „Krebsfrüherkennungs-Richtlinien“ wird in Teil B und C festgelegt, welche Früherkennungsmaßnahmen zu Lasten der gesetzlichen Krankenkassen bei Frauen und Männern erbracht werden können. Neu hinzugefügt worden sind mit der Aufnahme der präventiven Koloskopie in den EBM die Früherkennungsuntersuchungen auf kolorektales Karzinom. Die Untersuchungen und deren Ergebnisse sind auf einem zweiteiligen Berichtsvordruck (Anlage II der Richtlinien), die präventive Koloskopie ist auf einem Dokumentationsbogen (Anlage III der Richtlinien) aufzuzeichnen. Diese Bestimmungen entsprechen der gesetzlichen Vorgabe des § 92 Abs. 4 S. 1 Nr. 2 SGB V, wonach in den Richtlinien insbesondere das Nähere über die Bescheinigungen und Aufzeichnungen bei Durchführung der Maßnahmen zur Früherkennung von Krankheiten zu regeln ist.

[275] in der Fassung vom 24.8.1989 , zuletzt geändert am 11.12.2000, in Kraft getreten am 23.3.2001

[276] in der Fassung vom 26.4. 1976, zuletzt geändert am 21.6.2002, in Kraft getreten am 1.10.2202.

cc) Richtlinien über die Früherkennung von Krankheiten bei Kindern bis zur Vollendung des 6. Lebensjahres[277]

Die „Kinder-Richtlinien“ bestimmen, auf welche Störungen oder Behinderungen sich die ärztlichen Maßnahmen zu richten haben und in welchen Zeiträumen die insgesamt neun Untersuchungen stattfinden sollen. Die Dokumentation erfolgt in einem Untersuchungsheft für Kinder (Anlage 1 der Richtlinien).

dd) Richtlinien zur Jugendgesundheitsuntersuchung[278]

Die Richtlinien zur Jugendgesundheitsuntersuchung bestimmen das Nähere über die den gesetzlichen Erfordernissen des § 26 SGB V entsprechenden ärztlichen Maßnahmen zur Früherkennung von Krankheiten bei Jugendlichen nach Vollendung des 10. Lebensjahres. Die Vorgaben des § 26 Abs. 1 S. 1 SGB V werden dahingehend konkretisiert, dass bei versicherten Jugendlichen zwischen dem vollendeten 13. und dem vollendeten 14. Lebensjahr eine Untersuchung zu Lasten der Krankenkasse vorgenommen werden kann. Eingeschlossen ist eine Toleranzzeit von jeweils 12 Monaten vor Vollendung des 13. und nach Vollendung des 14. Lebensjahres. Weiterhin wird in den Richtlinien festgelegt, worauf sich die Anamnese zu richten hat, welche klinisch-körperlichen Untersuchungen im Mittelpunkt stehen und durch welche Arztgruppen die Leistungen erbracht werden können. Die Aufzeichnungen erfolgen auf einem Berichtsvordruck, der als Anlage der Richtlinien beigefügt ist.

ee) Richtlinien über die Früherkennungsuntersuchungen auf Zahn, Mund- und Kieferkrankheiten [279]

In den Richtlinien für zahnärztliche Früherkennung gem. § 26 Abs. 1 S. 2 SGB V wird ergänzend festgehalten, dass insbesondere versicherte Kinder betreut werden sollen, die keine Einrichtung besuchen, die gruppenprophylaktische Maßnahmen durchführen sowie solche Kinder, die ein hohes Kariesrisiko aufweisen. Werden gruppenprophylaktische Maßnahmen durchgeführt, so sind die zahnärztlichen Maßnahmen ergänzend hierzu zu sehen und darauf abzustimmen. Weiterhin wird in den Richtlinien geregelt, dass vorrangig kariöse Defekte zu

---

[277] in der Fassung vom 26.4.1976, zuletzt geändert am 10.12.1999, in Kraft getreten am 22.3.2000.

[278] in der Fassung vom 26.6.1998, zuletzt geändert am 23.10.1998, in Kraft getreten am 27.1.1999.

[279] vom 26.3.1999 in der ab 1.7.1999 geltenden Fassung.

sanieren sind, soweit diese festgestellt worden sind. Dieses Vorgehen entspricht dem Stand der zahnmedizinischen Erkenntnis.

ff) Zusammenfassung

Leistungen zur Verhütung und Früherkennung von Krankheiten sind im Bereich der zahnmedizinischen Präventiv- und Prophylaxemaßnahmen bereits gesetzlich so genau umschrieben, dass hier – anders als bei der Krankenbehandlung - nicht nur ein „ausfüllungsbedürftiges Rahmenrecht" der Versicherten besteht. Die Therapieschritte sind in den §§ 21 Abs. 1 S 4, 22 Abs. 2 und 3, 26 Abs. 1 S. 2 SGB V genannt, für eine Konkretisierung durch den behandelnden Vertragsarztes verbleibt praktisch kein Entscheidungsspielraum. Ebenso wenig verändern die Richtlinien die gesetzlichen Vorgaben hinsichtlich der zahnmedizinischen Verhütungs- und Früherkennungsmaßnahmen. Sie enthalten vielmehr Arbeitsanleitungen für den Vertragszahnarzt. Erst recht können für die Krankenkassen in diesem Bereich keine legitimationsbedürftigen Entscheidungsräume festgestellt werden. Gleiches gilt für Empfängnisverhütung, Schwangerschaftsabbruch und Sterilisation. Speziell für den Schwangerschaftsabbruch ist in § 24 b Abs. 4 SGB V genau umschrieben, welche Leistungen in Zusammenhang mit einem Schwangerschaftsabbruch gewährt werden. Entscheidungsfreiräume, die eine demokratische Legitimation erfordern, werden in diesen Bereichen nicht eröffnet.

Ärztliche Leistungen zur Früherkennung von Krankheiten hingegen sind nicht in diesem Maße gesetzlich vorgegeben. Ob eine Leistung als Früherkennungsmaßnahme abrechenbar ist, bestimmt sich nach den Richtlinien des Gemeinsamen Bundesausschusses. Die Entscheidung des Gemeinsamen Bundesausschuss, ob eine Leistung in den EBM aufgenommen wird, hat daher Auswirkungen auf den Versicherten, denn hierdurch wird sein „Rahmenrecht" in Hinblick auf eine bestimmte Leistung erweitert. Ist eine Leistung Bestandteil des EBM und als Früherkennungsmaßnahme abrechenbar, so prüft der Vertragsarzt nur noch das Vorliegen der gesetzlich vorgegebenen Eckdaten: das Alter des Versicherten und den zeitlichen Abstand, in dem eine Früherkennungsmaßnahme durchgeführt wird. Sind diese Voraussetzungen erfüllt, so wird bei dem Versicherten die jeweilige Behandlung durchgeführt. Seit der Aufnahme der Koloskopieleistungen in den Katalog der abrechenbaren Früherkennungsmaßnahmen sind von Oktober 2002 bis Dezember 2003 ca. 350.000 Vorsorgekoloskopien durchgeführt worden. Auf das Erfordernis der demokratischen Legitimation des Gemeinsamen Bundesausschusses wird im Laufe der weiteren Untersuchung noch einzugehen sein.

c) Krankenbehandlung, §§ 27 – 43 b SGB V,

Krankenbehandlung wird den Versicherten gem. § 27 Abs. 1 S. 1 SGB V gewährt, „wenn sie notwendig ist, um eine Krankheit zu erkennen, zu heilen, ihre Verschlimmerung zu verhüten oder Krankheitsbeschwerden zu lindern". Krankenbehandlung umfasst gem. § 27 Abs. 1 S. 2 Nr. 1-6 SGB V ärztliche Behandlung einschließlich Psychotherapie als ärztliche und psychotherapeutische Behandlung, zahnärztliche Behandlung einschließlich der Versorgung mit Zahnersatz, Versorgung mit Arznei-, Verband-, Heil- und Hilfsmittel, häusliche Krankenpflege und Haushaltshilfe, Krankenhausbehandlung sowie Leistungen zur medizinischen Rehabilitation und ergänzende Leistungen. Gem. § 27 a SGB V umfassen unter bestimmten Voraussetzungen die Leistungen der Krankenbehandlung auch medizinische Maßnahmen zur Herbeiführung einer Schwangerschaft.

aa) Künstliche Befruchtung

Erforderlich ist gem. § 27 a Abs. 1 Nr. 2 SGB V, dass hinreichend Aussicht besteht, dass durch die Maßnahmen eine Schwangerschaft herbeigeführt wird. Das ist nicht der Fall, wenn eine Maßnahme dreimal ohne Erfolg durchgeführt worden ist. Weitere Voraussetzung ist gem. § 27 a Abs. 1 Nr. 3 und 4 SGB V, dass Leistungen zur künstlichen Befruchtung nur im homologen System durchgeführt werden, d.h. wenn die Personen, die die Maßnahme in Anspruch nehmen wollen, miteinander verheiratet sind und die Ei- und Samenzellen der Ehegatten verwendet werden. Eine Begrenzung durch das Lebensalter der Versicherten wird durch § 27 a Abs. 3 SGB V vorgenommen. Gem. § 27 a Abs. 4 SGB V werden medizinische Einzelheiten zu Voraussetzungen, Art und Umfang der Maßnahmen in den Richtlinien des Gemeinsamen Bundesausschusses bestimmt.

In den gem. § 92 Abs. 1 S. 2 Nr. 10 SGB V beschlossenen Richtlinien über ärztliche Maßnahmen zur künstlichen Befruchtung [280] („Richtlinien über künstliche Befruchtung") werden die Methoden und die medizinischen Indikationen zur Durchführung von ärztlichen Maßnahmen zur künstlichen Befruchtung genannt. Hinsichtlich der in § 27 a Abs. 1 Nr. 5 SGB V geforderten Beratung des Ehepaares vor Durchführung der Maßnahmen wird in den Richtlinien ausgeführt, dass diese Beratung erst erfolgen soll, wenn die übrigen leistungsrechtlichen Voraussetzungen erfüllt sind. Klarstellend wird darauf hingewiesen, dass zur Durchführung von Maßnahmen zur künstlichen Befruchtung nur diejenigen Ärzte berechtigt sind, denen eine Genehmigung gem. § 121 a SGB V erteilt worden ist.

---

[280] in der Fassung vom 14.8.1990, zuletzt geändert am 26.2.2002.

Für den Fall, dass eine Behandlung im Krankenhaus erfolgt, ist gem. § 112 Abs. 2 Nr. 6 SGB V in den zweiseitigen Verträgen das Nähere „über Voraussetzungen, Art und Umfang der medizinischen Maßnahmen zur Herbeiführung einer künstlichen Schwangerschaft nach § 27 a Abs. 1 SGB V" geregelt.

Mit Beschluss vom 1.10.1997 hat der Bundesausschuss die intrazytoplasmatische Spermieninjektion (ICSI) als Methode der künstlichen Befruchtung nicht zur Anwendung in der gesetzlichen Krankenversicherung zugelassen. Das Bundessozialgericht hat entschieden, dass dieser Leistungsausschluss gegen die Vorgaben des § 27 a SGB V verstößt und damit unwirksam ist[281]. § 27 a Abs. 4 SGB V biete für eine solche Entscheidung keine tragfähige Ermächtigungsgrundlage. Der Regelungsauftrag von § 27 a Abs. 4 i.V.m. § 92 Abs. 1 S. 2 Nr. 10 SGB V beschränke sich nach Wortlaut und Systematik auf eine Konkretisierung der in § 27 a Abs. 1 SGB V aufgestellten Leistungsvoraussetzungen, eine Befugnis über die Zulassung von Methoden zur künstlichen Befruchtung zu befinden oder solche Methoden von der Leistungspflicht der Krankenversicherung auszuschließen, ließe sich der Vorschrift nicht entnehmen. Eine solche Entscheidung könne dann nach § 92 Abs. 1 S. 2 Nr. 5 i.V.m. § 135 Abs. 1 SGB V getroffen werden. Ob eine Maßnahme zur künstlichen Befruchtung gewährt wird, ist damit im Wesentlichen gesetzlich vorgeben. Da durch die Richtlinien keine Beschränkung hinsichtlich der Methode der künstlichen Befruchtung erfolgen darf, das „Wie" sich also einer Bestimmung durch den Gemeinsamen Bundesausschuss entzieht, und die persönlichen Voraussetzungen der Versicherten in § 27 a SGB V geregelt sind, bestehen weder für den Vertragsarzt, noch den Gemeinsamen Bundesausschuss und erst recht nicht für die jeweilige Vertreterversammlung der Krankenkasse Entscheidungsfreiräume.

bb) Ärztliche Behandlung einschließlich Psychotherapie

Die ärztliche Behandlung umfasst gem. § 28 Abs. 1 S. 1 SGB V „die Tätigkeit des Arztes, die zur Verhütung, Früherkennung und Behandlung von Krankheiten nach den Regeln der ärztlichen Kunst ausreichend und zweckmäßig ist". Gem. § 70 Abs. 1 S. 1 und 2 SGB V muss die Versorgung dem allgemeinen Stand der medizinischen Erkenntnisse entsprechen und ausreichend, wirtschaftlich und zweckmäßig sein, das Maß des Notwendigen nicht überschreiten und in fachlich gebotener Qualität sowie wirtschaftlich erbracht werden. Aufgrund der Vielfältigkeit der ärztlichen Leistungen ist eine Aufzählung im SGB V nicht möglich, auch sind für den weitaus größten Bereich der Leistungen bei Krankheiten Richtlinien nur für den Bereich der Sicherung der Qualität der Leistungserbrin-

[281] BSG Urteil vom 3.4.2001 – B 1 KR 40/00 R, abgedruckt in: Soziale Sicherheit 2003, S. 66 (68).

gung sowie zur Erbringen psychotherapeutischer Maßnahmen beschlossen worden.

(1) Richtlinien über die Bewertung ärztlicher Untersuchungs- und Behandlungsmethoden gem. § 135 Abs. 1 S. 1 SGB V[282]

Die Richtlinien über die Bewertung ärztlicher Untersuchungs- und Behandlungsmethoden gem. § 135 Abs. 1 S. 1 SGB V (BUB-Richtlinien) wiederholen die grundsätzlichen Voraussetzungen von § 135 Abs. 1 S. 1 SGB V. Erbrachte ärztliche Leistungen werden gem. § 135 Abs. 1 S. 2 SGB V dahingehend überprüft, ob die in § 135 Abs. 1 S. 1 Nr. 1 SGB V genannten Kriterien erfüllt werden. Mit der Überprüfung von neuen Untersuchungs- und Behandlungsmethoden wird vom Bundesausschuss ein Arbeitsausschuss beauftragt. Die Überprüfung und Bewertung neuer Untersuchungs- und Behandlungsmethoden erfolgt aufgrund wissenschaftlicher, objektiv überprüfbarer Kriterien. Es werden sowohl Stellungnahmen als auch wissenschaftliche Literatur gemäß international üblichen Evidenzskalen geordnet und inhaltlich ausgewertet[283].

„Externe Evidenz ist die klinisch relevante Forschung, oft medizinische Grundlagenforschung, aber insbesondere patientenorientierte Forschung zur Genauigkeit diagnostischer Verfahren, zur Aussagekraft prognostischer Faktoren und zur Wirksamkeit und Sicherheit therapeutischer, rehabilitativer und präventiver Maßnahmen“[284]. Das bedeutet eine systematische Literaturrecherche und deren kritische Würdigung und Bewertung zu klinisch relevanten Fragen[285]. Externe Evidenz lässt sich nach Validitätskriterien hierarchisch sortieren[286]:

Stufe Evidenz Typ

I a: wenigstens ein systematischer Review auf der Basis methodisch hochwertiger kontrollierter, randomisierter Studien (RCTs)
I b: wenigstens ein ausreichend großer, methodisch hochwertiger RCT
II a: wenigstens eine hochwertige Studie ohne Randomisierung

[282] in der Fassung vom 10.12.1999, zuletzt geändert am 28.10.2002, in Kraft getreten am 1.1.2003.
[283] *Jung u.a.,* Ansprüche der Versicherten präzisieren, Dt. Ärzteblatt 2000; 97 A-367; kritisch hierzu: *Wigge,* Evidenz-basierte Richtlinien und Leitlinien, MedR 2000, S. 574 (579 ff).
[284] http://www.cochrane.de: Was ist Evidenz-basierte Medizin und was nicht? S. 2.
[285] Evidence-based Medicin, Orientierung in der Informationsflut, KVWL-Pluspunkte Nr. 16, Juni 2003, S. 20.
[286] http://www.cochrane.de : Evidenzhierarchie, AHCPR Publication 1992, 92-0032:100-107.

II b: wenigstens eine hochwertige Studie eines anderen Typs quasi-experimenteller Studien
III: mehr als eine methodisch hochwertige nichtexperimentelle Studie
IV: Meinungen und Überzeugungen von angesehenen Autoritäten (aus klinischer Erfahrung); Expertenkommissionen; beschreibende Studien.

Bei Anerkennung einer neuen Untersuchungs- und Behandlungsmethode werden vom Gemeinsamen Bundesausschuss Empfehlungen zur Qualitätssicherung abgegeben. Hierbei wird hinsichtlich des Aufbaus und der inhaltlichen Gestaltung der Empfehlungen auf die Vereinbarungen der Partner der Bundesmantelverträge nach § 135 Abs. 2 SGB V Bezug genommen. Die Ergebnisse der Überprüfungen werden in Anlage A zur Richtlinie „Anerkannte Untersuchungs- und Behandlungsmethoden" und Anlage B „Methoden, die nicht als vertragsärztliche Leistungen zu Lasten der Krankenkassen erbracht werden dürfen", veröffentlicht.

Die Frage, unter welchen Umständen eine Pflicht der gesetzlichen Krankenversicherung zur Kostenerstattung aus § 135 Abs. 1 SGB V hergeleitet werden kann, ist in Zusammenhang mit „Off-Label-Use" von Arzneimitteln vom Bundessozialgericht aufgegriffen worden. Auch neue Untersuchungs- und Behandlungsmethoden dürfen unter den Voraussetzungen des § 135 Abs. 1 SGB V zu Lasten der Krankenkasse erbracht werden, wenn der Gemeinsame Bundesausschuss eine entsprechende Empfehlung abgegeben hat. Für Arzneitherapien gilt dieses jedoch nur, soweit diese keine Zulassung nach dem AMG benötigen[287]. Soweit das Arzneimittelrecht eine Zulassung vorschreibt, muss der Nachweis der Unbedenklichkeit und der Wirksamkeit des Medikamentes in dem neuen Anwendungsgebiet im Zulassungsverfahren erarbeitet werden, da ansonsten die Zulassungsvorschriften ihre Bedeutung einbüßen würden, wenn eine Erweiterung der Anwendungsgebiete ohne Zulassung in dem Verfahren nach § 135 Abs. 1 SGB V erreicht werden könnte.

(2) Richtlinien über die Qualitätsbeurteilung in der radiologischen Diagnostik[288]

Die Richtlinien über Kriterien zur Qualitätsbeurteilung in der radiologischen Diagnostik beruhen auf der Kompetenzzuweisung von § 136 Abs. 1 S. 2 SGB V i.V.m. § 92 Abs. 1 SGB V. Die apparativen Voraussetzungen sind in der „Vereinbarung zur Strahlendiagnostik und Therapie gem. § 135 Abs. 2 SGB V" festgelegt. Bei der Durchführung von radiologischen Untersuchungen sind die auf-

[287] BSG Urteil vom 19.3.2002 – B 1 KR 37/00 R, JuS 2003, S. 414, 415 zum „Off-Label-Use" von Arzneimitteln.
[288] in der Fassung vom 17.6.1992, zuletzt geändert am 17.12.1996.

nahmetechnischen Verfahren der „Leitlinien der Bundesärztekammer zur Qualitätssicherung in der Röntgendiagnostik bzw. in der Computertomographie" zugrunde zu legen. Die ärztlichen Qualitätsanforderungen umfassen charakteristische Bildmerkmale, wichtige Bilddetails sowie kritische Strukturen, gegebenenfalls auch pädiatrische Besonderheiten. Charakteristische Bilddetails beschreiben organtypsiche Strukturen, die im Röntgenbild eines Körperabschnitts gut wahrnehmbar und erkennbar dargestellt werden sollen, 2.1.1 der Richtlinien. Die wichtigen Bilddetails ergeben die Abmessung von Einzelstrukturen und Musterelementen im Röntgenbild, die als charakteristische Teile des Gesamtbildes wesentliche diagnostische Bedeutung besitzen und ausreichend wahrnehmbar dargestellt sein sollen, 2.1.2 der Richtlinien. Die kritischen Strukturen heben die Merkmale des Röntgenbildes hervor, die für die diagnostische Aussage wichtig und für die Qualität des Bildes repräsentativ sind, 2.1.3 der Richtlinien. Diese Qualitätsanforderungen, die den derzeitigen Standard für die röntgendiagnostischen Basisuntersuchungen beschreiben, werden in den Richtlinien in Teil A Nr. 3-16 für die Bereiche Thorax, Skelett, Schädel, Wirbelsäule, Becken und Sacrum, Gallenblase und Gallenwege, Magen und Duodenum, Dünndarm, Kolon, Harnsystem, Abdomen, Mamma, Zähne, Angiographie festgelegt. Teil B beinhaltet Anforderungen an die computertomographischen Aufnahmen der verschiedenen Körperregionen. Bei den einzelnen Körperregionen werden die charakteristischen Bildmerkmale, wichtige Bilddetails und kritische Bildelemente genannt. Diese Qualitätsbeurteilungskriterien fassen medizinischen Standard zusammen und sind objektiv überprüfbar, da es um die Darstellung der diagnostisch wichtigen Bildinformation geht. Die Aufstellung der Kriterien bietet daher keinen Raum für Alternativ- oder Eventualentscheidungen.

(3) Richtlinien über Kriterien zur Qualitätsbeurteilung in der Kernspintomographie gem. § 136 SGB V i.V.m. § 92 Abs. 1 SGB V[289]

Die Qualitätsbeurteilungs-Richtlinien für die Kernspintomographie dienen den Kassenärztlichen Vereinigungen als Grundlage, die Qualität der in der vertragsärztlichen Versorgung erbrachten kernspintomographischen Leistungen einschließlich der Indikationsstellung durch Stichproben auch unter dem Aspekt der Wirtschaftlichkeit zu überprüfen. Die fachlichen und apparativen Voraussetzungen für die Ausführung und Abrechnung von kernspintomographischen Leistungen sind in den Kernspintomographie-Vereinbarungen gem. § 135 Abs. 2 SGB V festgelegt. Daneben sind ergänzend auch die „Leitlinien der Bundesärztekammer zur Qualitätssicherung in der Kernspintomographie" zu berücksichtigen. Festgelegt wird in den Richtlinien, bei welchen Indikationen eine kernspin-

[289] in der Fassung vom 16.10.2000.

tomographische Untersuchung als begründet angesehen wird. Die Untersuchungen dürfen nur durchgeführt werden, wenn zwischen dem überweisenden und dem kernspintomographisch tätigen Arzt Einvernehmen über die Indikation hergestellt worden ist. Ein solches Einvernehmen wird auf die Art und Weise hergestellt, dass neben dem Überweisungsschein ein Anlageschein vom überweisenden Arzt ausgefüllt werden muss, der vom Überweisungsempfänger an die Kassenärztliche Vereinigung weitergeleitet wird. Hierauf ist der Hinweis abgedruckt:
„Die Auftragsleistung kann nur durchgeführt werden, wenn sich aus der Fragestellung und den erhobenen Vorbefunden ihre medizinische Notwendigkeit ergibt oder nach den Erfahrungen und besonderen Kenntnissen des Überweisungsempfängers die Untersuchung erforderlich ist. Andernfalls ist der überweisende Arzt zu unterrichten".
Bei einem Zielauftrag zur Anfertigung einer Kernspintomographie oder Computertomographie ist eine klare Fragestellung des überweisenden Arztes erforderlich, die vom Radiologen dahingehend überprüft wird, ob tatsächlich bei dieser Fragestellung eine Kernspin- oder Computertomographie indiziert ist. Diese Voraussetzung entspricht den in § 24 BMV-Ä und § 27 EKV-Ä genannten Anforderungen an Überweisungen. In der Anlage zu den Richtlinien sind die Beurteilungskriterien für die Bildqualität festgelegt. Weiterhin wird bestimmt, welche schriftlichen und bildlichen Dokumentationen den Kassenärztlichen Vereinigungen bei der Stichprobenprüfung vorzulegen sind.

(4) Psychotherapie-Richtlinien[290]

Gem. § 28 Abs. 3 S. 1 SGB V wird die psychotherapeutische Behandlung entsprechend den Richtlinien nach § 92 Abs. 6 a SGB V durchgeführt. Der Regelungsinhalt der Psychotherapie-Richtlinien ist durch § 92 Abs. 6 a S. 1 SGB V gesetzlich vorgegeben. So ist in den Psychotherapie-Richtlinien insbesondere das Nähere über die psychotherapeutisch behandlungsbedürftigen Krankheiten zu regeln. Aufgrund dieser Bestimmung wird in den Richtlinien festgehalten, was unter seelischen Krankheiten, die ein Rahmenrecht auf Psychotherapie auslösen, zu verstehen ist. Ausgeführt wird auch, dass Psychotherapie dann keine Leistung der gesetzlichen Krankenversicherung ist und nicht zur vertragsärztlichen Versorgung gehört, wenn sie nicht der Heilung oder Besserung einer Krankheit bzw. der medizinischen Rehabilitation dient. Dieses entspricht dem in § 1 S. 1 SGB V enthaltenen Auftrag an die gesetzliche Krankenversicherung, die Gesundheit der Versicherten zu erhalten, wiederherzustellen oder den Gesundheitszustand zu bessern.

[290] in der Fassung vom 23.10.1998.

Weiterhin sind gem. § 92 Abs. 6 a S. 1 SGB V die zur Krankenbehandlung geeigneten Verfahren zu regeln. In den Richtlinien werden die Verfahren, denen ein umfassendes Theoriesystem der Krankheitsentstehung zugrunde liegt und deren spezifische Behandlungsmethoden in ihrer therapeutischen Wirksamkeit belegt sind, sowie deren Anwendungsformen aufgeführt. Im Anschluss werden die Indikationen bzw. Kontraindikationen sowie Indikationen in Einzelfällen zur Anwendung der aufgeführten Verfahren genannt. Geregelt ist ebenfalls der Leistungsumfang, wobei auch Bestimmungen über probatorische Sitzungen getroffen werden. Weiterhin sind Regelungen über Konsiliar-, Antrags- und Gutachterverfahren in den Richtlinien enthalten. Hinsichtlich der Qualifikation zur Durchführung der Psychotherapie und der psychosomatischen Grundversorgung wird in den Richtlinien auf die „Psychotherapie-Vereinbarungen“ verwiesen, die von den Kassenärztlichen Bundesvereinigungen und den Spitzenverbänden der Krankenkassen zu vereinbaren sind.

cc) Zahnärztliche Behandlung einschließlich der Versorgung mit Zahnersatz

Das Rahmenrecht der Versicherten auf zahnärztliche Behandlung ist in § 28 Abs. 2 SGB V geregelt. Folgende Leistungen sind gesetzlich ausgeschlossen:

- kieferorthopädische Behandlung bei Versicherten, die das 18. Lebensjahr vollendet haben, (§ 28 Abs. 2 S. 6 SGB V), es sei denn, es liegen schwere Kieferanomalien vor (§ 28 Abs. 2 S. 7 SGB V)
- funktionsanalytische und funktionstherapeutische Maßnahmen, (§ 28 Abs. 2 S. 8 SGB V)
- implantologische Leistungen, es sei denn, es liegt eine Ausnahmeindikationen für besonders schwere Fälle vor (§ 28 Abs. 2 S. 9 SGB V).

Entstehen gem. § 28 Abs. 2 S.2 SGB V für Zahnfüllungen Mehrkosten, wenn der Versicherte eine Versorgung wählt, die über eine ausreichende und zweckmäßige Versorgung hinausgeht, so ist gem. § 28 Abs. 2 S. 3 SGB V die „vergleichbar preisgünstigste plastische Füllung als Sachleistung abzurechnen“. Zuzahlungen bei kieferorthopädischen Leistungen werden in § 29 Abs. 2 SGB V geregelt. Diese von den Versicherten geleisteten Zuzahlungen werden gem. § 29 Abs. 3 S. 2 SGB V nach Abschluss der erfolgreich durchgeführten Behandlung an die Versicherten zurückgezahlt.

Bestimmungen über die Versorgung mit Zahnersatz und Zahnkronen werden in § 30 SGB V getroffen. Es bestehen hierbei folgende gesetzliche Einschränkungen:

- bei großen Brücken ist die Versorgung mit Ersatz von bis zu vier fehlenden Zähen je Kiefer und bis zu drei fehlenden Zähnen im Seitenzahnbereich begrenzt (§ 30 Abs. 1 S. 3 SGB V)
- Bei Kombinationsversorgungen fallen mehr als zwei Verbindungselemente nicht in die Leistungspflicht der Krankenkassen, es sei denn, es liegt ein Restzahnbestand von höchstens drei Zähnen je Kiefer vor (§ 30 Abs. 1 S. 4 SGB V)
- Suprakonstruktionen können nur zu Lasten der Krankenkasse abgerechnet werden, wenn eine Ausnahmeindikation zur implantologischen Leistung ist gegeben.

Die Höhe der Zuzahlungen bei der Versorgung mit Zahnersatz bestimmt sich nach § 30 Abs. 2 SGB V. Mehrkosten für den Fall, dass der Versicherte eine prothetische Versorgung wählt, die über das Maß des Wirtschaftlichen und Notwendigen hinausgeht, sind gem. § 30 Abs. 3 S. 2 SGB V vom Versicherten selbst in vollem Umfang zu tragen. Näheres wird in den Richtlinien gem. § 92 Abs. 1 S. 2 Nr.2 SGB V des Gemeinsamen Bundesausschusses geregelt.

(1) Richtlinien für eine ausreichende, zweckmäßige und wirtschaftliche vertragszahnärztliche Versorgung[291]

Die „Behandlungs-Richtlinien" „sichern die Maßnahmen, die im Sinne der §§ 2, 12 Abs. 1 und 70 SGB V Gewähr für eine ausreichende, zweckmäßige und wirtschaftliche Behandlung der Versicherten bieten sowie eine dem allgemein anerkannten Stand der medizinischen Erkenntnisse und dem medizinischen Fortschritt berücksichtigende Versorgung der Versicherten gewährleisten". In Teil A Nr. 3 werden Behandlungen zu kosmetischen Zwecken von der vertragszahnärztlichen Versorgung ausgeschlossen. Teil B zählt die diagnostischen, konservierenden, chirurgischen und implantologische Maßnahmen auf, die zu Lasten der Krankenkassen erbracht werden können. Punkt VII legt die Ausnahmeindikationen für implantologische Leistungen fest. Eine solche Indikation liegt vor, wenn eine konventionelle prothetische Versorgung nicht möglich ist. Damit dient die Festlegung der Ausnahmeindikationen letztlich nur der Erfüllung des Rahmenrechtes Versicherten auf zahnärztliche Behandlung. In Teil C werden Ausführungen zur Verordnung von Arzneimitteln gemacht. Festgehalten

[291] vom 4.6.2003 in der ab 1.1.2004 gültigen Fassung.

wird unter anderem, dass gem. § 31 SGB V nur solche Arzneimittel verordnet werden dürfen, die apothekenpflichtig sind. Nicht verordnet werden dürfen Nähr-, Stärkungs- und Genussmittel, Vitamine und Zahn- und Mundpflegemittel. Diese gelten als Mittel der täglichen Hygiene auch dann, wenn sie auf Grund arzneilicher Zusätze prophylaktischen oder therapeutischen Zwecken dienen sollen.

(2) Richtlinien für eine ausreichende, zweckmäßige und wirtschaftliche vertragszahnärztliche Versorgung mit Zahnersatz und Zahnkronen[292]

Eine für den Versicherten entscheidende neue Bestimmung findet sich bei den „Anforderungen an einzelne Behandlungsbereiche“: vestibuläre Verblendungen werden im Oberkiefer bis einschließlich Zahn 5, im Unterkiefer bis einschließlich Zahn 4 als zur vertragszahnärztlichen Behandlung zugehörig eingestuft. In den Richtlinien für eine ausreichende, zweckmäßige und wirtschaftliche vertragszahnärztliche Versorgung mit Zahnersatz und Zahnkronen vom 25.10.1977 in der ab 24.3.2001 geltenden Fassung waren keramisch vollverblendete Kronen im Bereich der genannten Zähne vorgesehen. Will der Versicherte keine metallische Kaufläche im Prämolarenbereich haben, so hat er Mehrkosten entsprechend § 30 Abs. 3 SGB V zu tragen.

Weiterhin wird in den Richtlinien festgelegt, wann ausnahmsweise eine Versorgung mit im- plantatgestütztem Zahnersatz zu Lasten der Krankenkasse möglich ist. Ein solcher Ausnahmefall liegt bei zahnbegrenzten Einzellücken vorliegt, wenn keine parodontale Behandlungsbedürftigkeit besteht, die Nachbarzähne kariesfrei und nicht überkronungsbedürftig, bzw. überkront sind sowie bei atrophiertem zahnlosen Kiefer. Bei Einzelzahnimplantaten bei nicht behandlungsbedürftigen Nachbarzähnen entspricht die Versorgung mit einer Suprakonstruktion nicht nur dem Stand der zahnmedizinischen Erkenntnissen, sondern ist auch wirtschaftlicher als eine konventionelle prothetische Brückenversorgung.

(3) Richtlinien für die kieferorthopädische Behandlung[293]

In Anlage 3 zu Abschnitt B Nr. 4 der Kfo-Richtlinien werden die schweren Kieferanomalien, bei denen eine kieferorthopädische Behandlung unabhängig vom Alter des Versicherten zu Lasten der Krankenkasse gewährt wird, genannt. Hierzu zählen angeborenen Missbildungen des Gesichts und der Kiefer und skelettale Dysgnathien.

[292] vom 4.6.2003 in der ab 1.1.2004 gültigen Fassung.
[293] vom 4.6.2003 in der ab 1.1.2004 gültigen Fassung.

Gem. § 29 Abs. 4 SGB V bestimmt der Gemeinsame Bundesausschuss befundbezogen die objektiv überprüfbaren Indikationsgruppen, bei denen kieferorthopädische Behandlungen zu Lasten der gesetzlichen Krankenversicherung vorgenommen werden können. Diese kieferorthopädischen Indikationsgruppen sind gem. § 92 Abs. 1 a S. 2 SGB V nach dem wissenschaftlichen Stand der Zahnheilkunde auszurichten. Folgende Indikationsgruppen sind in Anlage 2 zu Abschnitt B der Kfo-Richtlinien genannt und erläutert:
Lippen-, Kiefer-, Gaumenspalten bzw. andere kraniofaziale Anomalien, Unterzahl, Durchbruchstörung, Sagittale Stufen distal und mesial, Vertikale Stufe offen und tief, Transversale Abweichung – Bukkal-/Lingualokklusion und beid- bzw. einseitiger Kreuzbiss, Kontaktpunktabweichung, Engstand, Platzmangel.

(4) Richtlinien über die Einführung neuer Untersuchungs- und Behandlungsmethoden und die Überprüfung erbrachter vertragszahnärztlicher Leistungen[294]

In diesen Richtlinien werden die grundsätzlichen Voraussetzungen von § 135 Abs. 1 S. 1 SGB V, wann neue Untersuchungs- und Behandlungsmethoden zu Lasten der Krankenkassen erbracht werden können, wiederholt. Bereits erbrachte zahnärztliche Leistungen werden gem. § 135 Abs. 1 S. 2 SGB V dahingehend überprüft, ob die in § 135 Abs. 1 S. 1 Nr. 1 SGB V genannten Kriterien erfüllt werden. Mit der Überprüfung von Untersuchungs- und Behandlungsmethoden nach Maßgaben der Richtlinien wird vom Gemeinsamen Bundesausschuss ein Arbeitsausschuss beauftragt.

Gem. § 92 Abs. 1 a S. 2 SGB V hat der Gemeinsame Bundesausschuss die Richtlinien auf der Grundlage von externem, umfassendem zahnmedizinisch-wissenschaftlichem Sachverstand zu beschließen. Dieser gesetzlichen Vorgabe entsprechend erfolgen die Überprüfung eines Nutzens und die Bewertung neuer Untersuchungs- und Behandlungsmethoden aufgrund wissenschaftlicher, objektiv überprüfbarer Kriterien. Hierzu werden Publikationen oder Studien zum Nachweis der Wirksamkeit bei den beanspruchten Indikationen hinzugezogen. Weiterhin erfolgt eine Abwägung des Nutzens gegen die Risiken, eine Bewertung der erwünschten und unerwünschten Folgen und des Nutzens im Vergleich zu anderen Methoden gleicher Zielsetzung. Die Bewertung der eingereichten Unterlagen zu diagnostischen und therapeutischen Methoden erfolgt hinsichtlich ihrer Evidenz aufgrund einer in den Richtlinien festgelegten Rangfolge. Für Entscheidungen in der zahnmedizinischen Versorgung ist damit der Gebrauch der externen wissenschaftlichen Evidenz ausschlaggebend. Erkennt der Bundesaus-

[294] vom 10.12.1999 in der ab 1.3.2000 gültigen Fassung.

schuss eine neue Untersuchungs- und Behandlungsmethode an, so werden von ihm zugleich Empfehlungen zur Qualitätssicherung abgegeben.

(5) Zusammenfassung

Zusammenfassend lässt sich zunächst feststellen, dass die Regelungsdichte hinsichtlich der zahnärztlichen Leistungen deutlich höher ist als die bezüglich der ärztlichen Leistungen. Im zahnmedizinischen Bereich sind für den Versicherten wesentliche Punkte, wie die Beschränkung der prothetischen Versorgung hinsichtlich der Brückenspanne sowie der Anzahl der Verbindungselemente oder der Ausschluss kieferorthopädischer, funktionsanalytischer und –therapeutischer sowie implantologischer Maßnahmen vom Gesetzgeber geregelt worden. Werden in den Behandlungs-Richtlinien kosmetisch veranlasste zahnärztliche Behandlungen ausgeschlossen, so wird hiermit dem gesetzlichen Auftrag der Krankenkassen gem. § 1 S. 1 SGB V entsprochen. Die in den Zahnersatzrichtlinien aufgestellte Verblendgrenze im Prämolarenbereich bewirkt eine optische, nicht aber funktionale Begrenzung des Rahmenrechts des Versicherten. Auch die in den Richtlinien aufgestellten Ausnahmereglungen für Implantate sowie implantatgestützten Zahnersatz dienen nur der Erfüllung des Rahmenrechts der Versicherten auf zahnärztliche Behandlung. Denn in den dort genannten Fällen ist eine Versorgung mit Implantaten entweder die einzig mögliche Versorgungsform oder eine Versorgung mit einer Suprakonstruktion nicht nur medizinisch notwendig, sondern auch wirtschaftlicher als eine andere Versorgungsform. Werden in den Richtlinien die kieferorthopädischen Indikationsgruppen und Ausnahmeindikationen konkretisieren, so werden hierfür objektiv überprüfbare Kriterien hinzugezogen, die dem Stand der zahnmedizinischen Erkenntnisse entsprechen. Der Gemeinsame Bundesausschuss ist daher in seinen Richtlinienbeschlüssen hinsichtlich der zahnärztlichen Behandlung nicht frei, sondern eng an die gesetzlichen Vorgaben gebunden. Der behandelnde Vertragszahnarzt hat die anatomischen, physiologischen, pathologischen und hygienischen Gegebenheiten des Gebisses des Versicherten bei der Wahl der Behandlungsmaßnahme zu berücksichtigen. Die Beurteilung dieser individuellen Gesichtspunkte kann dem Vertragszahnarzt weder durch Gesetz noch durch Richtlinien abgenommen oder vorgegeben werden. Gestaltungsmöglichkeiten für die Mitglieder des Verwaltungsrates bestehen hingegen nicht. Da im Unterschied zur zahnärztlichen Behandlung bei ärztlichen Behandlungsmaßnahmen die Versorgung des Versicherten mit Arznei-, Heil- und Hilfsmitteln eine wichtige Rolle spielen, müssen eventuelle Entscheidungsfreiräume der Selbstverwaltungsorgane in Zusammenhang mit den Regelungen zu diesen Gebieten gesehen werden.

dd) Versorgung mit Arznei-, Verband-, Heil- und Hilfsmitteln

§ 31 SGB V regelt die Versorgung der Versicherten mit apothekenpflichtigen Arzneimitteln und Verbandmittel, Harn- und Blutteststreifen, § 32 SGB V die Versorgung der Versicherten mit Heilmittel und § 33 SGB V die Versorgung mit Hilfsmitteln. Eine Versorgung darf jeweils darf nur erfolgen, soweit die Arznei-, Heil- oder Hilfsmittel nicht nach § 34 SGB V ausgeschlossen sind. Die Höhe der Zuzahlungen für Versicherte, die das 18. Lebensjahr vollendet haben, bestimmt sich nach den §§ 31 Abs. 3, 32 Abs. 2, 33 Abs. 2 S. 5 SGB V. Den Fall der Zuzahlung zu Kontaktlinsen, die anstelle einer erforderlichen Brille gewählt werden, regelt § 33 Abs. 3 S. 3 SGB V. Kosten für die Pflegemittel von Kontaktlinsen werden gem. § 33 Abs. 3 S. 4 SGB V nicht übernommen. Ab wann eine Änderung der Sehfähigkeit die Verordnung einer neuen Sehhilfe erforderlich macht, bestimmt sich nach § 33 Abs. 4 SGB V. Gesetzlich klargestellt wird durch § 33 Abs. 5 SGB V, dass die Krankenkasse dem Versicherten das Hilfsmittel leihweise überlassen kann. Ein solches Vorgehen setzt voraus, dass das Hilfsmittel der Art nach zu einer leihweisen Überlassung geeignet ist und dass die Krankenkasse Vorkehrungen getroffen hat, die eine technisch und hygienisch einwandfreie Ausbesserung oder Erneuerung des Gerätes gewährleisten[295].

Gem. § 34 Abs. 1 S. 1 SGB V sind nicht verschreibungspflichtige Medikamente von der Versorgung nach § 31 SGB V ausgeschlossen, es sei denn, die Verordnung soll für ein versichertes Kind bis zum vollendeten 12. Lebensjahr oder einen versicherten Jugendlichen bis zum vollendeten 18. Lebensjahr mit Entwicklungsstörungen erfolgen. Ebenfalls besteht ein Verordnungsausschluss für die in § 34 Abs. 1 S. 6 –8 SGB V genannten Medikamente. Gem. § 35 Abs. 1 S. 9 SGB V wird Näheres in den Richtlinien nach § 92 Abs. 1 S. 2 Nr. 6 SGB V geregelt. Weiterhin besteht ein Verordnungsausschluss für Arzneimittel, welche aufgrund von § 34 Abs. 3 SGB V durch die Rechtsverordnung vom 21.2.1990 in der jeweils aktuellen Fassung als „unwirtschaftliche Arzneimittel“ (sog. Negativliste) von der Leistungspflicht ausgeschlossen sind.

[295] *Gerlach*, in: *Hauck/Noftz*, SGB V, K § 33 Rn 27.

(1) Richtlinien über die Verordnung von Arzneimitteln in der vertragsärztlichen Versorgung[296]

§ 34 Abs. 1 S. 2 SGB V schreibt vor, dass der Gemeinsame Bundesausschuss in den Arzneimittel-Richtlinien (AMR) erstmals bis zum 31.3.2004 festzulegen hat, welche nicht verschreibungspflichtigen Arzneimittel ausnahmsweise verordnet werden können. Gesetzlich gefordert wird zunächst, dass diese Medikamente bei der Behandlung schwerwiegender Erkrankungen als Therapiestandard gelten. In den Richtlinien wird unter Punkt F „Gesetzliche Verordnungsausschlüsse bei der Arzneimittelversorgung und zugelassene Ausnahmen" in Nr. 16 ausgeführt, wann eine Krankheit schwerwiegend anzusehen ist und wann ein Arzneimittel als Therapiestandard gilt. In den Nummern 16.4.1.-16.4.41 werden abschießend die Voraussetzungen genannt, unter denen nicht verschreibungspflichtige Medikamente verordnungsfähig sind. Acetylsalicylsäure ist bis zu 300 mg/Dosiseinheit als Thrombozyten-Agregationshemmer in der Nachsorge von Herzinfarkt und Schlaganfall sowie nach arteriellen Eingriffen verordnungsfähig (Nr. 16.4.2.), Acetylsalicylsäure und Paracetamol nur zur Behandlung schwerer und schwerster Schmerzen in Co- Medikation mit Opioiden (16.4.3.).

Bei den in § 31 Abs. 1 S. 6 Nr. 1-4 SGB V genannten ausgeschlossenen verschreibungspflichtigen Medikamenten bei Versicherten, die das 18.Lebensjahr vollendet haben, werden in den Richtlinien in Nr. 17. ebenfalls ausnahmsweise Verordnungsmöglichkeiten genannt, bzw. die gesetzlich bereits genannten Ausnahmen erweitert. Mund- und Rachentherapeutika sind gem. § 31 Abs. 1 S. 6 Nr. 2 SGB V bei Erwachsenen nur bei Pilzinfektionen verordnungsfähig, in Nr. 17.2. werden zusätzlich geschwürige Erkrankungen der Mundhöhle und postoperative Eingriffe im Hals-, Nasen-, Ohrenbereich als Indikation für eine Verordnung zugelassen.

Gem. § 34 Abs. 1 S. 7 SGB V sind Arzneimittel zur Erhöhung der Lebensqualität von der Versorgung ausgeschlossen. Welche Merkmale Arzneimittel dieser Gruppe haben, wird in den Richtlinien in Nr. 18.1. näher umschrieben. Unter anderem zählen hierzu Arzneimittel, die zur Behandlung von Befunden angewandt werden, die lediglich Folge natürlicher Alterungsprozesse sind und deren Behandlung medizinisch nicht notwendig ist. In Nr. 18.2. der Richtlinien wird der Wortlaut von § 31 Abs. 1 S. 8 SGB V wiederholt, wonach Arzneimittel ausgeschlossen sind, die „überwiegend zur Behandlung der erektilen Dysfunktion, der Anreizung sowie Steigerung der sexuellen Potenz, zur Raucherentwöhnung, zur Abmagerung oder Zügelung des Appetits, zur Regulierung des Körperge-

---

[296] in der Fassung vom 31.8.1993, zuletzt geändert am 13.5.2002, in Kraft getreten am 9.6.2002.

wichts oder zur Verbesserung des Haarwuchses dienen". In der Anlage 8 werden zu diesen einzelnen Indikationen Wirkstoffe und Fertigarzneimittel aufgelistet.

Vor dem gesetzlichen Ausschluss von Arzneimitteln zur Behandlung der erektilen Dysfunktion durch die Neufassung des § 34 SGB V zum 1.1.2004 hatte der damalige Bundesausschuss der Ärzte und Krankenkassen mit Beschluss vom 3.8.1998 die Verordnung von Viagra für den vertragärztlichen Bereich ausgeschlossen. Zwar sei Viagra als Behandlungsmittel bei erektiler Dysfunktion geeignet, es fehle jedoch an der Wirtschaftlichkeit; geeignete Abgrenzungskriterien für die Erkrankungsbilder, bei denen Viagra zu verordnen sei, hätten sich nicht aufstellen lassen können, es sei Missbrauchsgefahr bei Verordnung und Verwendung des Mittels gegeben, es werde auch als Modedroge eingesetzt. Das Sozialgericht Dortmund hat mit Urteil vom 26.7.2002[297] den Ausschluss von Mitteln zur Behandlung der erektilen Dysfunktion in Nr. 17.1 f der Arzneimittelrichtlinien für unwirksam erklärt. „Durch die nach § 92 Abs. 1 S. 2 Nr.6 SGB V erlassenen Richtlinien kann ein nach vorrangigem Recht – wie hier gem. §§ 27, 31 SGB V – bestehender Anspruch des Versicherten nicht ausgeschlossen oder verkürzt werden, ein nach dem Gesetz bestehender Anspruch kann nur vom Gesetzgeber ausgeschlossen werden. Die Wirtschaftlichkeit der Verordnung und Versorgung mit Mitteln zur Behandlung der erektilen Dysfunktion ist durch den Bundesausschuss nicht konkretisierungsfähig".

Das Landessozialgericht Nordrhein-Westfalen hat am 31.3.2002[298] entschieden, dass bei operativ bedingtem Verlust der Erektionsfähigkeit Viagra von den Krankenkassen bezahlt werden muss. Ein Anspruch des Klägers scheiterte nicht am gesetzlichen Wirtschaftlichkeitsgebot, da keine Alternativen zu Viagra bestanden. Das Bundessozialgericht hat darauf hingewiesen, dass dem Bundesausschuss für die Arzneimittel-Richtlinien ein geringer Gestaltungs- und Beurteilungsspielraum einzuräumen ist, als dieses für die (ehemaligen) NUB-Richtlinien der Fall ist[299]. Der Verordnungsgeber ist gem. § 34 Abs. 3 SGB V ebenfalls legitimiert, das Wirtschaftlichkeitsgebot für Arzneimittel näher umzusetzen, so dass bei den Arzneimittel-Richtlinien dem Bundesausschuss auch für Wirtschaftlichkeitsfragen allenfalls ein nur eingeschränkter Entscheidungsspielraum zusteht.

Neben der Konkretisierung der Ausnahmeindikationen bei Verordnung von ausgeschlossenen Arzneimitteln und der Nennung von ausgeschlossenen Arzneimitteln ist gem. § 91 Abs. 2 S. 2 SGB V eine Zusammenstellung der Arzneimittel nach Indikationsgebieten und Stoffgruppen in den Richtlinien vorzunehmen.

[297] www.lsg.nrw.de/urteile, AZ: S 24 KN 81/01 KR.
[298] www.lsg.nrw.de/urteile, AZ: L 16 KR 16/02.
[299] B 8 KN 9/98 KR R.

In welche Gruppen die Indikationsgebiete zusammengefasst werden können, ist in § 92 Abs. 2 S. 4 Nr. 1-3 SGB V vorgegeben. Der Bundesausschuss bildet zunächst Gruppen der betroffenen Arzneimittel nach den Kriterien identisch (gleiche Inhaltsstoffe), inhaltlich vergleichbar (ähnliche Inhaltsstoffe) und therapeutisch vergleichbar (unterschiedliche Wirkstoffe – gleiche therapeutische Wirksamkeit). Die Aktualisierung der bereits beschlossenen Festbetragsgruppen wird dem Arbeitsausschuss „Arzneimittel-Richtlinien" des Gemeinsamen Bundesausschusses übertragen. Gem. § 131 Abs. 4 SGB V sind die pharmazeutischen Unternehmen verpflichtet, dem Bundesausschuss sowie den Spitzenverbänden der Krankenkassen Daten zu überlassen, die bei der Festsetzung der Festbeträge erforderlich sind, um eine pharmakologisch-therapeutische und preisliche Transparenz herzustellen. Gem. § 92 Abs. 2 S. 5 und 6 SGB V sind die Stellungnahmen der Sachverständigen der medizinischen und pharmazeutischen Wissenschaft und Praxis sowie der Arzneimittelhersteller und der Berufsvertretung der Apotheker einzubeziehen. Weiterhin sind gem. § 92 Abs. 3 a SGB V die Stellungnahmen der für die Wahrnehmung der wirtschaftlichen Interessen gebildeten maßgeblichen Spitzenorganisationen der pharmazeutischen Unternehmer und der Apotheker sowie der maßgeblichen Organisationen der Dachverbände der Ärztegesellschaften der besonderen Therapieeinrichtungen in die Entscheidung über die Richtlinien zur Verordnung von Arzneimitteln einzubeziehen.

(2) Richtlinien über die Verordnung von Heilmitteln in der vertragsärztlichen Versorgung[300]

Gem. § 92 Abs. 6 S.1 Nr. 1-4 SGB V ist in den Heilmittel-Richtlinien insbesondere ein Katalog verordnungsfähiger Heilmittel, die Zuordnung der Heilmittel zur Indikation, die Besonderheiten der Wiederholungsverordnung und Inhalt und Umfang der Zusammenarbeit des verordnenden Vertragsarztes mit dem jeweiligen Heilmittelerbringer zu regeln. Teil 2 der Heilmittel-Richtlinien enthält einen Heilmittelkatalog, hierbei handelt es sich um leitlinienähnliche tabellarische Verzeichnisse, die von der Diagnose über die Funktionsstörung zur Therapie führen[301]. Der Heilmittelkatalog ist unterteilt in „Maßnahmen der physikalischen Therapie", „Maßnahmen der Stimm-, Sprech- und Sprachtherapie" und „Maßnahmen zur Ergotherapie". Jeder dieser Teile hat ein eigenes Inhalts- und Abkürzungsverzeichnis, der Teil zur physikalischen Therapie umfasst 70 Seiten, die beiden anderen Teile jeweils 17 Seiten. Vorgesehen sind in den Richtlinien vier Verordnungsmöglichkeiten: Heilmittel können verordnet werden als vor-

---

[300] in der Fassung vom 16.10.2000/6.2.2001, zuletzt geändert am 21.6.2002, in Kraft getreten am 1.10.2002.

[301] www.kbv.de/themen/1489 htm „1.7.2001, Neue Heilmittel-Richtlinien standardisieren die Verordnung".

rangige, optionale oder ergänzende Heilmittel sowie als standardisierte Heilmittelkombinationen. In der Anlage 2 werden diejenigen Heilmittel und Indikationen aufgezählt, die weder verordnet noch von der gesetzlichen Krankenversicherung erstattet werden dürfen. Hinsichtlich des Inhaltes und Umfanges der Zusammenarbeit des verordnenden Vertragsarztes mit dem jeweiligen Heilmittelerbringer wird in den Richtlinien unter anderem der Therapiebeginn geregelt: die Therapieverordnung verfällt spätestens am elften Tag nach der Ausstellung, es sei denn, es ist ein anderes Datum notiert. Längere Therapieunterbrechungen, deren Zeiträume für die einzelnen Maßnahmen in den Richtlinien festgelegt werden, führen ebenfalls zu einem Verlust der Gültigkeit der Verordnung. Nach Abschluss der verordneten Behandlung ist der Therapeut zu einem schriftlichen Bericht an den Arzt verpflichtet.

Das Bundessozialgericht hat am 16.11.1999[302] entschieden, dass der Ausschluss der medizinischen Fußpflege aus der vertragsärztlichen Versorgung in den Heil- und Hilfsmittel- Richtlinien des Bundesausschusses durch die gesetzliche Ermächtigung nicht gedeckt war. Aus § 34 Abs. 2 bis 5 SGB V ergibt sich, wann Heilmittel im Interesse der Zweckmäßigkeit und Wirtschaftlichkeit der Leistungserbringung im Wege der Rechtsverordnung von der Anwendung zu Lasten der Krankenkassen ausgeschlossen werden können. Diese Regelung ist abschließend, so dass für die Richtlinien nach § 92 Abs. 1 S. 2 Nr. 6 SGB V nur Bestimmungen verbleiben, welche die Art und Weise der Leistungserbringung betreffen [303]. Die Begrenzung der Versorgung mit Heilmitteln auf das Notwendige, Zweckmäßige und Wirtschaftliche kann gem. § 34 Abs. 4 und 5 SGB V auch durch Rechtsverordnung durch das Bundesministerium für Gesundheit und Soziale Sicherung erfolgen.

(3) Richtlinien über die Verordnung von Hilfsmitteln in der vertragsärztlichen Versorgung[304]

Gem. § 33 Abs. 1 S. 1 SGB V sind Hörhilfen, Körperersatzstücke, orthopädische und andere Hilfsmittel verordnungsfähig. In den Hilfsmittel-Richtlinien wird ausgeführt, dass auch sächliche Mittel oder technische Produkte, die dazu dienen, Arzneimittel oder andere Therapeutika, die zur inneren Anwendung bestimmt sind, in den Körper zu bringen, zu dem Hilfsmittel gehören. Von den Spitzenverbänden der Krankenkassen wird gem. § 128 SGB V der Katalog der verordnungsfähigen Hilfsmittel erstellt. Die gesetzlichen Vorgaben des § 33

---

302 www.juris.bundessozialgericht.de/cgi-bin/rechtsprechung, B 1 KR 9/97 R.

303 www.juris.bundessozialgericht.de/cgi-bin/rechtsprechung, B1 KR 9/97 R S. 11.

304 in der Fassung vom 17.6. 1992 zuletzt geändert am 6.2.2001, in Kraft getreten am 1.7.2001.

Abs. 1 S. 2 SGB V, dass Hilfsmittel notwendig sein müssen, um den Erfolg einer Krankenbehandlung zu sichern oder eine Behinderung abzuwenden, werden dahingehend erweitert, dass eine Verordnungsnotwendigkeit auch dann gegeben ist, wenn eine Schwächung der Gesundheit, die in absehbarer Zeit voraussichtlich zu einer Krankheit führen würde, beseitigt werden soll, einer Gefährdung der gesundheitlichen Entwicklung eines Kindes entgegengewirkt werden soll oder wenn Pflegebedürftigkeit vermieden oder gemindert werden soll.

Gesetzlich geregelt ist in § 33 Abs. 1 S. 7 SGB V, dass die Kosten des Brillengestells nicht von der Krankenkasse übernommen werden. Hinsichtlich der Brillengläser wird in den Richtlinien festgelegt, wann Bifokal-, Lichtschutzgläser und Kunststoffgläser verordnet werden können und welche Gläser nicht verordnungsfähig sind. Die Verordnung von Lichtschutzgläsern und Kunststoffgläsern ist möglich, wenn eine der in den Richtlinien aufgezählten medizinischen Indikation vorliegt. Gem. § 33 Abs. 3 S. 1 und 2 SGB V können in medizinisch zwingend erforderlichen Ausnahmefällen Kontaktlinsen verordnet werden. Diese Ausnahmeindikationen werden in den Richtlinien bestimmt. Hierbei handelt es sich um Sehstörungen, die mit Hilfe einer Brille nicht oder nicht ausreichend behoben werden können.

In den Richtlinien wird der Ablauf einer Hörgeräteversorgung beschrieben sowie die Möglichkeit von Sonderversorgungen in Form von Taschengeräten, Hörbrillen, CROS- Geräten (Contralateral Routing of Signals) und anderen schallverstärkenden Geräten bei besonderer Begründung genannt. Weiterhin werden Besonderheiten der Hörgeräteversorgung im Kindesalter aufgeführt und Bestimmungen über die Wiederverordnung von Hörgeräten getroffen.

(4) Zusammenfassung

Hinsichtlich der Verordnung von Arzneimitteln ist für den Versicherten vor allem von Interesse, welche Medikamente zu Lasten der Krankenkasse verordnungsfähig sind. Die Neufassung des § 34 Abs. 1 SGB V verdeutlicht, dass in diesem wesentlichen Punkt in erster Linie der Gesetzgeber Entscheidungen treffen kann. Da ein Ausschluss von Viagra aufgrund der Richtlinien nicht möglich war, ist § 34 Abs. 1 S. 8 SGB V eingefügt worden. Der Ausschluss von nichtverschreibungspflichtigen Arzneimitteln verkürzt das bis dahin dem Versicherten zustehende Rahmenrecht auf Versorgung mit Arzneimitteln. Durch die Richtlinien des Gemeinsamen Bundesausschusses wird die Verkürzung bei besonderer Indikation zurückgenommen. Der Vertragsarzt hat in diesen Fällen nur noch die Aufgaben, die Begründung für eine Ausnahmeindikation auf der Verordnung zu vermerken.

Die Neufassung von § 34 Abs. 1 SGB V bestätigt die Tendenz, dass die Freiräume sowohl der Selbstverwaltungsorgane als auch der Leistungserbringer durch gesetzliche Regelungen immer weiter reduziert werden. Da in den Heilmittel-Richtlinien bestimmte Maßnahmearten nicht generell ausgeschlossen werden können, verbleibt für den Gemeinsamen Bundesausschuss nur die Festlegung, welche Qualifikationen die Therapeuten benötigen oder in welchen zeitlichen Abständen und wie häufig Sitzungen einer Behandlungsserie erfolgen können. Werden Ausnahmeindikationen für die Verordnung von Kontaktlinsen oder besonderen Hörgeräten in den Hilfsmittel-Richtlinien festgelegt, so wird hierdurch – genau wie bei der Implantatversorgung in der zahnmedizinischen Behandlung – nur dem gesetzlich festgelegten Rahmenrecht des Versicherten auf eine Hilfsmittelversorgung entsprochen, da eine konventionelle Versorgung nicht ausreichend ist. Zusammenfassend lässt sich feststellen, dass die Rechtsposition der Versicherten, die ihnen durch das SGB V gewährt wird, durch die sehr umfangreichen, detaillierten und mit Anlagen versehen Richtlinien über die Verordnung von Arznei-, Heil-, und Hilfsmitteln nicht nachteilig berührt wird. Das Erfordernis einer demokratischen Legitimation lässt sich daher nicht feststellen.

ee) Häusliche Krankenpflege, Soziotherapie, Haushaltshilfe

(1) Häusliche Krankenpflege

Versicherten können häusliche Krankenpflege als Krankenhausvermeidungspflege gem. § 37 Abs. 1 S. 1 SGB V und als Sicherungspflege gem. § 37 Abs. 2 S. 1 SGB V erhalten. Ziel der Krankenhausvermeidungspflege ist es, dem Versicherten das Verbleiben oder die möglichst frühe Rückkehr in seinen häuslichen Bereich zu erlauben. Ziel der Sicherungspflege ist es, ambulante ärztliche Behandlung zu ermöglichen und deren Ergebnis zu sichern. Gem. § 37 Abs. 3 SGB V wird häusliche Krankenpflege nur gewährt, soweit eine im Haushalt lebende Person den Kranken nicht in dem erforderlichen Umfang pflegen und versorgen kann.

Die Krankenhausvermeidungspflege umfasst gem. § 37 Abs. 1 S. 2 SGB V Grund- und Behandlungspflege sowie hauswirtschaftliche Versorgung. Die Sicherungspflege umfasst nur Behandlungspflege, jedoch können gem. § 37 Abs. 2 S. 2 SGB V in der Satzung der Krankenkassen Bestimmungen über die Erbringung von zusätzlicher Grundpflege und hauswirtschaftlicher Versorgung bei Sicherungspflege enthalten sein.

Welche Maßnahmen als Leistungen der Grund- und Behandlungspflege und der hauswirtschaftlichen verordnungsfähig sind, ist in einem Verzeichnis als Anlage zu den Richtlinien des Gemeinsamen Bundesausschusses über die Verordnung von „häuslicher Krankenpflege“ nach § 92 Abs. 1 S. 2 Nr. 6 und Abs. 7 SGB V[305] enthalten[306]. Das Verzeichnis beinhaltet Aussagen zur Dauer der Verordnung und zur Häufigkeit der Verrichtungen bei behandlungspflegerischen Leistungen, soweit dieses möglich ist. Von diesen Empfehlungen kann in begründeten Fällen abgewichen werden. Bei Grundpflege und hauswirtschaftlicher Versorgung sind keine Aussagen zu Dauer und Häufigkeit enthalten, da hierbei kein Regelfall beschrieben werden kann. Die Zuordnung der Leistungen zur Behandlungspflege, Grundpflege und hauswirtschaftlicher Versorgung stimmt mit den Rahmenempfehlungen der Spitzenverbände der Krankenkassen und der für die Wahrnehmung der Interessen von Pflegediensten maßgeblichen Spitzenorganisationen auf Bundesebene gem. § 132 a Abs. 1 SGB V überein.

Aufgrund dieser in § 132 a SGB V verankerten Kompetenzzuweisung hatten der Deutsche Caritasverband, das Diakonische Werk, der Bundesverband der Arbeiterwohlfahrt und vier Betreiber von Pflegediensten eine Klage beim Sozialgericht Köln erhoben. Der Leistungskatalog der Richtlinien, mit dem die Inhalte der häuslichen Krankenpflege näher bestimmt werden, sei rechtswidrig, weiterhin habe der Bundesausschuss nicht die Genehmigung der Pflegeleistung durch die Krankenkassen und die Verpflichtung zur pflegerischen Prophylaxe regeln dürfen. Mit Urteil vom 27.3.2002[307] hat das Sozialgericht Köln entschieden, dass durch die Richtlinien zur häuslichen Krankenpflege die Kompetenzen der Pflegeverbände und der Pflegeeinrichtungen nicht verletzt werden. Es sei konsequent, dass die Inhalte der Behandlungspflege in den Richtlinien geregelt werden, die den Arzt - der für die häusliche Krankenpflege verantwortlich ist - unmittelbar binden. Die Empfehlungen nach § 132 a SGB V entfalten gegenüber dem behandelnden Arzt keine Bindungswirkung. Den Richtlinien des Bundesausschusses als untergesetzliche Rechtsnormen komme gegenüber den bloßen Empfehlungen der Verbände eine rechtlich höherrangige Wirkung zu. Auch die Regelungen zum Genehmigungsvorbehalt der Krankenkassen und zur Prophylaxe würden die Qualität und die Wirtschaftlichkeit in der häuslichen Krankenpflege verbessern und damit dem Schutz der Versicherten dienen und nicht die Kompetenzen der Pflegeverbände oder Rechte der Pflegedienste verletzen[308].

---

[305] in der Fassung vom 16.2.2000, in Kraft getreten am 14.5.2000.

[306] Beilage zum Deutschen Ärzteblatt 97, Heft 22, 2.Juni 2000.

[307] www.arge-koa.de, Pressemitteilung des Bundesausschusses der Ärzte und Krankenkasse 7/2002, AZ: S 19 KA 23/01.

[308] www.arge-koa.de, Pressemitteilung des Bundesausschusses der Ärzte und Krankenkasse 7/2002, AZ: S 19 KA 23/01.

(2) Soziotherapie

Gem. § 37 a Abs. 1 S. 1 SGB V kann Soziotherapie nur Versicherten, die wegen schwerer psychischer Erkrankungen nicht in der Lage sind, ärztliche oder ärztlich verordnete Leistungen selbständig in Anspruch zu nehmen, verordnet werden. Weitere Voraussetzung zur Gewährung von Soziotherapie ist, dass Krankenhausbehandlung vermieden oder verkürzt wird oder dass Soziotherapie an die Stelle einer gebotenen, aber nicht ausführbaren Krankenhausbehandlung tritt. Gem. § 37 a Abs. 2 Nr. 1 SGB V ist in den Richtlinien des Gemeinsamen Bundesausschusses insbesondere festzulegen, bei welchen Krankheitsbildern Soziotherapie im Regelfall erforderlich ist. Hierzu wird in den Richtlinien über die Durchführung von Soziotherapie in der vertragsärztlichen Versorgung[309] festgehalten, dass Soziotherapie bei schweren psychischen Erkrankungen aus dem schizophrenen Formenkreis indiziert ist. Gem. § 37 a Abs. 2 Nr. 2 SGB V sind Ziele, Inhalt, Umfang, Dauer, Häufigkeit der Soziotherapie in den Richtlinien des Gemeinsamen Bundesausschusses zu bestimmen. Nach den Richtlinien soll Soziotherapie dem Versicherten die Inanspruchnahme ärztlicher oder ärztlich verordneter Leistungen ermöglichen und dem Patienten durch Motivationsarbeit und strukturierte Trainingseinheiten helfen, psychosoziale Konflikte abzubauen. Der Inhalt der Soziotherapie erstreckt sich auf die Erstellung eines soziotherapeutischen Behandlungsplans, die Koordination von Behandlungsmaßnahmen und Leistungen, Arbeit im sozialen Umfeld und soziotherapeutische Dokumentation. Zusätzlich können motivationsrelevantes Training, Training zur handlungsrelevanten Willensbildung, Anleitung zur Verbesserung der Krankeitswahrnehmung und Hilfe in Krisensituationen angeboten werden. Gem. § 37 a Abs. 2 Nr. 3 SGB V ist in den Richtlinien zu regeln, unter welchen Voraussetzungen Ärzte zur Verordnung von Soziotherapie berechtigt sind. Erforderlich ist eine Berechtigung zur Führung der Gebietsbezeichnung Psychiatrie und Nervenheilkunde. Diese Regelung entspricht dem Erfordernis, dass der verordnende Arzt in der Lage sein muss, die Indikation für die Soziotherapie zu stellen. In den Aufgabenbereich neurologisch ausgebildeter Fachärzte fallen die Zuordnung einer Erkrankung zum schizophrenen Formenkreis sowie die Einschätzung der Schwere der Fähigkeitsstörungen. Gem. § 37 a Abs. 2 Nr. 4 SGB V sind in den Richtlinien auch die Anforderungen an die Therapiefähigkeit des Patienten festzulegen. Therapiefähig ist nach den Richtlinien der Versicherte, der die Therapieziele erreichen kann. Der Patient muss über die notwendige Belastbarkeit, Motivierbarkeit und Kommunikationsfähigkeit verfügen und in der Lage sein, einfache Absprachen einzuhalten.

[309] in der Fassung vom 23.8.200, in Kraft getreten am 1.1.2002.

Schließlich sind gem. § 37 a Abs. 2 Nr. 5 SGB V der Inhalt und Umfang der Zusammenarbeit des verordnenden Arztes mit dem Leistungserbringer in den Richtlinien zu regeln. Hierzu wird festgehalten, dass sich Leistungserbringer, Arzt und Patient mindestens jeden zweiten Monat abstimmen, um die soziotherapeutischen Leistungen unter Berücksichtigung des Therapieverlaufs hinsichtlich der Therapieziele anzupassen.

(2) Haushaltshilfe

Gem. § 38 SGB V erhalten Versicherten Haushaltshilfe, wenn ihnen wegen Krankenhausbehandlung oder wegen einer Leistung nach § 23 Abs. 2 und 4, §§ 24, 37, 40 oder 41 SGB V die Weiterführung des Haushaltes nicht möglich ist. Weitere Voraussetzung ist gem. § 38 Abs. 1 S. 2 SGB V, dass im Haushalt ein Kind lebt, das das 12. Lebensjahr nicht vollendet hat oder behindert und auf Hilfe angewiesen ist. Abweichende Satzungsbestimmungen sind gem. § 38 Abs. 2 SGB V möglich, aber nicht zwingend erforderlich. Es steht im Ermessen der Krankenkassen, ob sie überhaupt abweichende Bestimmungen in ihrer Satzung aufnimmt, die Kassen können hierbei ihre finanziellen Möglichkeiten berücksichtigen[310]. Dieses abweichende Bestimmungsrecht bezieht sich gem. § 38 Abs. 2 S. 2 SGB V auf Umfang und Dauer der Leistung. Ebenfalls kann aufgrund der Satzung eine Leistungsgewährung auch in denjenigen Fällen vorsehen werden, in denen ein Kind nicht im Haushalt lebt. Damit kann an die Schwere der Erkrankung angeknüpft werden, an die Zahl und Alter der zu versorgenden Kinder, an die Vermeidung der Einweisung des Kranken in ein Krankenhaus oder an eine besondere familiäre Belastung[311]. Eine Erstattung der Kosten für eine selbstbeschaffte Haushaltshilfe ist gem. § 38 Abs. 4 S. 1 SGB V möglich, die Kostenerstattung für Verwandte und Verschwägerte bis zum 2. Grad ist in § 38 Abs. 4 S. 2 SGB V geregelt.

ff) Krankenhausbehandlung

Krankenhausbehandlung wird gem. § 39 SGB V vollstationär, teilstationär, vor- und nachstationären sowie ambulant erbracht. Eine vollstationäre Behandlung ist nach dem Grundsatz „ambulant vor stationär“ nur möglich, wenn das Behandlungsziel nicht durch eine andere Behandlung erreicht werden kann. Der Umfang der Krankenhausbehandlung ergibt sich aus § 39 Abs. 1 S. 3 SGB V: sie umfasst „alle Leistungen, die im Einzelfall nach Art und Schwere der Krankheit für die medizinische Versorgung des Versicherten im Krankenhaus

[310] *Wagner*, in: *Krauskopf*, § 38 SGB V Rn 11.
[311] *Wagner*, in: *Krauskopf*, § 38 SGB V Rn 18.

notwendig sind, insbesondere ärztliche Behandlung, Krankenpflege, Versorgung mit Arznei-, Heil- und Hilfsmitteln, Unterkunft und Verpflegung". Ein Verzeichnis stationärer Leistungen und Entgelte ist gem. § 39 Abs. 3 S. 1 SGB V von den Landesverbänden der Krankenkassen, den Verbänden der Ersatzkassen, der Bundesknappschaft und der See-Krankenkasse unter Mitwirkung der Landeskrankenhausgesellschaft und der Kassenärztlichen Vereinigung zu erstellen. Hinsichtlich der Krankenpflege sind die Richtlinien über die Verordnung von Krankenhauspflege[312] beschlossen worden. Für die Verordnung von Krankenpflege sind nach den „Krankenhauspflege-Richtlinien" allein medizinische Gründe ausschlaggebend. Entscheidend ist, dass eine ambulante kassenärztliche Behandlung nicht ausreicht, so dass die medizinische Versorgung gemeinsam mit der pflegerischen Betreuung nur mit den Mitteln eines Krankenhauses möglich ist. Erfolgt eine stationäre Unterbringung nicht aufgrund medizinischer Notwendigkeit, besteht kein Anspruch auf Krankenhauspflege. Zu diesen Fallgruppen werden in den Richtlinien Pflegefälle, soziale Indikationen, Schönheitsoperationen und Unterbringungen aus Gründen der öffentlichen Sicherheit und Ordnung genannt.

Gem. § 39 a SGB V wird Versicherten ein Zuschuss zu stationärer oder teilstationärer Versorgung in Hospizen gewährt. Diese Gewährung erfolgt im Rahmen gem. § 39 a S. 4 SGB V von den Spitzenverbände der Krankenkassen gemeinsam und einheitlich mit den für die Wahrnehmung der Interessen der stationären Hospize maßgeblichen Spitzenorganisationen vereinbarten Verträge. Hierin wird das Nähere über Art und Umfang der Versorgung in Hospizen geregelt.

gg) Medizinische und ergänzende Leistungen zur Rehabilitation

Leistungen zur medizinischen Rehabilitation können gem. § 40 Abs. 1 S. 1 SGB V in Rehabilitationseinrichtungen ambulant oder stationär erbracht werden, wenn bei einem Versicherten die ambulante Krankenbehandlung nicht ausreicht, um „eine Behinderung oder Pflegebedürftigkeit abzuwenden, zu beseitigen, zu mindern, auszugleichen ihre Verschlimmerung zu verhüten oder ihre Folgen zu mindern" (§ 11 Abs. 2 S. 1 SGB V). Gem. § 40 Abs. 3 S. 1 SGB V bestimmt die Krankenkassen Art, Dauer, Umfang, Beginn und Durchführung der medizinischen Rehabilitationsleistungen. Das Bestimmungsrecht der Krankenkassen bezieht sich daher nicht auf das „Ob" einer Leistungsgewährung nach § 40 SGB V, sondern auf das „Wie". Dieses Ermessen ist inhaltlich vielfach begrenzt[313]. Gem. § 28 Abs. 8 SGB V sind die Ausgaben für die stationären Vorsorge- und Rehabilitationsleistungen budgetiert. Gem. § 40 Abs. 3 S. 2 SGB V

[312] in der Fassung vom 26.2.1982.
[313] *Noftz,* in: *Hauck/Noftz,* SGB V, K § 40 Rn 58.

ist die Dauer der Leistungen auf zwanzig Behandlungstage bzw. drei Wochen für den Regelfall begrenzt. Vor Bewilligung der Leistungen nach den §§ 40, 41 SGB V muss die Krankenkasse gem. § 275 Abs. 2 Nr. 1 SGB V deren Notwendigkeit durch den Medizinischen Dienst der Krankenkassen überprüfen lassen. Zuzahlungen des Versicherten sind in § 40 Abs. 5 und 6 SGB V i.v.m. § 61 S. 2 SGB V geregelt. Rehabilitations-Richtlinien nach § 92 Abs. 1 S. 2 Nr. 8 SGB V sind noch nicht ergangen[314]. Die Richtlinien über Verträge nach § 368 s RVO (Rehabilitations-Richtlinien) vom 17.12.1975[315] gelten auf der Grundlage des § 92 SGB V weiter. Eine Neufassung der Richtlinien ist zurzeit in Vorbereitung.

Es besteht gem. § 40 Abs. 4 SGB V nur eine subsidiäre Zuständigkeit der gesetzlichen Krankenversicherung, die nur dann gegeben ist, wenn die versicherungsrechtlichen und persönlichen Voraussetzungen für das andere Leistungssystem nicht vorliegen[316]. Als Ausnahme von dieser nachrangigen Zuständigkeit wird § 31 SGB VI genannt, hier bestehen die Zuständigkeiten der Träger der gesetzlichen Krankenversicherung und der gesetzlichen Rentenversicherung gleichrangig nebeneinander[317].

Gem. § 41 SGB V kann eine Leistung zur medizinischen Rehabilitation für Mütter und Väter in einer Einrichtung des Müttergenesungswerkes oder in einer gleichartigen Einrichtung erbracht werden. Über den Verweis in § 41 Abs. 2 SGB V auf § 40 Abs. 3 und 4 SGB V gelten die Ausführungen zur Subsidiarität und zum Inhalt des Ermessens entsprechend.

Gem. § 42 SGB V kann subsidiär bei dem Versicherten eine Belastungserprobung und Arbeitstherapie durchgeführt werden, wenn solche Leistungen nicht nach den für andere Träger der Sozialversicherung geltenden Vorschriften erbracht werden. Weitere ergänzende Ermessensleistung zur Rehabilitation sind in den §§ 43 und 43 a SGB V aufgeführt.

hh) Leistungen gem. § 196 RVO bei Schwangerschaft und Mutterschaft

Leistungen bei Schwangerschaft und Mutterschaft werden in der RVO, die gem. § 68 Nr. 3 SGB I als besonderer Teil des SGB bis zu ihrer Eingliederung gilt, geregelt. Gem. § 196 RVO können Versicherte während der Schwangerschaft, bei und nach der Entbindung ärztliche Betreuung einschließlich der Untersuchungen zur Feststellung der Schwangerschaft und zur Schwangerenvorsorge

[314] *Vahldieck*, in: *Hauck/Noftz*, SGB V, K § 92 Rn 26.
[315] Veröffentlicht im Bundesanzeiger Nr. 55 vom 19.3.1976
[316] *Noftz*, in: *Hauck/Noftz*, SGB V, K § 40 Rn 30.
[317] *Noftz*, in: *Hauck/Noftz*, SGB V, K § 40 Rn 32.

sowie Hebammenhilfe in Anspruch nehmen. Eine gleichlautende Regelung findet sich in § 23 KVLG 1972. Gem. § 92 Abs. 1 S. 2 Nr. 4 SGB V sind Richtlinien über die ärztliche Betreuung während der Schwangerschaft und nach der Entbindung („Mutterschaftsrichtlinie")[318] beschlossenen worden. In den Richtlinien wird ausgeführt, welche Maßnahmen als ärztliche Betreuung im Sinne der §§ 196 RVO und 23 KVLG während der Schwangerschaft und nach der Entbindung anzusehen sind, soweit sie nicht ärztliche Behandlung i.S. des § 28 Abs. 1 SGB V sind. Hinsichtlich der Erkennung und besonderen Überwachung der Risikoschwangerschaften und Risikogeburten werden die Risikomerkmale aufgezählt. Weiterhin wird festgelegt, welche serologischen Untersuchungen und Maßnahmen während der Schwangerschaft vorgenommen werden sollen und wann blutgruppenserologische Untersuchungen nach Geburt oder Fehlgeburt und eine Anti-D-Immunoglobulin-Prophylaxe durchgeführt werden sollen. Entsprechend § 196 Abs. 2 RVO wird in den Richtlinien festgehalten, dass bei Verordnungen wegen Schwangerschaftsbeschwerden und in Zusammenhang mit der Entbindung die Versicherte von Zuzahlungen gem. §§ 31 Abs. 3, 32 Abs. 2 und 33 Abs. 2 SGB V befreit ist. Festgelegt wird auch, dass nach Feststellung der Schwangerschaft vom Arzt ein Mutterpass auszustellen ist, der als Anlage zu den Richtlinien als Vordruck beigefügt ist.

d) Krankengeld, §§ 44-51 SGB V

Gem. § 44 Abs. 1 S. 1 SGB V wird Versicherten Krankengeld gezahlt, wenn die Krankheit sie arbeitsunfähig macht oder sie auf Kosten der Krankenkasse stationär in einem Krankenhaus, einer Vorsorge- oder Rehabilitationseinrichtung behandelt werden. Bei vordergründiger Betrachtung entscheidet der jeweilige Sozialversicherungsfachangestellte über die Gewährung des Krankengeldes. Zunächst muss jedoch der Versicherungsfall „Arbeitsunfähigkeit" festgestellt worden sein. Wann Arbeitsunfähigkeit vorliegt, wird in den gem. § 92 Abs. 1 S. 2 Nr. 7 SGB V beschlossenen Richtlinien über die Beurteilung der Arbeitsunfähigkeit und die Maßnahmen zur stufenweisen Wiedereingliederung („Arbeitsunfähigkeit-Richtlinien")[319] definiert. Arbeitsunfähigkeit kann nur aufgrund ärztlicher Untersuchungen festgestellt werden. Die Richtlinien gelten auch für Rentner, die noch erwerbstätig sind, für körperlich, geistig oder seelisch Behinderte, die ständig in Werkstätten für Behinderte oder Blindenwerkstätten beschäftigt sind, für die Feststellung der Arbeitsunfähigkeit bei Durchführung medizinischer Maßnahmen zur Herbeiführung einer Schwangerschaft, für Dialysebehandlung sowie andere extrakorporale Hämotherapieverfahren, soweit diese lediglich während der vereinbarten Arbeitszeit möglich sind und für die Zeit der

[318] in der Fassung vom 10.12.1985, zuletzt geändert am 23.4.1998.
[319] in der Fassung vom 3.9.1991.

Reparatur oder des Ersatzes eines defekten Hilfsmittels, falls dieses für die Ausübung der Tätigkeit oder das Erreichen des Arbeitsplatzes erforderlich ist.

Die Richtlinien regeln Formalitäten zur Bescheinigung der Arbeitsunfähigkeit bei Entgeltfortzahlung und bei Krankengeldbezug. Bei der Bescheinigung der Arbeitsunfähigkeit sollen Rückdatierungen des Beginns der Arbeitsunfähigkeit nach Möglichkeit vermieden werden, eine Bescheinigung zum Zweck der Erlangung von Krankengeld soll in der Regel für einen Zeitraum erfolgen, der nicht mehr als sieben Tage zurückliegt und sich nicht um mehr als zwei Tage im voraus erstreckt. Arbeitsunfähigkeit wird auch bescheinigt, wenn sie an arbeitsfreien Tagen besteht. Geregelt wird das Zusammenwirken mit dem Medizinischen Dienst, wenn beispielsweise zwischen dem Arzt und dem Medizinischen Dienst Meinungsverschiedenheiten bestehen. Festgehalten werden weiterhin die Grundsätze der stufenweisen Wiedereingliederung und die Bescheinigung zur stufenweisen Wiedereingliederung. Im Anhang zur Richtlinie wird festgelegt, wann Arbeitsunfähigkeit nicht vorliegt. Dieses ist beispielsweise für die Zeiten der Fall, in denen ärztliche Behandlungen zu diagnostischen oder therapeutischen Zwecken stattfinden, die selbst nicht zur Arbeitsunfähigkeit führen oder bei der Inanspruchnahme von Heilmittel (z.B. physikalische Therapie).

Bei freiwillig Versicherten besteht gem. § 44 Abs. 2 SGB V die Möglichkeit, durch die Satzung einen Anspruch auf Krankengeld auszuschließen oder zu einem späteren Zeitpunkt entstehen zu lassen. Voraussetzungen und Dauer von Krankengeld bei Erkrankung eines Kindes sind in § 45 SGB V geregelt. Von welchem Tag an ein Anspruch auf Krankengeld entsteht, bestimmt sich nach § 46 SGB V.

Die Höhe und Berechnung des Krankengeldes wird in den §§ 47, 47 a und b SGB V, die Dauer der Krankengeldes in § 48 SGB V und das Ruhen dieses Anspruches in § 49 SGB V festgelegt. § 50 SGB V enthält Bestimmungen über den Ausschluss und die Kürzung des Krankengeldes, § 51 SGB V über den Wegfall des Krankengeldes. Sämtliche Umstände, die hinsichtlich der Gewährung von Krankengeld zu berücksichtigen sind, sind gesetzlich so geregelt, dass diese Leistungen „pfenniggenau zu errechnen“[320] sind. Daher wird keine Entscheidung im Sinne einer Auswahl zwischen mehreren Möglichkeiten getroffen, vielmehr besteht die Tätigkeit der Versicherungsträger im Gesetzesvollzug. Daher ist eine so starke Gesetzesbindung der Selbstverwaltungsorgane vorhanden, dass eine personelle demokratische Legitimation nicht erforderlich ist, um den Anforderungen des Art. 20 Abs. 2 Satz 1 GG zu entsprechen.

---

[320] *Schnapp*, Friedenswahlen in der Sozialversicherung - vordemokratisches Relikt oder scheindemokratisches Etikett?, in: FS für Knut Ipsen, S. 824.

e) Leistungsbeschränkung, Selbstbehalt, Beitragsrückzahlung, §§ 52-54 SGB V

Gem. § 52 SGB V kann die Krankenkasse Versicherte an den Kosten der Leistung in angemessener Höhe beteiligen oder das Krankengeld zurückfordern, wenn sich der Versicherte eine Krankheit vorsätzlich, bei einem von ihm begangenen Verbrechen oder vorsätzlichen Vergehen zugezogen hat. § 52 SGB V legt die tatbestandlichen Voraussetzungen, unter denen bestimmte Rechtsfolgen gezogen werden dürfen, selbst fest und stellt die Bestimmung der Rechtsfolgen in das Ermessen der Krankenkassen[321]. Die Vorschrift betont die Mitverantwortung des einzelnen Versicherten für seine Gesundheit und schützt die Versichertengemeinschaft vor unzumutbarer Belastung[322]. Daher soll die Krankenkasse bei der Ausübung ihres Ermessens die Umstände des Einzelfalls gegen die Belange der Versichertengemeinschaft abwägen und sich daran orientieren, ob und in welchem Umfang die Leistungsbeschränkung dem Versicherten oder die uneingeschränkte Leistung der Krankenkasse zuzumuten ist[323]. Insbesondere zu berücksichtigen sind bei dieser Abwägung der Grad des Verschuldens, die Höhe der Aufwendungen der Krankenkasse, die finanzielle Leistungsfähigkeit des Versicherten und seine Unterhaltsverpflichtungen[324]. Der Versicherte ist gem. § 24 SGB X anzuhören, bevor ein Verwaltungsakt erlassen wird, aufgrund dessen eine Leistungsbeschränkung nach § 52 SGB V vorgenommen wird. Dabei müssen dem Versicherten die Tatsachen, die für die Ermessensentscheidung der Krankenkasse erheblich sind, mitgeteilt werden[325]. Seit dem 1.1.2004 können die Krankenkassen in der Satzung festlegen, dass unter bestimmten Voraussetzungen ein Selbstbehalt gem. § 53 SGB V oder eine Beitragsrückzahlung gem. § 54 SGB V für freiwillige Mitglieder vorgesehen ist. Hierbei handelt es sich nur um geringfügige Modifikationen in der Beitragsgestaltung, zumal die Möglichkeit eines Selbstbehaltes oder einer Beitragsrückerstattung für die kraft Gesetzes Versicherten nicht besteht.

f) Weiterentwicklung der Versorgung, §§ 63-66 SGB V

aa) Strukturmodelle

Im Rahmen ihrer gesetzlichen Aufgaben können die Krankenkassen und ihre Verbände Modelle zur Weiterentwicklung der Verfahrens-, Organisations-, Fi-

---

321 *Schmidt*, in: Peters, Handb KV II, SGB V, § 52 Rn 10.
322 *Zipperer*, in: GKV-Kommentar, § 52 Rn 1.
323 *Zipperer*, in: GKV- Kommentar, § 52 Rn 10.
324 BT-Drucks. 11/2237, S. 182.
325 *Zipperer*, in: GKV- Kommentar, § 52 Rn 12.

nanzierungs- und Vergütungsformen der Leistungserbringung gem. § 63 Abs. 1 SGB V durchführen. Diese Durchführung muss im Rahmen der gesetzlichen Aufgabenstellung erfolgen, die Modelle müssen dem in § 1 Abs. 1 S. 1 SGB V enthaltenen Auftrag der Krankenkassen dienen, die Gesundheit der Versicherten zu erhalten oder wiederherzustellen oder deren Gesundheitszustand zu verbessern. Ziel der Strukturmodelle ist die Verbesserung der Qualität und Wirtschaftlichkeit der Versorgung. Strukturmodelle müssen damit der Steigerung der Effizienz der Versorgung dienen[326].

Strukturmodelle können von den Krankenkassen ohne jegliche vertragliche Vereinbarung durchgeführt werden, gem. § 63 Abs. 3 SGB V kann von den Vorschriften des Leistungserbringerrechts der §§ 69 ff SGB V abgewichen werden. Allerdings gilt gem. § 63 Abs. 3 S. 1 2. HS SGB V der in § 71 Abs. 1 SGB V niedergelegte Grundsatz der Beitragssatzstabilität entsprechend. Strukturmodelle sind daher so durchzuführen, dass Beitragssatzerhöhungen der teilnehmenden Krankenkassen ausgeschlossen sind[327]. § 63 Abs. 3 S. 2 SGB V stellt klar, dass ein Verstoß gegen das Gebot der Beitragssatzstabilität nicht vorliegt, wenn Einsparungen nachweisbar sind. Nachweisbar bedeutet nur, dass Erwartungen, etwaige Mehraufwendungen werden durch Einsparungen kompensiert, nachvollziehbar und plausibel sind[328]. Es dürfte ausreichend sein, wenn Einsparungen nicht sofort, sondern während der Laufzeit der Modelle eintreten, da komplexe Modellvorhaben Investitionen in strukturelle Veränderungen verlangen[329]. Für Strukturmodelle können daher Anschubfinanzierungen vorgesehen werden, die auch ein erhebliches Ausmaß annehmen können[330].

bb) Leistungsmodelle

Die Krankenkassen können weiterhin gem. § 63 Abs. 2 SGB V Leistungsmodelle durchführen, die sich auf die Verhütung und Früherkennung von Krankheiten sowie auf Krankenbehandlung beziehen, die nach den gesetzlichen Regelungen ausgeschlossen sind. Gem. § 63 Abs. 4 S. 1 SGB V können Maßnahmen, deren Eignung als Leistung von dem Gemeinsamen Bundesausschuss nach § 91 SGB V abgelehnt worden ist, nicht Gegenstand der Modelle sein. Sie können nur der Vorbereitung der Entscheidungen des Gemeinsamen Bundesausschusses über die Leistung dienen[331]. Dadurch wird gewährleistet, dass die Entschei-

---

[326] *Maaßen*, in: GKV- Kommentar, § 63 Rn 11.
[327] *Orlowski*, in: GKV- Kommentar, § 63 Rn 24.
[328] *Orlowski*, in: GKV- Kommentar, § 63 Rn 26.
[329] *Knieps*, in: *Schnapp/Wigge*, Vertragsarztrecht, § 11 Rn 8.
[330] *Orlowski*, GKV- Kommentar, § 63 Rn 26.
[331] *Orlowski*, in: GKV- Kommentar, § 63 Rn 30.

dungskompetenz des Bundesausschusses nicht ausgehöhlt wird[332]. Gem. § 63 Abs. 4 S. 2 SGB V können Fragen der biomedizinischen Forschung und Forschungen zur Entwicklung und Prüfung von Arzneimittel und Medizinprodukten nicht Gegenstand von Modellvorhaben sein. Leistungen, deren Gefahren und Risiken noch nicht hinreichend beurteilt werden können oder medizinische Forschungsaktivitäten dürfen daher nicht über Modellvorhaben organisiert oder finanziert werden[333]. Die Möglichkeit zur Erprobung von Wahlleistungen ist nicht vorgesehen[334]. Es bestehen daher mehrfache Beschränkungen für Leistungsmodelle.

Gem. § 63 Abs. 5 S. 1 SGB V sind Ziele, Dauer, Art und allgemeine Vorgaben zur Ausgestaltung sowie Bedingungen für die Teilnahme in der Satzung festzulegen. Die wesentlichen Elemente müssen damit in der Satzung enthalten sein oder dem Satzungsbeschluss zu entnehmen sein. Zu ihrer Wirksamkeit bedürfen Beschlüsse über Modellvorhaben gem. § 195 SGB V der Genehmigung der Aufsichtsbehörde.

cc) Vereinbarungen mit Leistungserbringern

Die Krankenkassen sowie ihre Verbände können mit allen zugelassenen Leistungserbringern oder deren Gruppen Vereinbarungen über die Durchführung von Modellvorhaben nach § 63 Abs. 1 und 2 SGB V schließen. Solche Modellverträge sind als öffentlich-rechtliche Normverträge einzustufen[335].

Gem. § 64 Abs. 2 S. 1 SGB V können die Spitzenverbände der Krankenkassen mit der Kassenärztlichen Bundesvereinigung in den Bundesmantelverträgen Grundsätze zur Durchführung von Modellvorhaben mit Vertragsärzten vereinbaren. Der mögliche Vereinbarungsinhalt wird in § 64 Abs. 2 S. 2 SGB V aufgeführt: es können Regelungen zu den Bedingungen für die Teilnahme von Vertragsärzten sowie zur Festlegung einer Höchstzahl der beteiligten Ärzte getroffen werden. Wenn solche Durchführungsgrundsätze auf der Ebene der Bundesmantelverträge vereinbart worden sind, sind sie für alle Beteiligten der Kassenart gem. § 82 Abs. 1 S. 2, § 83 Abs. 1 S. 1 SGB V sowie für alle Kassenärztlichen Vereinigungen als Vertragspartner gem. § 81 Abs. 3 Nr. 1 SGB V verbindlich. Angestrebt wird durch diese Regelung eine Vereinheitlichung von Modellvorhaben[336].

---

[332] *Maaßen*, in: GKV- Kommentar, § 63 Rn 16.
[333] *Knieps*, in: *Schnapp/Wigge*, Vertragsarztrecht, § 11 Rn 7.
[334] Bt-Drucks. 13/6087, S. 26.
[335] *Orlowski*, in: GKV- Kommentar, § 64 Rn 4.
[336] *Orlowski*, in: GKV-Kommentar, § 64 Rn 18.

Weiterhin können gem. § 64 Abs. 4 SGB V Strukturmodelle vereinbart werden, die eine unkoordinierte Mehrfachinanspruchnahme von Vertragsärzten verhindern sollen. Ein Versicherter, der in einem Quartal einen zweiten Arzt ohne Überweisung oder zur Einholung einer Zweitmeinung in Anspruch nimmt, kann dabei bei diesem Vertragsarzt auf die Kostenerstattung verwiesen werden[337]. Auch ist ein Vergütungsabschlag bei einer Behandlung durch einen Facharzt ohne Überweisung möglich[338].

dd) Versichertenbonus für gesundheitsbewußtes Verhalten

In der Satzung der Krankenkasse kann bestimmt werden, unter welchen Voraussetzungen ein Versicherter einen Anspruch auf einen Bonus hat und unter welchen Voraussetzungen eine Ermäßigung von gesetzlich vorgesehenen Zuzahlungen möglich ist. Gem. § 65 a Abs. 4 S. 1 SGB V müssen sich die Aufwendungen für Boni und Ermäßigungen selbst finanzieren. Gem. § 65 a Abs. 4 S. 3 SGB V dürfen keine Boni gewährt werden, wenn keine Einsparungen erzielt werden. Zurzeit sind derartige Satzungsregelungen noch nicht eingeführt worden.

Zusammenfassend lässt sich feststellen, dass den Krankenkassen bei der Weiterentwicklung der Versorgung in beschränktem Rahmen ein Entscheidungsspielraum zusteht. Der gesetzliche Anspruch der Versicherten auf die Leistung bleibt von der Weiterentwicklung der Versorgung jedoch unberührt, der Anspruch kann nicht aufgrund der §§ 63-65 a SGB V verkürzt werden. Eine kassenspezifische Ausgestaltung des Leistungsrechtes ist daher aufgrund der Modelle nach § 63 SGB V nicht möglich, unterschiedliche Angebote der Krankenkassen sollen durch Regelungen in den Bundesmantelverträgen gerade vermieden werden.

7) Beziehungen zu Leistungserbringern in der integrierten Versorgung, §§ 140 a-h SGB V

Die Entscheidungskompetenzen hinsichtlich der in den in den 1.-10. Abschnitten des 4. Kapitels des SGB V „Beziehungen der Krankenkassen zu den Leistungserbringern“, §§ 69-139 SGB V, liegen größtenteils bei den Verbänden der gesetzlichen Krankenkassen. Seit dem 1.1.2004 besteht gem. 73 b Abs. 2 S. 1 SGB V die Möglichkeit, dass die Krankenkassen zur Sicherstellung der hausarztzentrierten Versorgung Verträge mit besonders qualifizierten Hausärzten

---

[337] *Knieps,* in: *Schnapp/Wigge,* Vertragsarztrecht, § 11 Rn 13.
[338] *Knieps,* in: *Schnapp/Wigge,* Vertragsarztrecht, § 11 Rn 13.

(„preferred providers") schließen. Da die vom Gesetzgeber vorgesehene Möglichkeit nach § 73 b SGB V nicht kurz- oder mittelfristig zu realisieren ist, hat als erste gesetzliche Krankenversicherung die Barmer Ersatzkasse am 18.3.2004 gemeinsam mit dem Hausarztverband eine verbindliche Absichtserklärung (Letter of Intent) abgegeben, die die wesentlichen Vorgaben für den eigentlichen Vertrag beinhalten soll[339]. Weiterhin kommt im 11. Abschnitt des 4. Kapitels „Beziehungen zu Leistungserbringern in der integrierten Versorgung", §§ 140 a-h SGB V, den einzelnen Krankenkassen eine Abschlusskompetenz zu.

Die Krankenkassen können gem. § 140 b Abs. 1 SGB V mit den in Nr. 1-5 genannten Vertragspartnern Verträge über integrierte Versorgungsformen abschließen. Aufgrund der Verträge wird gem. § 140 a Abs. 1 S.1 SGB V eine Versorgung der Versicherten ermöglicht, die verschiedene Leistungssektoren übergreifend ist. Die Versicherten haben gem. § 140 a Abs. 3 S. 1 SGB V ein Recht darauf, über die Verträge zur integrierten Versorgung, die teilnehmenden Leistungserbringer, besondere Leistungen und vereinbarte Qualitätsstandards informiert zu werden. Gem. § 140 b Abs. 3 S. 1 SGB V ist es erforderlich, dass sich in den Intergrationsverträgen die Vertragspartner zu einer qualitätsgesicherten, wirksamen, ausreichenden, zweckmäßigen und wirtschaftlichen Versorgung der Versicherten verpflichten.

Durch den Abschluss der Integrationsverträge entscheiden die Krankenkassen nicht über den Leistungsanspruch der Versicherten in der integrierten Versorgung. Denn gem. § 140 b Abs. 3 S. 2 SGB V sind die Leistungsansprüche der Versicherten im selben Umfang zu gewährleisten, wie sie nach dem 4. Kapitel gewährt werden. Das bedeutet, dass das „Ob" der Leistungen auch in der Integrationsversorgung nicht zur Disposition steht, disponibel ist nur das „Wie" der Leistung[340]. Leistungen, über deren Eignung als Leistung der gesetzlichen Krankenversicherung der Gemeinsame Bundesausschuss eine ablehnende Entscheidung getroffen hat, können gem. § 140 b Abs. 3 S. 4 SGB V nicht als Leistungen in der integrierten Versorgung erbracht werden. Ein Leistungswettbewerb durch unterschiedliche bzw. weitergehende Leistungsinhalte ist daher vom Gesetzgeber nicht vorgesehen[341].

In den Integrationsvereinbarungen können die Vertragsparteien von dem Leistungserbringerrecht der §§ 69 ff SGB V abweichen. Die Voraussetzungen für eine solche Abweichung sind gesetzlich durch § 140 b Abs. 4 S. 1 SGB V vorgegeben: eine abweichende Regelung ist möglich, wenn sie „dem Sinn und der Eigenart der integrierten Versorgung entspricht, die Qualität, die Wirksamkeit

---

[339] www.barmer.de.
[340] *Orlowski*, in: GKV-Kommentar, § 140 b Rn 13.
[341] *Orlowski*, in: GKV-Kommentar, § 140 b Rn 14.

und die Wirtschaftlichkeit der integrierten Versorgung verbessert oder aus sonstigen Gründen für ihre Durchführung erforderlich ist". Der gesetzliche Anspruch der Versicherten auf die Leistung bleibt von den Integrationsverträgen unberührt und kann nicht verkürzt werden, die Normen der bisherigen Regelversorgung gelten in Bezug auf Qualität und Wirtschaftlichkeit auch in der integrierten Versorgung. Hinsichtlich der Vergütung herrscht prinzipiell Vertragsfreiheit der Parteien. Gem. § 140 c Abs. 2 SGB V können die vertragsschließenden Parteien für die gesamte integrierte Versorgung oder für Teile eine Budgetverantwortung übernehmen. Der Grundsatz der Beitragssatzstabilität nach § 71 Abs. 1 SGB V gilt gem. § 140 b Abs. 4 S. 2 SGB V nicht für Verträge, die bis zum 31.12.2006 abgeschlossen werden.

Die Erwartungen des Gesetzgebers gehen dahin, dass höhere Qualitätsstandards vereinbart werden und Rationalisierungspotentiale besser erschlossen werden[342]. Mit der integrierten Versorgung wird die Hoffnung verknüpft, für weniger Geld eine „bessere Medizin" anbieten zu können[343]. Die rechtlichen Rahmenbedingungen lassen den Krankenassen jedoch fast keine Verhandlungsspielräume, um mit den Leistungserbringern individuelle Versorgungsverträge einzugehen und verhindern so auch finanzielle Anreize für Ärzte und Krankenhäuser, kostenbewusster zu handeln[344]. Entsprechend den Ausführungen zu der Entscheidungskompetenz der Krankenkassen in der Weiterentwicklung der Versorgung ist gesetzlich den Kassen ein beschränkter Entscheidungsspielraum in der Beziehung zu den Leistungserbringern in der integrierten Versorgung eingeräumt, der jedoch nicht so weitreichend ist, dass hierdurch eine kassenspezifische Ausgestaltung des Leistungsrechts herbeigeführt wird.

Eine Modifizierung des Leistungsrechts in Form der integrierten Versorgung berührt die Beziehung der Versicherten zu ihren Krankenkassen nicht, da ihre Rechtsposition durch Entscheidungen der Mitglieder des Verwaltungsrates nicht verändert wird. Die in den §§ 140 a-h SGB V eingeräumten Kompetenzen der Selbstverwaltungsorgane machen mithin eine demokratische Legitimation durch Wahlen nicht erforderlich.

---

342 *Knieps*, in: *Schnapp/Wigge* Vertragsarztrecht, § 11 Rn 33.
343 *Baur/Böcker*, in: *Salfeld/Wettke*, Die Zukunft des deutschen Gesundheitswesens, Perspektiven und Konzepte, S. 8.
344 *Baur/Böcker*, in: *Salfeld/Wettke*, Die Zukunft des deutschen Gesundheitswesens, Perspektiven und Konzepte, S. 18.

8) Besonderheiten der landwirtschaftlichen Krankenkassen

a) Versicherter Personenkreis

Im Unterschied zu den übrigen gesetzlichen Krankenkassen können in den landwirtschaftlichen Krankenkassen auch weitere Personen, nämlich mitarbeitende Angehörige des Mitglieds, in der Familienversicherung abgesichert sein. Alle landwirtschaftlichen Krankenkassen haben diese Möglichkeit in ihren Satzungsbestimmungen aufgenommen. Sonstige Angehörige sind Personen, die in einem rechtlich anerkannten Verwandtschafts- oder Schwägerschaftsverhältnis zu dem Versicherten stehen. Auf diese Personen kann gem. § 7 Abs. 2 KVLG 1989 die Satzung der landwirtschaftlichen Krankenkassen die Familienversicherung erstrecken, wenn folgende Voraussetzungen erfüllt sind: der „sonstige Angehörige“ muss mit dem Versicherten in einer häuslichen Gemeinschaft leben, von ihm ganz oder teilweise unterhalten werden, sich gewöhnlich im Inland aufhalten und ein Gesamteinkommen haben, das regelmäßig im Monat ein Siebtel der monatlichen Bezugsgröße nach § 18 SGB IV überschreitet.

b) Beitragsrecht

Eine Beitragsbemessungsgrenze gibt es in der landwirtschaftlichen Krankenversicherung nicht. Denn anders als bei Arbeitnehmern steht das tatsächlich erzielte Einkommen eines landwirtschaftlichen Unternehmens erst später fest, so dass es erforderlich war, die Beiträge für die landwirtschaftlichen Unternehmer nach Beitragsklassen und nach Maßstäben festzusetzen, die auf möglichst genauen Schätzwerten beruhen[345]. Gem. § 40 Abs. 1 S. 5 KVLG 1989 muss der Beitrag der höchsten Klasse mindestens das Sechsfache des Beitrages der niedrigsten Beitragsklasse betragen und darf den Vergleichsbeitrag um nicht mehr als 10 % unterschreiten. Der Vergleichsbeitrag wird gem. § 40 Abs. 2 KVLG 1989 aus dem 30fachen des in § 233 Abs. 3 SGB V genannten Betrages und dem durchschnittlichen Beitragssatz der Ortskrankenkassen ermittelt, die ihren Sitz im Bezirk der landwirtschaftlichen Krankenkassen haben. Die Satzung bestimmt die Beitragsklassen nach dem Wirtschaftswert, § 40 Abs. 3 KVLG 1989, dem Arbeitsbedarf, § 40 Abs. 4 KVLG 1989, oder nach einem anderen angemessenen Maßstab, § 40 Abs. 5 KVLG 1989. Als anderer angemessener Maßstab wird von den landwirtschaftlichen Krankenkassen der Flächenwert herangezogen. Der

---

[345] *Volbers,* in: *Schulin*, HS-KV, § 61 Rn 4.

Flächenwert ist auch vom Bundessozialgericht als angemessener Maßstab anerkannt worden, der nicht gegen Art. 3 Abs. 1 GG und Art. 20 GG verstößt[346].

c) Leistungsrecht

Im Leistungsrecht besteht gem. § 21 Abs. 1 Nr. 2 f SGB I die Besonderheit, dass eine Betriebshilfe für Landwirte vorgesehen ist. Die Leistungen der Betriebshilfe sollen den durch die ausgefallene Arbeitskraft drohenden Einkommensausfall verhindern oder ausgleichen. Die verschiedenen Sachverhalte, die diese Leistung auslösen können, sind in den §§ 9 –11 KVLG 1989 sowie in §§ 38 und 46 SGB V geregelt[347]. Nach § 11 S. 1 KVLG 1989 ist als Betriebs- oder Haushaltshilfe eine Ersatzkraft zu stellen, die gem. § 11 S. 2 KVLG Vorrang vor der Erstattung der Kosten für eine selbstbeschaffte Ersatzkraft hat. In den Richtlinien des Gesamtverbandes der landwirtschaftlichen Alterskassen, die in der landwirtschaftlichen Krankenversicherung entsprechend angewendet werden, sind „Besondere Richtlinien über die Gestellung von Ersatzkräften als Betriebs- oder Haushaltshilfe sowie über die Erstattung von Kosten für selbstbeschaffte Ersatzkräfte“ als Anlage C beigefügt .

Zusammenfassend lässt sich feststellen, dass zwar aufgrund der besonderen Situation der Landwirte Unterschiede bestehen, die wesentlichen Entscheidungskriterien hinsichtlich des versicherten Personenkreises, des Beitrages und des Leistungsanspruchs der Versicherten jedoch vorgeben sind und nicht vom Satzungsgeber bestimmt werden können.

IV Gesetzliche Pflegeversicherung

Die Organe der Pflegeversicherung sind gem. § 46 Abs. 2 S. 2 SGB XI mit den Organen der Krankenkassen identisch. Es handelt sich bei dieser Konstruktion um eine Organleihe[348]. Trotz der personellen Identität der Organe der Pflege- und Krankenversicherung müssen Beschlüsse in gesonderten Sitzungen für den jeweiligen Versicherungszweig getroffen werden[349]. Soweit die Mitglieder der Krankenkassen gleichzeitig der bei der Krankenkasse eingerichteten Pflegekasse

---

346 BSG Urteil vom 13.12.1983 – 11RK 7/83- BSG Kurzbericht 3/1985 abgedruckt in: ZfS 1985, S. 76.

347 *Volbers,* in: *Schulin,* HS-KV, § 59 Rn 3.

348 *Leitherer,* in: *Schulin,* HS-PV, § 12 Rn 141; *Udsching,* SGB XI, §46 Rn 6.

349 *Bloch,* in: *Schulin,* HS-PV, § 24 Rn 34.

angehören, ergibt sich hinsichtlich der Rechte nach §§ 46 ff SGB IV keine Besonderheit[350].

Jedoch besteht gem. § 21 SGB XI eine Versicherungspflicht in der sozialen Pflegeversicherung für bestimmte, gesetzlich aufgezählte Personengruppen auch dann, wenn sie gegen das Risiko Krankheit weder in einer gesetzlichen noch in einer privaten Krankenversicherung versichert sind. Weiterhin kann unter bestimmten Voraussetzungen eine Weiterversicherung gem. § 26 SGB XI nach Ausscheiden aus der Versicherungspflicht beantragt werden. Unter den Voraussetzungen der §§ 21, 26 SGB XI kann eine Mitgliedschaft allein in einer Pflegeversicherung bestehen, ohne dass eine Mitgliedschaft in einer Krankenkasse vorliegt. Diese Mitglieder werden in den Vorschriften des § 47 SGB IV nicht erwähnt. Eine Beteiligung am Wahlverfahren zu den Selbstverwaltungsorganen ist in diesen Fällen nicht möglich[351].

§ 47 Abs. 1 SGB XI zählt die Bestimmungen auf, die in der Satzung der Pflegekasse enthalten sein müssen. Dieser Katalog der obligatorischen Satzungsbestimmungen entspricht dem der gesetzlichen Krankenkassen gem. § 194 SGB V. Keine Entsprechung findet § 194 Abs. 1 Nr. 3 SGB V, da satzungsmäßigen Mehrleistungen im Pflegeversicherungsrecht in Hinblick auf den Finanzausgleich und die Gleichbehandlung aller Versicherten nicht vorgesehen sind[352]. Nicht erforderlich ist weiterhin wegen der Identität der Organe der Pflegekasse mit denen der Krankenkasse die Festlegung der Zahl der Organmitglieder in der Satzung, wie § 194 Abs. 1 Nr. 5 SGB V es für die gesetzlichen Krankenkassen vorsieht.

1) Versicherter Personenkreis und Beitragsrecht

Der leistungsberechtigte Personenkreis ist in §§ 14 ff SGB XI bestimmt. Beiträge zur Pflegeversicherung sind gesetzlich in § 55 SGB XI festgelegt, so dass Abweichungen aufgrund der Satzung nicht möglich sind. Der Finanzausgleich zwischen den Pflegekassen ist in § 66 SGB XI festgelegt.

2) Leistungsrecht

Das SGB XI lässt Mehrleistungen kraft Satzung nicht zu. § 28 Abs. 1 SGB XI legt die möglichen Leistungen fest, der in den §§ 36 ff geregelte Leistungsum-

---

[350] *Leitherer,* in: *Schulin*, HS-PV, § 12 Rn 141.
[351] *Leitherer,* in: *Schulin*, HS-PV, § 12 Rn 142.
[352] BT-Drucks. 12/5262, S.118.

fang darf durch Satzungsrecht nicht überschritten werden[353]. Durch § 40 Abs. 4 SGB XI wird eine subsidiäre Gewährung von finanziellen Zuschüssen für Maßnahmen zur Verbesserung des individuellen Wohnumfeldes in das Ermessen der Pflegekassen gestellt[354]. Die Bewilligung eines solchen Zuschusses kommt dann in Betracht, wenn durch die Maßnahme im Einzelfall die häusliche Pflege ermöglicht oder erheblich erleichtert oder eine möglichst selbständige Lebensführung des Pflegebedürftigen wiederhergestellt wird[355]. Der Höchstbetrag ist in § 40 Abs. 4 S. 3 SGB XI festgelegt. Bei der Zuschussgewährung müssen gem. § 40 Abs. 4 S. 2 SGB XI die Kosten der Maßnahme und ein Eigenanteil berücksichtigt werden. Nähere Regelungen hierzu werden gem. § 78 Abs. 2 S. 1 SGB XI von den Spitzenverbänden der Pflegekassen getroffen. Hierdurch soll gewährleistet werden, dass eine einheitliche Entscheidungspraxis der Pflegekassen vorgenommen wird.

3) Leistungserbringerrecht

Gem. § 77 Abs. 1 SGB XI kann die einzelne Pflegekasse mit geeigneten einzelnen Pflegekräften Verträge über die Erbringung häuslicher Pflege abschließen. Unklar ist, welche Gesichtspunkte in die Ausübung des Ermessens eingehen dürfen[356]. Gebunden ist die Pflegekasse nur daran, dass die Pflegeperson geeignet sein muss[357]. Begrenzt wird der Personenkreis der Pflegekräfte durch § 77 Abs. 1 S.1 2. HS SGB XI: Verträge mit Verwandten oder Verschwägerten des Pflegebedürftigen bis zum dritten Grad sowie mit Personen, die mit dem Pflegebedürftigen in häuslicher Gemeinschaft leben, sind unzulässig. Es wird vertreten, dass die „Kannvorschrift" verfassungskonform als „Sollvorschrift" ausgelegt werden muss[358]. Dann kommt ein solcher Vertragsabschluss nach § 77 SGB XI einem Kontrahierungszwang nahe[359]. Damit bestehen weder im Leistungs- noch im Leistungserbringerrecht Entscheidungskompetenzen der Selbstverwaltungsorgane auf der Ebene der Pflegekassen.

---

353 *Udsching,* SGB XI, § 47 Rn 4.
354 *Neumann,* in *Schulin,* HS-PV, § 21 Rn 51.
355 *Leitherer,* in *Schulin,* HS-PV, § 16 Rn 203.
356 *Neumann,* in *Schulin,* HS-PV, § 21 Rn 36.
357 *Udsching,* SGB XI, § 77 Rn 2.
358 *Neumann,* in *Schulin,* HS-PV, § 21 Rn 40.
359 *Schulin,* Verträge mit Leistungserbringern im Pflegeversicherungsrecht, VSSR 1994, S.285 (306).

3. Teil Entscheidungsfreiräume auf Verbandsebene

Konsequenzen, die sich aus einer fehlenden personellen Legitimation der Entscheidungsgremien der Selbstverwaltungsorgane ergeben, müssen auch in Bezug auf die Gestaltungsmöglichkeiten der Verbände der Sozialversicherungsträger berücksichtigt werden. Ist auch nur ein Bindeglied in der Kette vom Volk zum Amtswalter nicht hinreichend demokratisch legitimiert, entbehren alle nachfolgenden Glieder ebenfalls der demokratischen Legitimation[360]. Legitimationsbedürftig sind alle Wahrnehmungen von Verbandsaufgaben, die Auswirkungen auf die Wahlberechtigten haben. Die Frage der Legitimation der Selbstverwaltungsorgane stellt sich hingegen nicht, wenn der Verband Entscheidungen trifft, von denen nur der Sozialversicherungsträger als Mitglied des Verbandes betroffen ist. Zu diesen so genannten „inneren Aufgaben" gehören die Unterstützung des Mitgliedes bei der Erfüllung seiner Aufgaben als Sozialversicherungsträger und die Sicherstellung eines einheitlichen Gesetzesvollzuges[361]. Ebenfalls nicht legitimationsbedürftig sind Beratungs- und Empfehlungsfunktionen, da diesen Handlungen der Entscheidungscharakter fehlt. Zunächst soll die Organisation auf Verbandsebene kurz vorgestellt werden.

I Organisation auf Verbandsebene

1) Gesetzliche Rentenversicherung

Die Träger der gesetzlichen Rentenversicherungen sind mit Ausnahme der landwirtschaftlichen Alterskassen im „Verband Deutscher Rentenversicherer" (VDR) organisiert. Der VDR ist eine juristische Person des Privatrechts in Gestalt eines eingetragenen Vereins. Jedes Verbandsmitglied entsendet einen Vertreter jeder Gruppe aus seinem Vorstand in die Mitgliederversammlung des VDR[362]. Der innere Aufbau des VDR entspricht weitgehend dem seiner Mitglieder[363]. Der Gesamtverband der landwirtschaftlichen Alterskassen (GLA) wurde durch § 33 Abs. 1 S. 1 GAL beim Bundesverband der landwirtschaftli-

---

360 *Tettinger/Mann,* Zur demokratischen Legitimation in sondergesetzlichen Wasserverbänden, S. 7; *Brosius-Gersdorf,* Deutsche Bundesbank und Demokratieprinzip, S. 43.

361 *Hein,* Die Verbände der Sozialversicherungsträger in der Bundesrepublik Deutschland, S. 68.

362 *Hein,* Die Verbände der Sozialversicherungsträger in der Bundesrepublik Deutschland, S. 302.

363 *Pitschas,* in: *Schulin,* HS-RV, § 44 Rn 16; *Ruland,* Verbände der Leistungsträger als Instrument der Zusammenarbeit, Deutsche Rentenversicherung 1988, S. 359 (368).

chen Berufsgenossenschaften errichtet und ist gem. § 58 b ALG der Spitzenverband der landwirtschaftlichen Alterskassen.

2) Gesetzliche Unfallversicherung

Die Träger der Unfallversicherung haben sich in drei privatrechtlichen Verbänden in Form eingetragener Vereine organisiert: in dem Hauptverband der gewerblichen Berufsgenossenschaften e.V. (HVBG), dem Bundesverband der landwirtschaftlichen Berufsgenossenschaften e.V. (BLB) und dem Bundesverband der Unfallversicherungsträger der öffentlichen Hand e.V. (BAGUV). Mitglieder des HVBG sind alle gewerblichen Berufsgenossenschaften. In der Mitgliederversammlung des HVBG ist jede Mitglieds-Berufsgenossenschaft durch einen Versicherten und einen Arbeitgebervertreter repräsentiert. Dabei soll es sich gem. § 7 Abs. 1 S. 1 und 2 der Satzung des HVBG um den Vorsitzenden der jeweiligen Vertreterversammlung und seinen Stellvertreter handeln. Die Mitgliederversammlung wählt den Vorstand, der gem. §§ 7 und 9 der Satzung des HVBG ebenfalls paritätisch besetzt ist. Der Vorstand führt die Geschäfte des Hauptverbandes und wählt den Hauptgeschäftsführer. As regionale unselbständige Unterorganisationen des HVBG bestehen sechs Landesverbände der Unfallversicherung.

In die Mitgliederversammlung des BLB werden aus jeder landwirtschaftlichen Berufsgenossenschaft drei Vertreter entsandt, die deren Vorstand angehören müssen: je ein Vertreter der versicherten Arbeitnehmer, der Selbständigen ohne fremde Arbeitskräfte und der Arbeitgeber. Von den Selbstverwaltungsorganen der Verbandsmitglieder der BAGUV werden je ein Vertreter der Versicherten und ein Arbeitgebervertreter in die Mitgliederversammlung entsandt.

3) Gesetzliche Krankenversicherung

Am stärksten ausgeprägt und untergliedert ist das Verbandswesen in der gesetzlichen Krankenversicherung. Die Orts-, Betriebs- und Innungskrankenkassen bilden Landesverbände gem. § 207 Abs. 1 S. 2 SGB V. Hierbei handelt es sich um Körperschaften des öffentlichen Rechts, denen Satzungsautonomie eingeräumt worden ist. Bei den Landesverbänden besteht ein Verwaltungsrat, dessen Mitglieder gem. § 209 Abs. 3 SGB V von dem Verwaltungsrat der Mitgliedskassen aus dessen Reihen gewählt wird. Die paritätische Zusammensetzung des Verwaltungsrates aus Vertretern der Versicherten und der Arbeitgeber ist in § 209 Abs. 1 S. 2 SGB V vorgeschrieben.

Gem. § 212 Abs. 1 SGB V werden die Bundesverbände von den Landesverbänden gebildet, die ebenfalls gem. § 212 Abs. 4 SGB V Körperschaften des öffentlichen Rechts sind. Für die Selbstverwaltungsorgane im Bereich der Bundesverbände verweist § 215 SGB V auf § 209 SGB V, die Mitglieder des Verwaltungsrates der Bundesverbände werden entsprechend § 209 Abs. 3 SGB V von dem Verwaltungsrat der Landesverbände aus dessen Reihen gewählt.

Die Ersatzkassen können sich gem. § 212 Abs. 5 SGB V zu privatrechtlichen Verbänden zusammenschließen, die ihre Zwecke und Aufgaben in einer Satzung festzulegen haben. Im Gegensatz zu den übrigen Krankenkassen ist eine zwangsweise Bildung von Landes- oder Bundesverbänden bei den Ersatzkassen nicht vorgesehen. Obwohl die Ersatzkassen mit den übrigen Krankenkassen grundsätzlich gleichgestellt sind, sind Unterschiede im Verbandswesen bestehen geblieben[364]. Diese Unterschiede sind historisch bedingt: die Ersatzkassen waren von vornherein freiwillige genossenschaftliche Hilfseinrichtungen zur Absicherung im Krankheitsfall, ursprünglich nicht Träger der gesetzlichen Krankenversicherung und auch keine Körperschaften des öffentlichen Rechts[365].

4) Aufgabenübertragung auf die Verbände

Gem. § 88 Abs. 1 SGB X haben die Sozialversicherungsträger die Möglichkeit, ihren Verbänden im Rahmen eines öffentlich-rechtlichen Auftrages Aufgaben zu übertragen. Anders als eine Delegation von Aufgaben führt ein öffentlich-rechtlicher Auftrag nicht zu einer Verschiebung der gesetzlichen Zuständigkeitsordnung zwischen Auftraggeber und Beauftragtem[366]. Beim Auftrag überträgt der Auftraggeber lediglich die organisatorische Durchführung seiner Aufgabe auf einen anderen, so dass er sich gem. § 89 Abs. 2 SGB X durch das Auftragsverhältnis nicht von seiner Verantwortlichkeit für die Wahrnehmung der Aufgabe lösen kann. Gegenstand des Auftragsverhältnisses können alle Aufgaben sein, die ein Leistungsträger im Rahmen seines durch Gesetz und Satzung bestimmten Zuständigkeitsbereiches wahrnimmt[367]. Begrenzung erfährt der Umfang der Aufgabenübertragung durch § 88 Abs. 2 S. 2 SGB X, wonach ein wesentlicher Teil des gesamten Aufgabenbereichs beim Auftraggeber verbleiben muss. Besondere Zweckmäßigkeitsbestimmungen sind in § 88 Abs. 1 Nr. 1-3 SGB X getroffen.

---

[364] *Hauck*, in: *Hauck/Noftz*, SGB V, K § 212 Rn 5.
[365] *Schrinner*, in: GK-SGB V, § 212 SGB V Rn 5.
[366] *Rombach*, in : *Hauck/Noftz*, SGB X; K § 89 SGB X Rn 1, 3.
[367] *Pickel*, SGB X, § 88 Rn 38, VDR Kommentar, § 88 Rn 7.

Gem. § 88 Abs. 1 Nr. 1 SGB X ist ein sachlicher Zusammenhang der Aufgaben von Auftraggeber und Beauftragtem erforderlich. Der sachliche Zusammenhang wird in einem weiten Sinne verstanden, da der Gesetzgeber die Wahrnehmung von Aufgaben durch einen anderen Leistungsträger oder seinen Verband nur für solche Fälle ausschließen wollte, in denen die Aufgabenbereiche ohne jede Beziehung zueinander stehen[368]. Ausreichend ist demnach, wenn die beiden Leistungsträger dem gleichen Versicherungszweig angehören oder Aufgaben mit gleicher oder ähnlicher Zielsetzung wahrnehmen[369].

Gem. § 88 Abs. 1 Nr. 2 SGB X muss der Auftrag für die Durchführung der Aufgaben zweckmäßig sein. Wann Zweckmäßigkeit in diesem Zusammenhang anzunehmen ist, wird unterschiedlich gesehen: zum Teil wird es als ausreichend erachtet, dass der Beauftragte zur gleich guten Wahrnehmung der Aufgabe, verglichen mit dem Auftraggeber, in der Lage ist, da das Gesetz nicht ausdrücklich eine bessere Durchführung der Aufgaben verlangt[370]. Zum Teil wird auch vertreten, dass - über den Wortlaut der Bestimmung hinaus - der Beauftragte über bessere Möglichkeiten der Erledigung in personeller oder institutioneller Hinsicht verfügen müsse[371].

Gem. § 88 Abs. 1 Nr. 3 SGB X muss der Auftrag im der wohlverstandenen Interessen der Betroffenen zweckmäßig sein. Betroffener im Sinne dieser Vorschrift ist in erster Linie der Leistungsempfänger, d.h. der Versicherte[372]. Der Auftrag darf in keinem Fall für den einzelnen zu Nachteilen führen[373]. Soweit die Auftragserteilung für den Beteiligten keine messbaren Vor- oder Nachteile bringt, ist ein wohlverstandenes Interesse auch dann noch zu bejahen, wenn die beiden anderen Zweckmäßigkeitskriterien der Nr. 1 und 2 erfüllt sind[374].

---

368 Kass-Komm.-*Seewald*, SGB X § 88 Rn 42, BT-Drucks. 9/95, S. 18.

369 Kass-Komm.-*Seewald*, SGB X § 88 Rn 42.

370 *Rombach*, in : *Hauck/Noftz*, SGB X, K § 88 SGB X Rn 22.

371 Kass-Komm.-*Seewald*, SGB X § 88 Rn 44.

372 Kass-Komm.-*Seewald*, SGB X § 88 Rn 45; *Rombach*, in : *Hauck/Noftz*, SGB X, K § 88 SGB X Rn 24.

373 BT-Drucks. 9/95, S. 18.

374 *Hein*, Die Verbände der Sozialversicherungsträger in der Bundesrepublik Deutschland, S. 400.

II Verbände der Rentenversicherungsträger

1) Verband Deutscher Rentenversicherungsträger

Die interne Struktur und der Aufgabenbereich des VDR sind in seiner Satzung festgelegt. Gem. § 146 Abs. 1 SGB VI kommt eine Aufgabenübertragung auf den VDR nur in Betracht, wenn die Aufgabenerfüllung von den einzelnen Rentenversicherungsträgern einen unverhältnismäßig hohen Aufwand erfordern würde. Zu den durch die Satzung und § 146 SGB VI festgelegten Aufgaben des VDR gehören die Beratung und Unterrichtung der Mitgliedsträger in allen Bereichen der gesetzlichen Rentenversicherung[375]. Dieser Pflicht kommt der VDR durch Rundschreiben und schriftliches Informationsmaterial sowie durch die Herausgabe der Zeitschrift „Deutsche Rentenversicherung" nach. Zur beratenden Tätigkeit zählen die Musterrichtlinien des Verbandes für die Gewährung von Rehabilitations-Maßnahmen, die die versicherungsrechtlichen und medizinischen Voraussetzungen für medizinische und berufsfördernde Maßnahmen zur Rehabilitation beinhalten und eine Entscheidungshilfe für die Ermessensausübung der Rentenversicherungsträger darstellen[376]. Diese Verbandsbeschlüsse, die der einheitlichen Auslegung von unbestimmten Rechtsbegriffen dienen, sind mit Rücksicht auf die Entscheidungskompetenz der Mitgliedsträger nicht unmittelbar bindend. Im Rahmen einer gutachterlichen Beratung kommt dem VDR die Mitwirkung bei der staatlichen Gesetzgebung und bei vertraglichen Vereinbarungen zu. Letztere bewegen sich vor allem im Bereich der medizinischen und berufsfördernden Rehabilitation[377]. Der Verband fungiert als Mittler zwischen der Praxis der Rentenversicherung und den rechtsetzenden Organen und bringt dabei das Sachwissen des Rentenversicherungsträgers in den Rechtsetzungsprozess ein[378].

Hinsichtlich dieser internen beratenden und unterstützenden Aufgaben, die vom VDR wahrgenommen werden, bedarf die legitimatorische Problematik von Friedenswahlen keiner Vertiefung, da hierdurch die Belange der Versicherten nicht unmittelbar berührt werden.

---

[375] *Hein,* Die Verbände der Sozialversicherungsträger in der Bundesrepublik Deutschland, S. 288 ff.

[376] *Hein,* Die Verbände der Sozialversicherungsträger in der Bundesrepublik Deutschland, S. 289.

[377] *Pitschas*, in: *Schulin*, HS-RV, § 44 Rn 19.

[378] *Hein,* Die Verbände der Sozialversicherungsträger in der Bundesrepublik Deutschland, S. 296.

2) Gesamtverband der landwirtschaftlichen Alterskassen

Der Gesamtverband ist gem. § 53 ALG eine Körperschaft des öffentlichen Rechts, deren Aufgaben in § 56 ALG geregelt sind. Der Aufgabenkatalog in der Satzung des GLA gibt lediglich die dem Verband gesetzlich zugewiesenen Aufgaben wieder[379]. Der GLA hat folgende Aufgaben zu erfüllen: das Betreiben einer gemeinsamen Einrichtung, um die Informationen für die Verteilung von Versicherten auf die Rehabilitationseinrichtungen zur Verfügung zu stellen, die Erarbeitung und Erbringung von Leistungen mit Auslandsbezug und den Abschluss von Verträgen für die Mitglieder mit anderen Sozialversicherungsträgern und Leistungserbringern, soweit dies einer wirtschaftlichen Aufgabenerfüllung dient. Ferner hat der GLA die ihm als Spitzenverband gem. § 58 b ALG zugewiesenen Aufgaben zu erfüllen. Der GLA und die landwirtschaftlichen Alterskassen tragen die Ausgaben der Alterssicherung der Landwirte gem. § 79 ALG gemeinsam. Gem. § 79 Abs. 2 ALG führt der GLA den Finanzausgleich der landwirtschaftlichen Alterskassen durch. Außerdem hat der GLA gem. §§ 10 Abs. 4, 36 Abs. 4, 37 Abs. 4, 39 Abs. 3 ALG eine Richtlinienkompetenz im Bereich der Betriebs- und Haushaltshilfe. In den Richtlinien ist Näheres zu den Maßstäben und Grundsätzen für eine wirtschaftliche Erbringung der Leistungen sowie zu den Verfahrens- und Prüfungsgrundsätzen für die notwendigen Wirtschaftlichkeitsprüfungen zu bestimmen. Die Richtlinien dienen einer einheitlichen Rechtsanwendung, entfalten aber keine rechtliche Bindungswirkung gegenüber den Versicherten.

III Verbände der Unfallversicherungsträger

Die Verbände koordinieren das Handeln der Unfallversicherungsträger und sind allgemein beratend und unterstützend tätig. Sie sind im Gesetzgebungsverfahren an den Anhörungen der zuständigen Ausschüsse von Bundestag und Bundesrat beteiligt, in denen die Auffassungen der Berufsgenossenschaften zum jeweiligen Gesetzesvorhaben darlegt werden können[380]. Dem Vorstand des HVBG, der BAGUV und dem BLB obliegt die Unterbreitung eines Vorschlags zur Berufung je eines Vertreters aus der Gruppe der Versicherten und Arbeitgeber für die gesetzliche Unfallversicherung in den Sozialbeirat der Bundesregierung. Das gemeinsame Vorschlagsrecht der Verbände der Unfallversicherungsträger ent-

---

[379] *Hein,* Die Verbände der Sozialversicherungsträger in der Bundesrepublik Deutschland, S. 323.

[380] *Hein*, Die Verbände der Sozialversicherungsträger in der Bundesrepublik Deutschland, S. 237.

fällt, wenn innerhalb einer vom Bundesminister für Arbeit gesetzten Frist keine Einigung auf einen gemeinsamen Vorschlag erfolgt[381].

l) Hauptverband der gewerblichen Berufsgenossenschaften e.V.

Am 27.7.1887 wurde der Verband der deutschen Berufsgenossenschaften gegründet. Seit dem 28.10.1948 trägt der Verband den Namen „Hauptverband der gewerblichen Berufsgenossenschaften e.V.“. Die Hauptaufgabe der sechs Landesverbände liegt nach der Satzung des HVBG in der regionalen Koordination und Kooperation auf dem Gebiet der Rehabilitation. So bestellen sie z.B. Durchgangs- und Beratungsfachärzte[382].

Verbandszweck des HVBG ist gem. § 2 Abs. 1 S. 1 seiner Satzung die Förderung der gemeinsamen Aufgaben seiner Mitglieder zum Wohle der Versicherten und der Unternehmer, vor allem auf dem Gebiet der Arbeitssicherheit, der Ersten Hilfe, der Rehabilitation, der Entwicklung des Sozialversicherungsrechts und der Rationalisierung der Verwaltungsarbeit. Gem. § 2 Abs. 2 S. 1 der Satzung bleibt die Selbständigkeit der Mitglieder bei der Wahrnehmung ihrer auf Gesetz oder Satzung beruhenden Aufgaben von der Verbandstätigkeit unberührt. Der HVBG hat nach seiner Satzung keine Befugnis, verbindliche Entscheidungen gegenüber seinen Mitgliedern zu treffen, Beschlüsse haben nur Beratungs- bzw. Empfehlungscharakter[383].

Gesetzlich übertragene Aufgaben sind zum einen eine Treuhänderstellung für unter Art. 131 GG fallenden Personen[384]. Weiterhin ermittelt der HVBG den Anteil an der Umlage des Insolvenzgeldes, das gem. § 358 SGB III von den Berufsgenossenschaften und anderen Unfallversicherungsträgern aufgebracht werden muss. Die Unfallversicherungsträger fordern ihrerseits die benötigten finanziellen Mitteln von den Arbeitgebern gem. § 359 SGB III ein. Zuständig ist der HVBG für die Entrichtung der Gebühren für Gewerbeärzte und für die Entge-

---

[381] *Hein,* Die Verbände der Sozialversicherungsträger in der Bundesrepublik Deutschland, S. 243.

[382] *Hein,* Die Verbände der Sozialversicherungsträger in der Bundesrepublik Deutschland, S. 247.

[383] *Hein,* Die Verbände der Sozialversicherungsträger in der Bundesrepublik Deutschland, S. 229, *Bieback,* in: *Schulin,* HS-UV, § 54 Rn 159.

[384] § 7 Abs. 1 21. Verordnung zur Durchführung des Gesetzes zur Regelung der Rechtsverhältnisse der unter Art. 131 GG fallenden Personen vom 20.5.1956, BGBl I, S. 448; *Hein,* Die Verbände der Sozialversicherungsträger in der Bundesrepublik Deutschland, S. 242.

gennahme der Erklärung von Ehegatten zur Fortgeltung des alten Hinterbliebenenrentenrechts[385]. Entscheidungsfreiräume werden hierdurch nicht begründet.

2) Bundesverband der landwirtschaftlichen Berufsgenossenschaften e.V.

Am 14.10.1919 wurde der „Verband der deutschen landwirtschaftlichen Berufsgenossenschaften" ins Leben gerufen. Seit 1957 ist der Bundesverband als rechtsfähiger Verein im Vereinsregister eingetragen. Für den BLB besteht keine detaillierte gesetzliche Beschreibung seines Aufgabenbereiches. Er ist wie auch der HVBG Partner zahlreicher Vereinbarungen, die mit anderen Verbänden oder dritten Stellen bestehen. In den Bereich der Leistungserbringung durch die gesetzliche Unfallversicherung fällt z.B. das Abkommen Unfallversicherungsträger/Ärzte, in dem die Beteiligung der Vertragsärzte an der Heilbehandlung geregelt wird[386]. Satzungsmäßig festgelegt ist die Pflicht des Bundesverbandes zu einer allgemeinen Beratung und Unterrichtung seiner Mitglieder. Hierbei muss die gesetzlich gewährte Selbständigkeit der Verbandsmitglieder hinsichtlich ihrer Aufgabenbereiche gewährleistet bleiben. Beschlüsse der Mitgliederversammlung des BLB haben daher keine Auswirkung auf die selbständig zu fassenden Entscheidungen der Vertreterversammlung und Vorstände der einzelnen landwirtschaftlichen Berufsgenossenschaften[387]. Da die Beschlüsse des BLB nur Beratungs- bzw. Empfehlungscharakter haben, besteht auch keine verfassungsrechtliche Problematik der Legitimation der Mitgliederversammlung.

3) Bundesverband der Unfallversicherungsträger der öffentlichen Hand e.V.

Die Bundesarbeitsgemeinschaft der gemeindlichen Unfallversicherungsträger wurde am 12.5.1954 errichtet. 1964 erhielt die Arbeitsgemeinschaft die Rechtsform eines eingetragenen Vereins, 1980 wurde der Name in „Bundesverband der Unfallversicherungsträger der öffentlichen Hand e.V." geändert. Eine eingehende gesetzliche Regelung der Aufgaben des BAGUV fehlt[388]. Eine Bindung der mitgliedschaftlichen Unfallversicherungsträger der öffentlichen Hand besteht nicht. Für Beschlüsse des BAGUV gilt dasselbe wie für die Beschlüsse des HVBG und des BLB: auf der einen Seite binden sie die Unfallversicherungsträ-

---

[385] *Hein,* Die Verbände der Sozialversicherungsträger in der Bundesrepublik Deutschland, S. 243.
[386] *Hein,* Die Verbände der Sozialversicherungsträger in der Bundesrepublik Deutschland, S. 318.
[387] *Breuer,* in: *Schulin*, HS-UV, § 1 Rn 269.
[388] *Hein,* Die Verbände der Sozialversicherungsträger in der Bundesrepublik Deutschland, S. 264.

ger der öffentlichen Hand nicht, auf der anderen Seite haben sie keine Auswirkungen auf die Versicherten und sind damit nicht legitimationsbedürftig.

IV Verbände der gesetzlichen Krankenkassen

1) Landesverbände der Orts-, Betriebs- und Innungskrankenkassen

Gem. § 210 SGB V hat der Verwaltungsrat eines jeden Landesverbandes die Aufgaben, eine Satzung aufzustellen, deren Mindestinhalt in § 210 Abs. 1 S. 3 Nr. 1 - 8 SGB V aufgezählt ist. Ferner muss gem. § 210 Abs. 2 SGB V die Satzung die Verbindlichkeit der von den Bundesverbänden abzuschließenden Verträge und der Richtlinien nach §§ 92, 136 a S. 1 Nr. 1, 136 b Abs. 1 S. 1 Nr. 1 und 282 SGB V für die Landesverbände und ihre Mitgliedskassen anordnen. Eine Wahrnehmung von Aufgaben aufgrund der Satzung erfolgt bei den Landesverbänden nicht, da ihr Aufgabenbereich gesetzlich abschließend geregelt ist[389]. Die Satzung bedarf gem. § 210 Abs. 1 S. 2 SGB V der Genehmigung durch die oberste Verwaltungsbehörde des Landes.

Die Aufgaben der Landesverbände werden in § 211 SGB V genannt. Zunächst haben die Landesverbände gem. § 211 Abs. 1 SGB V die ihnen gesetzlich zugewiesenen Aufgaben zu erfüllen, hierzu zählen vornehmlich Aufgaben im Bereich des Vertragsarztrechtes[390]. Gem. § 72 Abs. 2 SGB V ist die vertragsärztliche Versorgung im Rahmen der gesetzlichen Vorschriften und der Richtlinien des Gemeinsamen Bundesausschusses durch schriftlicher Verträge der kassenärztlichen Vereinigungen mit den Verbänden der Krankenkassen so zu regeln, dass eine ausreichende, zweckmäßige und wirtschaftliche Versorgung der Versicherten gewährleistet ist und die ärztlichen Leistungen angemessen vergütet werden. Gem. § 96 Abs. 1 und § 97 Abs. 1 SGB V wirken die Landesverbände der Krankenkassen an den Zulassungs- und Berufungsausschüssen mit. Da nur die Krankenkassenverbände an dem Zulassungssystem und der Gesamtvergütung beteiligt sind, wird die vertragsärztliche Versorgung der Versicherten im Wege der Sachleistung der Krankenkassen letztlich überwiegend durch die Verbände und nicht durch die einzelne Krankenkasse gesichert[391]. Im Rahmen der Untersuchung der Entscheidungsfreiräume ist es daher erforderlich, auf die gesetzlich zugewiesenen Aufgaben der Landesverbände gem. § 211 Abs. 1 SGB V

---

[389] *Hein,* Die Verbände der Sozialversicherungsträger in der Bundesrepublik Deutschland, S. 85.

[390] Aufführung bei: *Hauck,* in: *Hauck/Noftz,* SGB V, K § 211 Rn 3.

[391] *Wigge,* Die Stellung der Ersatzkassen im gegliederten System der gesetzlichen Krankenversicherung nach dem GRG, S. 300.

näher einzugehen, da hierdurch die Rechtsstellung der einzelnen Versicherten betroffen wird.

Weiterhin haben die Landesverbände gem. § 211 Abs. 2 SGB V unterstützende Aufgaben für ihre Mitgliedskassen zu erfüllen[392]. Auf den Inhalt und Umfang der Unterstützungspflicht gem. § 211 Abs. 2 SGB V muss in Zusammenhang mit der Fragestellung der demokratischen Legitimation der Mitglieder der Verwaltungsräte nicht eingegangen werden, da von den Verbänden keine Entscheidungen gegenüber den Versicherten getroffen werden.

Gem. §§ 211 Abs. 3 SGB V sollen die Landesverbände die zuständigen Behörden in Fragen der Gesetzgebung und Verwaltung unterstützen. Da es sich um Sollvorschriften handelt, sind die Verbände zur Unterstützung verpflichtet, wenn nicht besondere Umstände entgegenstehen[393]. In Angelegenheiten der Gesetzgebung erfolgt die Unterstützung in der Regel in Form von gutachterlichen Stellungnahmen. Hinsichtlich der Beratung auf Gesetzgebungsebene fehlt es an einer verbindlichen Entscheidungskompetenz, so dass auch hierin keine verfassungsrechtliche Problematik begründet liegt. Die Aufsicht über die Landesverbände steht gem. § 208 Abs. 1 SGB V den obersten Verwaltungsbehörden des jeweiligen Landes zu.

2) Bundesverbände der Orts- , Betriebs- und Innungskrankenkassen

Gem. § 216 SGB V hat der Verwaltungsrat der Bundesverbände eine Satzung aufzustellen, deren inhaltliche Vorgaben sich aus § 216 S. 3 i.V.m. § 210 Abs.1 S. 3 SGB V ergeben. Die Satzung bedarf gem. § 216 S. 2 SGB V der Genehmigung der zuständigen Aufsichtsbehörde. Die Aufsicht über die Bundesverbände führt gem. § 214 Abs. 1 SGB V das Bundesministerium für Gesundheit und Soziale Sicherung.

Die Aufgabenzuweisung erfolgt durch § 217 SGB V. Auch hier erfolgt eine Unterteilung in gesetzlich zugewiesene Aufgaben gem. § 217 Abs. 1 SGB V und unterstützende Aufgaben gem. § 217 Abs. 2 SGB V. Ferner können gem. § 217 Abs. 3 SGB V die Bundesverbände Grundsatzentscheidungen zur Regelung der Vergütung, Gesundheitsvorsorge, Rehabilitation und Erprobung treffen. § 217 Abs. 3 SGB V ist als Ermächtigung zum Erlass von sonstigem autonomen Recht im Sinne der §§ 33, 34 SGB IV zu verstehen[394]. Die Kompetenz der Bundesverbände, auf bestimmten Gebieten Grundsatzentscheidungen mit Wirkung für die

---

[392] *Hauck*, in: *Hauck/Noftz*, SGB V, K § 211 Rn 1.
[393] *Engelhard:* in: *Hauck/Noftz*, SGB V, K § 217, Rn 3.
[394] *Ebsen* in: *Schulin*, HS-KV, § 7 Rn 83.

Landesverbände und die Krankenkassen zu treffen, soll verhindern, dass unterschiedliche Regelungen von Krankenkassen einer Kassenart getroffen werden. Sie sind daher für solche Bereiche vorgesehen, in denen die Krankenkassen eine eigene Regelungsmöglichkeit haben. Grundsatzentscheidungen können daher bei Verträgen mit Leistungserbringern oder für Satzungsbestimmungen eine Rolle spielen[395].

Bezüglich der Vergütung, die in Versorgungsverträgen mit Vorsorge- und Rehabilitationseinrichtungen nach § 111 SGB V, in Verträgen mit Leistungserbringern von Heil- und Hilfsmittel nach §§ 135, 127 SGB V, in Verträgen mit geeigneten Personen, Einrichtungen oder Unternehmen zur Versorgung mit Haushaltshilfen nach § 132 SGB V und in Verträgen über die Versorgung mit Krankentransportleistungen nach § 133 SGB V vereinbart wird, können daher Grundsatzentscheidungen mit bindender Wirkung für die vertragsschließenden Krankenkassen oder Landesverbände getroffen werden. Nicht in Betracht kommen Grundsatzentscheidungen der Bundesverbände zur der Vergütung, wenn gesetzlich Abweichendes bestimmt ist. Abweichendes bestimmt das Gesetz dort, wo endgültige Konfliktlösungen auf Landesebene mittels eines Landesschiedsamtes, einer Landesschiedsstelle oder einer Schiedsstelle nach § 18 a KHG und § 76 SGB IX vorgesehen sind[396]. Daher sind bei Verträgen über Preise und Vergütungen gem. §§ 88 Abs. 2, 115 Abs. 2 Nr. 4 und 120 Abs. 2 SGB V keine Grundsatzentscheidungen gem. § 217 Abs. 3 SGB V zulässig[397].

Gem. § 217 Abs. 4 SGB V sollen die Bundesverbände die zuständigen Behörden in Fragen der Gesetzgebung und Verwaltung unterstützen. Die ständige Anhörung der Bundesverbände bei den Beratungen von Gesetzesentwürfen im Sozialausschuss des Bundestages findet seine Grundlage in § 70 GO BT, die Verbandsvertreter werden in diesem Zusammenhang als Sachverständige gehört[398]. Auf die Unterstützungs- und Beratungsaufgaben gem. § 217 Abs. 2 und Abs. 4 SGB V muss aufgrund fehlender Entscheidungswirkung für die Versicherten im Rahmen dieser Untersuchung ebenso wenig wie auf die Unterstützungs- und Beratungsaufgaben der Landesverbände näher eingegangen werden.

[395] *Schrinner,* in: GK-SGB V, § 217 Rn 16.
[396] *Schrinner,* in: GK-SGB V, § 217 Rn 17.
[397] *Schrinner,* in: GK-SGB V, § 217 Rn 17.
[398] *Hein*, Die Verbände der Sozialversicherungsträger in der Bundesrepublik Deutschland S. 114.

3) Verbände der Ersatzkassen

Während für die Bundes- und Landesverbände der Krankenkassen in den §§ 211 Abs. 2 und 271 Abs. 2 SGB V die Aufgabe zur Unterstützung ihrer Mitglieder bei der Erfüllung ihrer Aufgaben und Wahrnehmung ihrer Interessen gesetzlich fest umrissen ist, ergeben sich diese Aufgaben der Verbände der Ersatzkassen aus ihrer Satzung[399]. Die Satzungen des Verbandes der Angestellten-Krankenkassen e.V. und des Verbandes der Arbeiter-Ersatzkassen e.V. enthalten eine beinahe wortgleiche Aufgabenbeschreibung[400]. Diese Aufgaben nach der Verbandssatzung sind ebenfalls nicht legitimationsbedürftig, da sie die Interessen der Wahlberechtigten nicht berühren.

Neben den Aufgaben nach der Verbandsatzung haben die Verbände der Ersatzkassen die ihnen gesetzlich zugewiesenen Aufgaben zu erfüllen, die im Wesentlichen dem Aufgabenbereich der Verbände der Krankenkassen entsprechen. Im Mittelpunkt steht ebenfalls das Vertragsrecht mit den Leistungserbringern. Dabei nehmen die Verbände der Ersatzkassen sowohl Aufgaben eines Landesverbandes als auch die eines Bundesverbandes wahr[401]. Gem. § 212 Abs. 5 S. 4 SGB V haben die Ersatzkassen und ihre Verbände für alle auf Landesebene abzuschließenden Verträge einen Bevollmächtigten mit Abschlussbefugnis zu benennen. Außerdem haben sie als Spitzenverbände die diesen zugewiesenen Aufgaben zu erfüllen.

Nach der gesetzlichen Funktionszuweisung nehmen die Ersatzkassenverbände als juristische Personen des Privatrechts öffentliche Aufgaben der Daseinsvorsorge wahr. Bei der Erfüllung dieser Aufgaben werden die Ersatzkassenverbände trotz ihrer privatrechtlichen Organisation wie die öffentlich-rechtlich organisierten Bundes- und Spitzenverbände der anderen Kassenarten tätig. Sie werden ausschließlich von Körperschaften des öffentlichen Rechts gebildet, so dass sie trotz ihrer privatrechtlichen Organisationsform nur eine besondere Erscheinungsform der öffentlichen Verwaltung darstellen[402]. Gem. § 214 Abs. 2 SGB V unterstehen die Verbände der Ersatzkasse der Aufsicht des Bundesministeriums für Gesundheit und Soziale Sicherung, die Aufsicht ist gem. § 214 Abs. 3 SGB V auf das Bundesversicherungsamt übertragen worden.

---

[399] *Wigge,* Die Stellung der Ersatzkassen im gegliederten System der gesetzlichen Krankenversicherung nach dem GRG, S. 287.

[400] *Rehkopf,* in: *Schulin,* HS-KV, § 50 Rn 30.

[401] *Schrinner,* in: GK-SGB V, § 212 SGB V Rn 8.

[402] *Engelmann,* Untergesetzliche Normsetzung im Recht der gesetzlichen Krankenversicherung durch Verträge und Richtlinien, NZS 2000, S. 76, 78.

4) Spitzenverbände

§ 213 Abs. 1 SGB V definiert die Bundesverbände der Krankenkassen, die Bundesknappschaft, die Verbände der Ersatzkassen und die See-Krankenkasse als Spitzenverbände. Bestimmte Aufgabenzuweisungen an die Spitzenverbände haben einen rein verwaltungsinternen Geltungsbereich, der hinsichtlich der legitimatorischen Problematik bezogen auf die Versicherten keiner näheren Vertiefung erfordert. Zu diesen inneren Aufgaben zählen u.a. die gem. § 267 Abs. 7 SGB V zu treffenden Regelungen über die Datenerhebung zum Risikostrukturausgleich, die gem. § 275 Abs. 2 Nr. 1 SGB V fakultative Regelung zum Gebot der Prüfung der Notwendigkeit von Vorsorgekuren und Rehabilitationskuren durch den Medizinischen Dienst, der gem. § 282 S. 3 SGB V zu treffende Beschluss von Richtlinien über die Zusammenarbeit von Krankenkassen mit dem Medizinischen Dienst sowie die Empfehlungen zum Medizinischen Dienst gem. § 282 S. 4 SGB V.

5) Leistungen der Krankenversicherung, §§ 11-66 SGB V

a) Leistungen zur Verhütung von Krankheiten

Gem. § 21 Abs. 2 S. 1 SGB V schließen die Landesverbände und die Verbände der Ersatzkassen Rahmenvereinbarungen zur Durchführung der in § 21 Abs. 1 SGB V genannten gruppenprophylaktischen Maßnahmen. Als Grundlage der Rahmenvereinbarungen dienen gem. § 21 Abs. 2 S.2 SGB V die Rahmenempfehlungen der Spitzenverbände. In diesen Rahmenempfehlungen sind im Wesentlichen die Organisation auf Landesebene mit den beteiligten Institutionen, Anstellung und Bereitstellung von Personal, Finanzierung, Dokumentation und Kontrolle der Maßnahmen geregelt[403]. Hierbei handelt es sich um eine schlichte Empfehlung ohne Bindungswirkung, die sich auf die Durchführung der Maßnahmen beschränkt. Der Anspruch der Versicherten auf Individualprophylaxe wird gem. § 22 Abs. 5 SGB V durch die Richtlinien nach § 92 SGB V des Bundesausschusses der Zahnärzte und Krankenkassen näher bestimmt.

---

[403] *Roß,* in: LPK-SGB V, § 21 Rn 12.

b) Leistungen bei Krankheit

aa) Festbeträge für Arznei- und Verbandmittel

Gem. § 35 Abs. 3 S. 1 SGB V setzen die Spitzenverbände Festbeträge für Arzneimittel aufgrund von rechnerischen mittleren Tages- oder Einzeldosen oder anderen Vergleichsgrößen nach den in § 35 Abs. 5 SGB V genannten Kriterien fest. Für welche Gruppen von Arzneimittel Festbeträge festgesetzt werden können, wird nicht von den Spitzenverbänden, sondern gem. 35 Abs. 1 S. 1 SGB V vom Gemeinsamen Bundesausschuss der in den Arzneimittel-Richtlinien nach § 92 Abs. 1 S. 2 Nr. 6 SGB V bestimmt. Die Festbetragsgruppen ergeben sich aus der Anlage zu diesen Richtlinien. Die Spitzenverbände entscheiden daher nicht über das „Ob“ einer Festbetragsfestsetzung, sondern über das „Wie“. Diese Entscheidung ist dadurch begrenzt, dass sich der Festbetrag aus der in der jeweiligen Gruppe vorgefundenen Preisspanne ergeben und sowohl eine ausreichende medizinische Versorgung gewährleisten, als auch zum Preiswettbewerb unter den Herstellern anregen soll. Weiterhin müssen die Spitzenverbände eine Sachverständigenstellungnahme gem. § 35 Abs. 3 S. 3 SGB V einholen.

bb) Festbeträge für Hilfsmittel

Hilfsmittel können zu Lasten der Krankenkassen nur verordnet werden, sofern sie von der Leistungspflicht der Krankenkassen erfasst und im Hilfsmittelverzeichnis der Spitzenverbände der Krankenkassen aufgeführt sind[404]. Vor der Festsetzung eines Festbetrages ist daher erforderlich, dass die Hilfsmittel von den Spitzenverbände gem. § 36 Abs. 1 SGB V i.V.m. § 128 SGB V bestimmt worden sind. Gem. § 36 Abs. 2 S. 1 SGB V haben die Spitzenverbände erstmalig bis zum 31.12.2004 Festbeträge für die nach § 36 Abs. 1 SGB V bestimmten Hilfsmittel festzusetzen. Bis dahin gelten gem. § 36 Abs. 2 S. 2 SGB V die Festbeträge, die bisher von den Landesverbänden der Krankenkassen und den Verbänden der Ersatzkassen für den Bereich eines Landes festgesetzt worden sind. Gem. § 36 Abs. 3 SGB V gilt für die Festsetzung der Festbeträge § 35 Abs. 5 und 7 SGB V entsprechend. Danach müssen die Festbeträge eine „ausreichende, zweckmäßige und wirtschaftliche sowie in der Qualität gesicherte Versorgung gewährleisten“. Gem. § 35 Abs. 5 S. 2 SGB V müssen die Festbeträge an einer „möglichst preisgünstigen Versorgung“ ausgerichtet sein, denn sie sollen „Wirtschaftlichkeitsreserven ausschöpfen“ und „einen wirksamen Preiswettbewerb auslösen“. Ebenfalls gesetzlich vorgesehen ist eine Anpassung der Festbeträge an eine veränderte Marktlage.

---

[404] Hilfsmittel-Richtlinien gem. § 92 Abs. 1 S. 2 Nr. 6 SGB V, Punkt A Nr. 8.

cc) Festbetragsregelung als „Maßnahme des Verwaltungsvollzuges"

Das Bundesverfassungsgericht hat am 17.12.2002 entschieden, dass die in den §§ 35 und 36 SGB V enthaltenen Ermächtigungen der Krankenkassenverbände, für Arznei- und Hilfsmittel Festbeträge festzusetzen, mit dem Grundgesetz vereinbar ist. In dem Verfahren zur verfassungsrechtlichen Prüfung lagen drei Aussetzungs- und Vorlagebeschlüsse des Bundessozialgerichts vor[405]. Das Bundessozialgericht hatte in den drei Vorlagen seine Auffassung niedergelegt, dass die §§ 35 und 36 SGB V nicht mit Art. 12, Art. 20 und Art. 80 GG vereinbar seien, da die Festsetzungen als Rechtsnormen nicht durch dazu legitimierte Rechtsetzungsorgane, sondern durch Verwaltungsbehörden erfolgt sei.

Das Bundesverfassungsgericht führte in seiner Urteilsbegründung aus, dass die Festbetragsregelung als eine „Maßnahme des Verwaltungsvollzuges" anzusehen ist[406]. Die Aufgabenzuweisung in den §§ 35, 36 SGB V halte sich insgesamt im Rahmen des Verwaltungshandelns, das den Krankenkassen und ihren Verbänden im System der Krankenversicherung zugewiesen ist[407]. Dem eng gezogenen Rahmen der Festbetragsfestsetzung nach § 35 Abs. 5 SGB V sei keine eigenständige Möglichkeit der Spitzenverbände zur Gestaltung des Preiswettbewerbs zu entnehmen[408]. Wirtschaftslenkende Handlungsspielräume seien weder den Spitzenverbänden noch den Landesverbänden eröffnet, da es gelingen könnte, anhand von mathematischen Modellen Ergebnisse im Festsetzungsverfahren zu erzielen.[409] Die für das Verhalten der Versicherten und der Ärzte bedeutsamen Regelungen habe der Gesetzgeber selbst getroffen, durch das Eintrittsrecht des zuständigen Bundesministers nach § 35 Abs. 6 SGB V i.V.m. § 213 Abs. 3 S. 1 SGB V sei weiterhin sichergestellt worden, dass die Normkonkretisierung ersatzweise durch die Exekutive in Gestalt des die Aufsicht führenden Ministers durchgesetzt werde[410]. Die Rechtfertigung der Zuständigkeit des Bundesausschusses der Ärzte und Krankenkassen für die gesetzeskonkretisierenden Entscheidungen ergebe sich aus der Sach- und Fachkompetenz des Gremiums[411].

---

405 Aussetzungs- und Vorlagebeschluss des BSG vom 14.6.1995 (3 RK 20/94, 3 RK 21/94, 3 RK 23/94).
406 BVerfG. 1 BvL 28/95 vom 17.12.2002, Abs. Nr. 133.
407 BVerfG, 1 BvL 28/95 vom 17.12.2002, Abs. Nr. 117.
408 BVerfG. 1 BvL 28/95 vom 17.12.2002, Abs. Nr. 120.
409 BVerfG. 1 BvL 28/95 vom 17.12.2002, Abs. Nr. 124.
410 BVerfG. 1 BvL 28/95 vom 17.12.2002, Abs. Nr. 135.
411 BVerfG, 1 BvL 28/95 vom 17.12.2002, Abs. Nr. 92.

6) Beziehungen der Krankenkassen zu den Leistungserbringern, §§ 72-106 SGB V

a) Sicherstellung der vertragsärztlichen und vertragszahnärztlichen Versorgung

Gem. § 72 a SGB V geht der Sicherstellungsauftrag auf die Krankenkassen und ihre Verbände über, wenn der Fall eines kollektiven Zulassungsverzichts nach § 95 b SGB V eintritt. Dafür müssen mehr als 50 % der Vertragsärzte auf ihre Zulassung verzichtet haben oder die vertragsärztliche Versorgung verweigern und die Aufsichtsbehörde muss festgestellt haben, dass die vertragsärztliche Versorgung nicht mehr sichergestellt ist. Für diesen Fall sieht § 72 a Abs. 3 SGB V vor, dass die Krankenkassen oder die Landesverbände der Krankenkassen Maßnahmen zur Sicherstellung der vertragsärztlichen Versorgung selbst ergreifen können. Wichtigstes Instrument hierfür sind die gem. § 72 a Abs. 3 S. 1 SGB V vorgesehenen Einzel- oder Gruppenverträge mit den Leistungserbringern[412]. Gegebenenfalls können gem. § 72 a Abs. 5 SGB V auch ausländische Ärzte oder Einrichtungen einbezogen werden oder Eigeneinrichtungen gem. § 72 a Abs. 3 S. 2 i.V.m. § 140 Abs. 2 SGB V errichtet werden. Die Vorschrift ist als Reaktion auf Aktionen zahnärztlicher Berufsverbände, bei denen 1992 notariell Zulassungsverzichtserklärungen hinterlegt worden sind („Korbaktion"), durch das GSG eingefügt worden. Ob die Norm derzeit eine denkbare vertragsärztliche Realität erfasst, kann aufgrund der berufspolitischen Situation als zweifelhaft angesehen werden[413]. Die praktische Bedeutung ist eher als gering einzuschätzen.

b) Verträge auf Bundes- und Landesebene

Besondere Bedeutung hinsichtlich der Konkretisierung des Rahmenrechtes der Versicherten auf ärztliche Behandlung kommt den Verträgen auf Bundes- und Landesebene zu. Durch die in den §§ 82-87 SGB V aufgeführten Verträge, deren Vertragspartner die Kassenärztlichen Vereinigungen und die Verbände der Krankenkassen sind, soll gewährleistet werden, dass die Versorgung der Versicherten mit Leistungen im Krankheitsfall den gesetzlich vorgegebenen Maßstäbe entsprechen. Gem. § 72 Abs. 2 SGB V ist die vertragsärztliche Versorgung im Rahmen der gesetzlichen Vorschriften und der Richtlinien des Gemeinsamen Bundesausschusses durch schriftlicher Verträge der kassenärztlichen Vereinigungen mit den Verbänden der Krankenkassen so zu regeln, dass eine ausrei-

---

[412] *Kötter,* in: LPK-SGB V, § 72 a Rn 8.
[413] Anderer Ansicht: *Klückmann,* in: *Hauck/Noftz,* SGB V, K § 72 a Rn 6.

chende, zweckmäßige und wirtschaftliche Versorgung der Versicherten unter Berücksichtigung des allgemeinen Standes der medizinischen Erkenntnisse gewährleistet ist und die ärztlichen Leistungen angemessen vergütet werden.

aa) Bundesmantelverträge

Gem. § 82 Abs. 1 S. 1 SGB V schließen die Spitzenverbände der Krankenkassen mit der Kassenärztlichen Bundesvereinigung die Bundesmantelverträge, in denen der allgemeine Inhalt der Gesamtverträge vereinbart wird, ab. Für den ärztlichen und zahnärztlichen Bereich existieren je zwei Bundesmantelverträge: der BMV-Ä und BMV-Z und der EKV-Ä und EKV-Z.

(1) Regelungsinhalt

Durch Vereinbarungen in den Bundesmantelverträgen können die Vertragspartner die Erbringung bestimmter Leistungen auf hierfür spezialisierte Arztgruppen beschränken und andere Arztgruppen von der Abrechenbarkeit dieser Leistungen zu Lasten der Krankenkasse ausschließen[414]. Innerhalb eines Fachgebietes kann die Ausführung und Abrechenbarkeit einer Leistung an die Erfüllung besonderer Voraussetzungen gebunden werden, wenn diese Leistungen wegen der Anforderungen an ihre Ausführung oder wegen der Neuheit des Verfahrens besondere Kenntnisse und Erfahrungen (Fachkundenachweis) sowie einer besonderen Praxisausstattung oder weiterer Anforderungen an die Strukturqualitäten bedarf[415]. So ist für die Röntgentätigkeit nach § 10 Abs. 3 BMV-Ä ein besonderer Nachweis erforderlich, gem. § 12 Abs. 4 BMV-Ä, § 6 Abs. 4 EKV-Ä dürfen Ärzte für Labormedizin, Mikrobiologie und Infektionsepidemiologie, Nuklearmedizin, Pathologie, Radiologische Diagnostik bzw. Radiologie sowie Strahlentherapie nur auf Überweisung in Anspruch genommen werden

Als Bestandteil der Bundesmantelverträge wird ein einheitlicher Bewertungsmaßstab (EBM) für die ärztlichen und zahnärztlichen Leistungen vereinbart. Der EBM bestimmt gem. § 87 Abs. 2 S. 1 SGB V den Inhalt der abrechnungsfähigen Leistungen und ihr wertmäßiges, in Punkten ausgedrücktes Verhältnis zueinander. Soweit möglich, sind die Leistungen erstmalig bis zum 30.6.2004 mit Angaben für den zur Leistungserbringung erforderlichen Zeitaufwand des Vertragsarztes zu versehen. Die Festsetzung des EBM hat gem. § 87 Abs. 5 S. 2

---

[414] BSG SozR- 3-2500, § 72 Nr. 8

[415] *Axer*, in: *Schnapp/Wigge*, Vertragsarztrecht, § 7 Rn 26.

SGB V die Rechtswirkung einer vertraglichen Vereinbarung im Sinne des § 82 Abs. 1 SGB V. Dem EBM kommt somit Rechtsnormqualität zu[416].

Dabei besteht die Besonderheit, dass der EBM nicht unmittelbar von den Partnern der Bundesmantelverträge festgelegt wird, sondern stellvertretend für diese von einem Bewertungsausschuss. Der Bewertungsausschuss ist ein Organ der gemeinsamen Selbstverwaltung der Vertragsärzte und Krankenkassen, er besteht gem. § 87 Abs. 3 SGB V aus sieben von der Kassenärztlichen Bundesvereinigung bestellten Vertretern sowie je einem von den Bundesverbänden der Krankenkassen, den Verbänden der Ersatzkassen und der Bundesknappschaft bestellten Vertreter. Die in den Bewertungsausschuss entsandten Vertreter sind gegenüber den sie entsendenden Körperschaften weisungsabhängig[417]. Sofern eine Vereinbarung durch übereinstimmenden Beschluss der Mitglieder nicht zustande kommt, wird der Bewertungsausschuss gem. § 87 Abs. 4 SGB V um einen unparteiischen Vorsitzenden und vier weitere unparteiische Mitglieder erweitert. Der erweiterte Bewertungsausschuss entspricht in seiner Funktion einem Schiedsamt, es handelt sich um eine besondere Schlichtungsstelle[418].

Die Aufnahme einer neuen Leistungsposition in den EBM richtet sich danach, ob diese Leistung für eine ausreichende, wirtschaftliche und zweckmäßige Behandlung der Versicherten unter Berücksichtigung des allgemein anerkannten Standes der medizinischen Erkenntnis geboten ist[419]. Dieses Erfordernis ergibt sich aus § 87 Abs. 2 S. 2 SGB V; nach dieser Vorschrift wird der EBM auch dahingehend überprüft, ob die Leistungsbeschreibungen und ihre Bewertung dem Stand der medizinischen Wissenschaft und Technik sowie dem Erfordernis der Rationalisierung im Rahmen wirtschaftlicher Leistungserbringung entsprechen. Ein Beispiel für die Tätigkeit der Spitzenverbände der gesetzlichen Krankenkassen ist die im September 2002 erfolgte Vereinbarung der Spitzenverbände mit dem Vorstand der KBV über die extrabudgetäre Aufnahme der präventiven Koloskopie in den Einheitlichen Bewertungsmaßstab. Dadurch ist die Dickdarmspiegelung für Versicherte ab dem 56. Lebensjahr zur Vorsorgeleistung geworden. Für diese neue Leistung im Katalog der gesetzlichen Krankenkassen sind Qualitätssicherungsvereinbarungen gem. § 135 Abs. 2 SGB V getroffen worden, die die fachlichen und apparativen Voraussetzungen für die Ausführung und Abrechnung der Koloskopieleistung regeln.

Gem. § 87 Abs. 2 d S. 2 SGB V sind die zahnärztlichen Leistungen entsprechend einer „ursachengerechten, zahnsubstanzschonenden und präventionsorien-

---

416 *Kötter,* in: LPK-SGB V § 87 Rn 7.
417 BSG SozR 2200, § 368 g RVO Nr. 2 S. 3 ff.
418 *Düring,* Das Schiedswesen in der gesetzlichen Krankenversicherung, S. 134.
419 BSGE 79, 239 (243).

tierten Versorgung“ gleichgewichtig zwischen den Leistungsbereichen Zahnerhaltung, Prävention, Zahnersatz und Kieferorthopädie zu bewerten. Diese Bewertung soll insbesondere das Kriterium der Arbeitszeit berücksichtigen. Bei der Festlegung der Bewertungsrelation ist gem. § 87 Abs. 2 d S. 3 SGB V wissenschaftlicher Sachverstand einzubeziehen. Diese Einbeziehung ist durch die Berücksichtigung zweier arbeitswissenschaftlicher Studien, einer Studie der Krankenkassen und einer des Institutes der Deutschen Zahnärzte (IDZ) erfolgt[420]. Mit dem Beschluss der Neubeschreibung des Bewertungsmaßstabes Anfang Juni 2003 ist es zu einer teilweisen Absenkung in den Bereichen Zahnersatz und Kieferorthopädie und zu einer teilweisen Aufwertung in den Bereichen konservierende Zahnheilkunde und Chirurgie gekommen. Der neue Bewertungsmaßstab für zahnärztliche Leistungen ist am 1.1.2004 in Kraft treten.

Die Aufstellung der Leistungsverzeichnisse und die Bewertung der Leistungen durch die Bewertungsausschüsse sind gerichtlich nur eingeschränkt überprüfbar. Die Sozialgerichte können einen EBM nur für rechtswidrig erklären, wenn der Bewertungsausschuss seinen Regelungsspielraum überschritten und seine Bewertungskompetenz missbräuchlich ausgeübt hat[421]. Der EBM ist ein in sich zusammenhängendes, ausgewogenes Tarifgefüge, so dass das Gericht einzelne Bewertungen nicht korrigieren kann, ohne die Funktionsfähigkeit des EBM zu gefährden[422].

(2) Regelungsumfang

Die Vertragsparteien haben sich bei dem Abschluss der Bundesmantelverträge gem. § 72 Abs. 2 SGB V im Rahmen der gesetzlichen Vorschriften und der Richtlinien des Gemeinsamen Bundesausschusses zu bewegen. Den Richtlinien, die nach 92 Abs. 8 SGB V Bestandteil der Bundesmantelverträge sind, kommt damit Vorrang zu, so dass abweichende vertragliche Bestimmungen rechtswidrig sind[423]. Eine Begrenzung der Regelungsbefugnis folgt ferner daraus, dass im Bundesmantelvertrag die allgemeinen Rahmenvorschriften festgelegt werden, Einzelheiten der vertragsärztlichen Versorgung werden in den Gesamtverträgen auf der Grundlage der Bundesmantelverträge geregelt.

[420] ZM Nr. 11 vom 1.6.2003, S. 22.
[421] BSGE 79, 239 (245).
[422] *Kötter*, in: LPK-SGB V, § 87 Rn 28.
[423] *Axer*, in: *Schnapp/Wigge*, Vertragsarztrecht, § 7 Rn 17.

bb) Gesamtverträge

Gem. §§ 82 Abs. 2, 83 Abs. 1 SGB V schließen die Landesverbände der Krankenkassen und die Verbände der Ersatzkassen mit den Kassenärztlichen Vereinigungen Gesamtverträge zur vertragsärztlichen Versorgung ab. Die Gesamtverträge sind als Normenverträge verbindliches Recht für die Krankenkassen und die Vertragsärzte[424].

(1) Regelungsinhalt

Die Gesamtverträge dienen in erster Linie als Grundlage des Honoraranspruchs des Vertragsarztes[425]. Gem. § 82 Abs. 2 S. 1, § 85 Abs. 2 S. 1 SGB V ist die Höhe der Gesamtvergütung zu vereinbaren, die die einzelne Krankenkasse für die gesamte vertragsärztliche Versorgung ihrer Versicherten mit befreiender Wirkung an die Kassenärztlichen Vereinigungen zu entrichten hat. Genauso wie die Höhe der Gesamtvergütung bedürfen auch deren Veränderungen einer Vereinbarung durch die Partner des Gesamtvertrages.

Möglichkeiten zur Berechnung der Gesamtvergütung werden in § 85 Abs. 2 S. 2, 2. HS SGB V aufgeführt: sie kann als Festbetrag oder auf der Grundlage des Bewertungsmaßstabes nach Einzelleistungen, nach einer Kopfpauschale, nach einer Fallpauschale oder nach einem System berechnet werden, das sich aus der Verbindung dieser oder weiterer Berechnungsgrundlagen ergibt. Leistungen der Individualprophylaxe gem. § 22 SGB V, Gesundheitsuntersuchungen gem. § 25 Abs. 1 und 2 SGB V sowie Kinderuntersuchungen gem. § 26 SGB V werden als Pauschale vereinbart. Werden Leistungen nicht vergütet oder werden sie bei der Gesamtvergütung nicht berücksichtigt, so ist dies gesetzlich geregelt: gem. § 85 Abs. 2 S. 6 SGB V ist eine Vergütung für die Aufstellung eines Heil- und Kostenplanes bei Zahnersatz nicht zulässig, gem. § 85 Abs. 3 a S. 3 SGB V werden zahnprothetische und kieferorthopädische Leistungen nicht berücksichtigt. Diese Entscheidungen stehen damit nicht zur Disposition der Vertragsparteien der Gesamtverträge.

Gem. § 73 Abs. 3 SGB V sind in den Gesamtverträgen Vereinbarungen darüber zu treffen, inwieweit Maßnahmen zur Rehabilitation und Vorsorge, die nicht zur vertragsärztlichen Versorgung nach § 73 Abs. 2 SGB V gehören, Gegenstand der vertragsärztlichen Versorgung sind[426]. Gemeint sind hiermit Maßnahmen

[424] *Axer*, in: *Schnapp/Wigge*, Vertragsarztrecht, § 7 Rn 7.
[425] *Steinhilper*, in: *Schnapp/Wigge*, Vertragsarztrecht, § 16 Rn 3-5.
[426] KassKomm.-*Hess*, § 73 Rn 23.

nach § 20 Abs. 2 SGB V sowie nach §§ 40, 43 SGB V, soweit es sich um ärztliche Leistungen handelt[427]. Die Vertragspartner müssen gem. § 71 Abs. 4 SGB V die getroffenen Vereinbarungen über die Veränderungen der Gesamtvergütung der zuständigen Aufsichtsbehörde vorlegen.

(2) Regelungsumfang

Welche Kriterien bei der Veränderung der Gesamtvergütung berücksichtigt werden müssen, ergibt sich aus § 85 Abs. 3 SGB V, der das Gebot der angemessenen Vergütung ärztlicher Leistungen konkretisiert[428]. Gem. § 85 Abs. 3 S. 1 SGB V ist die Veränderung der Gesamtvergütung unter Berücksichtigung der Praxiskosten, der für die vertragsärztliche Tätigkeit aufzuwendenden Arbeitszeit sowie Art und Umfang der ärztlichen Leistung, soweit sie auf einer gesetzlichen oder satzungsmäßigen Leistungsausweitung beruhen, zu vereinbaren.

Erforderlich ist gem. § 72 Abs. 2 SGB V, dass ärztliche Leistungen angemessen vergütet werden. Was unter einer „angemessener Vergütung" zu verstehen ist, unterliegt in erster Linie der Wertung derer, denen der Gesetzgeber die Vereinbarungsbefugnis übertragen hat[429]. Die höchstrichterliche Rechtsprechung geht davon aus, dass die letzte gemeinsame Regelung der Vergütung[430] sowie ein früherer Schiedsspruch[431] die Vermutung der Angemessenheit für sich hat. Das Bundessozialgericht hat entschieden, dass die Verpflichtung, ärztliche Leistungen angemessen zu vergüten, eine rein objektiv-rechtliche Bedeutung hat und kein subjektives Recht des einzelnen Vertragsarztes auf ein bestimmtes, angemessenes Honorar begründet[432]. Etwas anderes gilt nur, wenn durch eine zu niedrige Vergütung das vertragsärztliche Versorgungssystem als Ganzes und als Folge davon auch die berufliche Existenz der daran teilnehmenden Vertragsärzte gefährdet wird[433]. In der Literatur wird entgegen dieser Auffassung des Bundessozialgerichtes dem Vertragsarzt sehr wohl ein subjektives Recht auf angemessene Vergütung zugestanden[434]. Insbesondere für ärztliche Minderheitsgruppen

[427] *Klückmann,* in: *Hauck/Noftz,* SGB V, K § 73 Rn 27.
[428] *Düring,* Das Schiedswesen in der gesetzlichen Krankenversicherung, S. 135.
[429] *Düring,* Das Schiedswesen in der gesetzlichen Krankenversicherung, S. 135.
[430] BSGE 20, 73 (84).
[431] BSGE 51, 58 (63).
[432] BSGE 68, 291 (297); BSG SozR 3-2500, § 72 Nr. 5, S. 8; SozR 3-5533 Nr. 763 Nr. 1, S. 5.
[433] BSGE 68, 291 (297).
[434] *Isensee,* Das Recht des Kassenarztes auf angemessene Vergütung, VSSR 1995, S. 321 (346); *Link/de Wall,* Verfassungsanforderungen an die Honorarverteilung im Vertragsarztrecht – insbesondere im Blick auf ärztliche Minderheitsgruppen, VSSR 2001, S. 69 (89); *Sodan/Gast,* Die Relativität des Grundsatzes der Beitragsstabilität nach SGB V, NZS 1998,

sei es erforderlich, dem einzelnen Arzt die rechtliche Möglichkeit zuzugestehen, eine angemessene Vergütung auch dann einzufordern, wenn das System der GKV noch nicht insgesamt gefährdet ist[435]. Denn einige Arztgruppen, wie z.B. Radiologen/Nuklearmediziner haben wegen eines höheren Geräteaufwandes höhere feste Praxiskosten, die nicht proportional zu den Punktwerten sinken[436]. Weiterhin können Ärzte für Laboratoriumsmedizin, Mikrobiologie und Infektionsepidemiologie, Nuklearmedizin, Radiologische Diagnostik bzw. Radiologie, Strahlentherapie, Transfusionsmedizin und die Fachambulanzen mit Dispensaireauftrag (nach § 311 Abs. 2 S. 1 SGB V) gem. § 13 Abs. 4 Bundesmantelvertrag für Ärzte nur auf Überweisung in Anspruch genommen werden. Diese Arztgruppen können nur solche Leistungen gegenüber den kassenärztlichen Vereinigungen abrechnen, die von dem überweisenden Arzt angefordert worden sind. Eine Ausweitung der Tätigkeit zum Ausgleich eines sinkenden Punktwertes ist für die so genannten „überweisungsgebundenen Auftragsleister" nicht möglich[437].

Der Ermessensspielraum der Vertragspartner der Gesamtverträge wird weiterhin dadurch eingeschränkt, dass gem. § 86 Abs. 2 SGB V die von den Bundesverbänden der Krankenkassen, den Verbänden der Ersatzkassen, der Bundesknappschaft und den Kassenärztlichen Bundesvereinigungen gemeinsam, bzw. die von der Konzertierten Aktion im Gesundheitswesen gem. § 86 Abs. 1 SGB V abgegebenen Empfehlungen über die angemessene Veränderung der Gesamtvergütungen berücksichtigt werden sollen. Die Empfehlungen enthalten Vorschläge für die Fortentwicklung der Gesamtvergütung in den verschiedenen Bereichen der Kassenärztlichen Vereinigungen[438]. Abweichungen von den Empfehlungen sind nur unter den Voraussetzungen des § 86 Abs. 2 S. 2 SGB V zulässig.

Gem. § 85 Abs. 3 S. 2 SGB V ist bei den Vereinbarungen der Grundsatz der Beitragssatzstabilität zu beachten. Gem. § 85 Abs. 3 b S. 1 SGB V sind für die Veränderungsraten der Gesamtvergütung im Beitrittsgebiet die beitragspflichtigen Einnahmen der Mitglieder aller Krankenkassen im Beitrittsgebiet zugrunde zu legen. Der Grundsatz der Beitragssatzstabilität ist in § 71 Abs. 1 S. 1 SGB V legaldefiniert: er beinhaltet drei Forderungen: Beitragssatzerhöhungen sind zu

---

S. 497 (503); *Wimmer,* Unzulängliche vertragsärztliche Vergütung aus Gemeinwohlgründen?, NZS 1999, S. 480 (483).

435 *Link/de Wall,* Verfassungsanforderungen an die Honorarverteilung im Vertragsarztrecht – insbesondere im Blick auf ärztliche Minderheitsgruppen, VSSR 2001, S. 69 (90).

436 *Link/de Wall,* Verfassungsanforderungen an die Honorarverteilung im Vertragsarztrecht – insbesondere im Blick auf ärztliche Minderheitsgruppen, VSSR 2001, S. 69 (70).

437 *Link/de Wall,* Verfassungsanforderungen an die Honorarverteilung im Vertragsarztrecht – insbesondere im Blick auf ärztliche Minderheitsgruppen, VSSR 2001, S. 69 (70).

438 *Kötter,* in LPK-SGB V, § 86 Rn 2,3.

vermeiden, die notwendige medizinische Versorgung ist zu gewährleisten und Wirtschaftlichkeitsreserven sind auszuschöpfen. Die Bedeutung des Grundsatzes der Beitragssatzstabilität in Bezug auf die Veränderung der Gesamtvergütung wird in der Literatur unterschiedlich gesehen: einer Ansicht zufolge ist er oberstes Globalsteuerungsprinzip des gesamten gesetzlichen Krankenversicherungsrechtes[439]. Er binde bei den Gesamtverträgen einschließlich der Vereinbarungen über die Veränderung der Gesamtvergütung das Ermessen der Vertragsparteien[440]. Nach anderer Ansicht ist der Grundsatz der Beitragssatzstabilität nachrangig im Verhältnis zum Grundsatz der angemessenen Vergütung[441]. Eine strikte Verbindlichkeit scheide aus, da das Gesetz nur eine Beachtung des Grundsatzes der Beitragssatzstabilität vorschreibt[442].

Für eine verbindliche Regelung spricht nunmehr die zum 1.1.2004 in Kraft getretene Neuregelung des § 85 Abs. 3 SGB V. Seither ist gem. § 85 Abs. 3 S. 3 SGB V abweichend von S. 2 eine Überschreitung der Veränderungsraten nach § 71 Abs. 3 SGB V zulässig, wenn Mehrausgaben auf Grund von Beschlüssen des Gemeinsamen Bundesausschusses nach § 135 Abs. 1 SGB V entstehen. Im Umkehrschluss bedeutet dieses, dass ansonsten eine Überschreitung unzulässig ist.

Die Vertragsparteien haben sich bei dem Abschluss der Gesamtverträge - wie auch die Vertragsparteien bei Abschluss der Bundesmantelverträge - gem. § 72 Abs. 2 SGB V im Rahmen der gesetzlichen Vorschriften und der Richtlinien des Gemeinsamen Bundesausschusses zu bewegen. Da gem. § 82 Abs. 1 S. 2 SGB V der Inhalt der Bundesmantelverträge Bestandteil der Gesamtverträge ist, dürfen Regelungen der Gesamtverträge nicht im Gegensatz zu denjenigen der Bundesmantelverträge stehen[443]. Gesetzliche Grenzen hinsichtlich des Regelumfanges zur Höhe der Gesamtvergütung ergeben sich aufgrund der detaillierten und umfangreichen Regelungen der §§ 85, 86 SGB V. Von entscheidender Bedeutung ist hierbei der Grundsatz der Beitragssatzstabilität, da hierdurch die Veränderungsrate der Gesamtvergütung gesetzlich begrenzt wird. Damit sind durch den Gesetzgeber die Maßstäbe der Entscheidungsfindung der Selbstver-

---

[439] *Freudenberg,* Beitragssatzstabilität in der gesetzlichen Krankenversicherung, S. 185.

[440] *Freudenberg,* Beitragssatzstabilität in der gesetzlichen Krankenversicherung, S. 182.

[441] *Sodan/Gast,* Die Relativität des Grundsatzes der Beitragsstabilität nach SGB V, NZS 1998, S. 497; *Muschallik,* Inhalt und Bindungswirkung des Grundsatzes der Beitragsstabilität in § 71 Abs. 1 , 141 Abs. 2 SGB V , NZS 1998, S. 7 (8 f.).

[442] *Sodan/Gast,* Die Relativität des Grundsatzes der Beitragsstabilität nach SGB V, NZS 1998, S. 497 (502); *Muschallik,* Inhalt und Bindungswirkung des Grundsatzes der Beitragsstabilität in § 71 Abs. 1 , 141 Abs. 2 SGB V , NZS 1998, S. 7 (9).

[443] *Funk,* in: *Schulin,* HS-KV § 32, Rn 23.

waltungsorgane sowohl hinsichtlich der Gesamtverträge als auch der Bundesmantelverträge vorgegeben.

cc) Arznei- und Heilmittelbudget, Richtgrößen

Gem. § 84 Abs. 1 S. 1 SGB V vereinbaren die Landesverbände und die Verbände der Ersatzkassen gemeinsam und einheitlich und die Kassenärztlichen Vereinigungen Arzneimittelvereinbarungen, die ein Ausgabenvolumen für die insgesamt von den Vertragsärzten veranlassten Ausgaben für Arznei-, Verbands- und Heilmittel umfasst sowie Zielvereinbarungen und Kriterien für Sofortmaßnahmen zur Einhaltung des vereinbarten Ausgabenvolumens. Bei Überschreitung der vereinbarten Budgetobergrenze ist die Überschreitung gem. § 84 Abs. 3 S. 1 SGB V Gegenstand der Gesamtvergütung. Unabhängig von ihrem tatsächlichen Verordnungsvolumen sind dabei alle Ärzte in gleichem Maße zu Regresszahlungen verpflichtet[444]. Bisher wurde dieser juristisch umstrittene Kollektivregress trotz alljährlicher Überschreitungen nur in Einzelfällen von den Krankenkassen gegenüber den Kassenärztlichen Vereinigungen durchgesetzt[445]. Aufgrund fehlender finanzieller Konsequenzen für die Kassenärztlichen Vereinigungen hat sich die Maßnahme der Deckelung der Arzneimittelausgaben bisher als praktisch wirkungslos erwiesen[446]. Welche Kriterien bei der Anpassung des Budgets zu berücksichtigen sind, ergibt sich aus § 84 Abs. 2 Nr. 1-8 SGB V.

Gem. § 84 Abs. 6 SGB V vereinbaren die Landesverbände und die Verbände der Ersatzkassen gemeinsam und einheitlich und die Kassenärztlichen Vereinigungen Richtgrößenvolumen. Die Richtgrößen sind nicht völlig frei zu vereinbaren, da die Richtgrößenvereinbarungen einerseits dem leistungsrechtlichen Anspruch des Versicherten und andererseits dem haftungsrechtlichen Maßstab des medizinischen Standards zu entsprechen haben[447]. Die Richtgrößen leiten den gem. § 84 Abs. 6 S. 3 SGB V den Vertragsarzt „bei seinen Entscheidungen über die Verordnung von Arznei- und Verbandmittel nach dem Wirtschaftlichkeitsgebot“. Gem. § 84 Abs. 9 SGB V kann das Bundesministerium für Gesundheit und Soziale Sicherung die Budgets bei Ereignissen mit erheblicher Folgewirkung für die medizinische Versorgung zur Gewährleistung der notwendigen Versorgung

---

[444] *Bognar/König/Vossmerbäumer,* in: *Salfeld/Wettke,* Die Zukunft des deutschen Gesundheitswesens, Perspektiven und Konzepte, S. 146.
[445] *Bognar/König/Vossmerbäumer,* in: *Salfeld/Wettke,* Die Zukunft des deutschen Gesundheitswesens, Perspektiven und Konzepte,. S. 146.
[446] *Bognar/König/Vossmerbäumer,* in: *Salfeld/Wettke,* Die Zukunft des deutschen Gesundheitswesens, Perspektiven und Konzepte, S. 147.
[447] *Peikert,* in: *Schnapp/Wigge,* Vertragsarztrecht, § 18 Rn 51.

mit Arznei-, Verband- und Heilmitteln durch Rechtsverordnung mit Zustimmung des Bundesrates erhöhen.

c) Zahntechnische Leistungen

Gem. § 88 Abs. 1 SGB V vereinbaren die Bundesverbände der Krankenkassen, die Bundesknappschaft und die Verbände der Ersatzkassen mit dem Bundesverband der Zahntechniker ein bundeseinheitliches Verzeichnis der abrechenbaren zahntechnischen Leistungen (BEL). Im BEL werden zahntechnische Leistungen, auf die der Versicherte im Rahmen der vertragszahnärztlichen Versorgung Zuschüsse gem. §§ 30, 73 Abs. 2 Nr. 2 SGB V beanspruchen kann, aufgeführt. Die Vereinbarung bezieht sich nicht nur auf eine Nennung der Leistung sondern auch auf die Bestimmungen der Leistungsinhalte. Hierdurch werden ein einheitliches Leistungsverständnis und eine einheitliche Abrechnungsweise bewirkt.

Gem. § 88 Abs. 2 SGB V treffen die Landesverbände der Krankenkassen und die Verbände der Ersatzkassen Vergütungsvereinbarung mit den Innungsverbänden der Zahntechniker für die nach dem bundeseinheitlichen Verzeichnis abrechenbaren zahntechnischen Leistungen. Adressaten der Vorschrift sind die Versicherten, die Vertragszahnärzte und die Zahntechniker sowie deren Innung. In den Richtlinien gem. § 92 Abs. 1 S. 2 Nr. 2 SGB V über die Versorgung mit Zahnersatz und Zahnkronen wird klargestellt, dass auch für zahntechnischen Leistungen das Gebot der Wirtschaftlichkeit gilt. In diesen Richtlinien werden zahlreiche Bestimmungen über die Abrechenbarkeit von zahntechnischen Leistungen zu Lasten der gesetzlichen Krankenkassen getroffen. So sollen für Stege und Verbindungselemente vorrangig konfektionierte Teile verwendet werden, bei totalen Prothesen ist die Basis aus Kunststoff herzustellen. Netz- und Drahteinlagen sollen nicht zur Verstärkung von Prothesen eingearbeitet werden, genauso wenig wie Gummisauger und Beschwerungseinlagen bei totalen Prothesen. Bei Teilprothesen soll in der Regel eine parodontal abgestützte Modellgusskonstruktion angefertigt werden. Damit verbleibt den Vertragspartner für die Vereinbarungen nach § 88 SGB V nur ein sehr begrenzter Entscheidungsspielraum.

d) Schiedswesen

Kommt ein Vertrag über die vertragsärztliche Versorgung ganz oder teilweise nicht zustande, setzt gem. § 89 Abs. 1 S. 1 SGB V ein Schiedsamt den Vertragsinhalt fest. Die Schiedsämter sind sachkundige, mit weisungsfreien Vertretern der Betroffenen besetzte , subsidiär Vertragshilfe leistende Schlichtungsgremien[448]. Sie sind keine Schiedsgerichte, ihre Funktion besteht ausschließlich in der Vertragsfestsetzung, auf diese Art und Weise wird vermieden, dass ein vertragsloser Zustand entsteht[449].

Landesschiedsämter für die vertragsärztliche und vertragszahnärztliche Versorgung werden gem. § 89 Abs. 2 S. 1 SGB V von den Kassen(zahn)ärztlichen Vereinigungen, den Landesverbänden der Krankenkassen und den Verbänden der Ersatzkassen gebildet. Sachlich und organisatorisch besteht kein Unterschied zwischen den Schiedsämtern für die vertragsärztliche und denjenigen für die vertragszahnärztliche Versorgung[450]. Den Schiedsämtern gehören drei unparteiische Mitglieder an, über die sich die Kassen(zahn)ärztlichen Vereinigungen, die Landesverbände der Krankenkassen und die Verbände der Ersatzkassen gem. § 89 Abs. 3 S. 1 SGB V einigen sollen. Den Fall eine fehlenden Einigung regelt § 89 Abs. 3 S. 4, 5 und 6 SGB V. Die Mitglieder der Schiedsämter sind gem. § 89 Abs. 3 S. 8 SGB V an Weisungen nicht gebunden. Gem. § 89 Abs. 6 SGB V wird vom Bundesministerium für Gesundheit und Soziale Sicherung durch Rechtsverordnung mit Zustimmung des Bundesrates das „Nähere über die Zahl, die Bestellung, die Amtsdauer, die Erstattung der baren Auslagen und die Entschädigung über den Zeitaufwand der Mitglieder der Schiedsämter, der Geschäftsführung, das Verfahren, die Erhebung und die Höhe der Gebühren sowie über die Verteilung der Kosten" bestimmt[451]. Gem. § 89 Abs. 8 SGB V wird ein Landesschiedsamt zur Festsetzung der Vergütung der zahntechnischen Leistungen der Zahntechniker gebildet. Für Verträge auf Bundesebene ist gem. § 89 Abs. 4 und 7 SGB V das Bundesschiedsamt zuständig. Es wird nach den gleichen Grundsätzen gebildet, wie die Landesschiedsämter.

Zuständige Aufsichtsbehörden über die Schiedsämter auf Landesebene sind gem. § 89 Abs. 5 S. 1 SGB V die obersten Verwaltungsbehörden der Länder, auf Bundesebene gem. § 89 Abs. 5 S. 2 SGB V das Bundesministerium für Gesundheit und Soziale Sicherung[452]. Gem. § 89 Abs. 5 S. 3 SGB V handelt es sich um eine Rechtsaufsicht. Den Schiedsämtern kommt ein nicht völlig objektivierbarer Beurteilungsspielraum zu, d.h. ein Bereich eigener, aufsichtsbehördlich und gerichtlich nicht weiter überprüfbarer Wertung und Entscheidung[453]. Inhalt eines

---

448 *Schnapp*, in: *Schnapp*, Handbuch des sozialrechtlichen Schiedsverfahrens, Kapitel B, Rn 102.

449 *Düring*, Das Schiedswesen in der gesetzlichen Krankenversicherung, S. 45.

450 *Düring*, Das Schiedswesen in der gesetzlichen Krankenversicherung, S. 49.

451 SchiedamtVO vom 28.5.1957, BGBl I, S. 579; Verordnung zur Änderung der Schiedsamtverordnung vom 7.4.1998, BGBl I, S. 719.

452 Zu dieser Problematik: *Schnapp*, Gesamtverträge und Schiedsverfahren mit Ersatzkassenbeteiligung, NZS 2003, S. 1 (2, 3)

453 *Schnapp*, in: *Schnapp*, Handbuch des sozialrechtlichen Schiedsverfahrens, Kapitel B, Rn 103.

Schiedsspruches kann nur sein, was die Beteiligten in freier Vereinbarung hätten regeln können[454]. Die Grenzen des Gestaltungsspielraums ergeben sich aus den für die Vertragsparteien geltenden Vorschriften[455]. Da die Landesschiedsämter für den Fall des Nichtzustandekommens der Gesamtverträge zuständig sind und das Bundesschiedsamt für den Fall des Nichtzustandekommens der Bundesmantelverträge, kann auf die hierzu gemachten Ausführungen verwiesen werden.

e) Landesausschüsse und Gemeinsamer Bundesausschuss

aa) Landesausschüsse

Die Landesausschüsse und der Gemeinsame Bundesausschuss sind Organe der gemeinsamen Selbstverwaltung. Gem. § 90 Abs. 1 S. 1 SGB V werden von den Kassenärztlichen Vereinigungen und den Landesverbänden der Krankenkassen für den Bereich eines jeden Landes je ein Landesausschuss der Ärzte und Krankenkassen und ein Landesausschuss der Zahnärzte und Krankenkassen gebildet. Die Besetzung der Landesausschüsse ist in § 90 Abs. 2 SGB V geregelt: je acht Vertreter der Ärzte und der Krankenkassen werden von den Kassenärztlichen Vereinigungen bzw. von den Landesverbänden der Krankenkassen bestellt, diese sollen sich über den unparteiischen Vorsitzenden und zwei weitere unparteiische Mitglieder einigen. Im Falle des Nichtzustandekommens einer Einigung sieht § 90 Abs. 2 S. 3 SGB V eine Berufung der unparteiischen Mitglieder durch die für die Sozialversicherung zuständige oberste Landesbehörde vor.

Gem. § 90 Abs. 4 S. 1 SGB V bestimmen sich die Aufgaben der Landesausschüsse nach dem SGB V. Ein Auswahlermessen hinsichtlich ihrer Tätigkeit besteht nicht[456]. Gem. § 99 Abs. 3 i.V.m. Abs. 1 SGB V beraten die Landesausschüsse die Bedarfspläne zur Sicherstellung der ärztlichen Versorgung und entscheiden über sie im Falle des fehlenden Einvernehmens gem. § 99 Abs. 3 i.V.m. Abs. 2 SGB V. In diesem Fall kommt ihnen die Funktion einer Schiedsstelle zu[457]. Grundlage der Bedarfsplanung sind die Richtlinien des Gemeinsamen Bundesausschusses gem. § 92 Abs. 1 S. 2 Nr. 9 SGB V. Die Grenzen des Gestaltungsspielraums der Landesausschüsse in ihrer Schiedsfunktion ergeben sich aus den Grenzen, die für die Landesverbände der Krankenkassen und die Verbände der Ersatzkassen in Hinblick auf § 99 SGB V bestehen. Weitere Aufgaben der Landesausschüsse sind in den §§ 100, 103 und 106 SGB V geregelt.

---

[454] *Düring,* Das Schiedswesen in der gesetzlichen Krankenversicherung, S. 132.
[455] *Düring,* Das Schiedswesen in der gesetzlichen Krankenversicherung, S. 155.
[456] *Schimmelpfeng-Schütte,* in: *Schnapp/Wigge,* Vertragsarztrecht, § 6 Rn 61.
[457] BSG SozR 3-2500, § 101, Nr. 2, S. 9.

Nach § 90 Abs. 3 S. 4 SGB V, auf den für den Gemeinsamen Bundesausschuss § 91 Abs. 2 S. 7 SGB V verweist, bestimmt das Bundesministerium für Gesundheit und Soziale Sicherung durch Rechtsverordnung mit Zustimmung des Bundesrates nach Anhörung der Kassenärztlichen Bundesvereinigungen und der Krankenkassenverbände „das Nähere über die Amtsdauer, die Amtsführung, die Erstattung der baren Auslagen und die Entschädigung für Zeitaufwand der Ausschussmitglieder sowie über die Verteilung der Kosten". Das ist bislang nicht geschehen[458]. Daher wird weiterhin die aufgrund von § 368 o Abs. 3 RVO erlassene Verordnung über Amtsdauer, Amtsführung und Entschädigung der Mitglieder des Gemeinsamen Bundesausschusses und Landesausschüsse der Ärzte und Krankenkassen vom 10.11.1956 in der Fassung der ÄnderungsVO vom 12.3.1980[459] angewandt[460].

bb) Gemeinsamer Bundesausschuss

(1) Zusammensetzung

Auf Bundesebene wird seit dem 1.1.2004 der Gemeinsame Bundesausschuss von den Kassenärztlichen Bundesvereinigungen, der Deutschen Krankenhausgesellschaft, den Bundesverbänden der Krankenkassen, der Bundesknappschaft und den Verbänden der Ersatzkassen gem. § 91 Abs. 1 S. 1 SGB V gebildet. Der Gemeinsame Bundesausschuss ersetzt fünf Vorgänger-Beschlussgremien: den Bundesausschuss der Ärzte und Krankenkassen, den Bundesausschuss der Zahnärzte und Krankenkassen, den Bundesausschuss für Fragen der Psychotherapie, den Koordinierungsausschuss und den Ausschuss Krankenhaus. In den unterschiedlichen Versorgungsbereichen entscheidet der Gemeinsame Bundesausschuss mit unterschiedlichen Besetzungen, die in § 91 Abs. 2, 4-7 SGB V geregelt sind. Die Vertreter der Ärzte, Krankenkassen und Krankenhäuser und ihre Stellvertreter werden gem. § 91 Abs. 2 S. 4 SGB V von der Kassenärztlichen Bundesvereinigung, den Verbänden der jeweils repräsentierten Krankenkassen und der Deutschen Krankenhausgesellschaft bestellt. Auf welche Art und Weise und unter welchen Voraussetzungen eine solche Bestellung erfolgt, ist gesetzlich nicht geregelt. Daher sind beide Seiten in der Auswahl der Mitglieder des Bundesausschusses frei[461].

---

[458] *Schimmelpfeng-Schütte,* in: *Schnapp/Wigge,* Vertragsarztrecht, § 6 Rn 21.
[459] BGBl I 1956, S. 861, BGBl I 1980, S. 282.
[460] *Schimmelpfeng-Schütte,* in: *Schnapp/Wigge,* Vertragsarztrecht, § 6 Rn 21.
[461] *Schimmelpfenng-Schütte*, in : *Schnapp/Wigge*, Vertragsarztrecht, § 6 Rn 21.

Gem. § 91 Abs. 5 S. 2 SGB V sind fünf psychotherapeutisch tätige Ärzte und fünf Psychotherapeuten als Vertreter der Kassenärztlichen Bundesvereinigung sowie zusätzlich ein Vertreter der Ersatzkassen zu benennen, soweit sich die Richtlinien gem. § 92 Abs. 1 S. 2 Nr. 1 SGB V auf die psychotherapeutische Behandlung beziehen. In der vertragszahnärztlichen Versorgung wirken gem. § 91 Abs. 6 SGB V acht weitere Vertreter der Kassenzahnärztlichen Bundesvereinigung anstelle der vier Vertreter der Kassenärztlichen Bundesvereinigung und der vier Vertreter der Deutschen Krankenhausgesellschaft mit. Die Beteiligung anderer, nichtärztlicher Leistungserbringer ist gesetzlich nicht vorgesehen. Ihnen wird gesetzlich ein Recht zur Stellungnahme eingeräumt, diese Stellungnahme ist in die Entscheidungen des Gemeinsamen Bundesausschusses einzubeziehen.

Über die unparteiischen Mitglieder sollen sich die Spitzenverbände der Krankenkassen und die Kassenärztlichen Bundesvereinigungen gem. § 91 Abs. 2 S. 2 SGB V einigen. Für den Fall, dass eine Einigung nicht zustande kommt, sieht § 91 Abs. 2 S. 3 SGB V eine Berufung der unparteiischen Mitglieder durch das Bundesministerium für Gesundheit und Soziale Sicherung vor. Bereits aufgrund der Beteiligung neutraler Mitglieder im Bundesausschuss sind zum Teil in der Literatur Bedenken dahingehend geäußert worden, ob der Bundesausschuss als demokratisch-legitimiertes Repräsentativorgan der Betroffenen verstanden werden kann[462]. Nach der Rechtsprechung des Bundesverfassungsgerichts, der sich weite Teile der Literatur angeschlossen haben, reicht es hingegen für eine demokratische Legitimation aus, wenn die Mehrheit der Mitglieder eines Entscheidungsgremiums demokratisch legitimiert ist und die Entscheidung darüber hinaus von der Mehrheit der so legitimierten Mitglieder getragen wird[463]. Im Konfliktfall müssen die demokratisch legitimierten Mitglieder des Organs in der Lage sein, ihre Auffassung gegenüber derjenigen der demokratisch nicht legitimierten Mitglieder durchzusetzen[464].

Da die Versicherten in dem Gemeinsamen Bundesausschuss nicht unmittelbar vertreten sind, ist von Seiten der Kassenärztlichen Bundesvereinigung ein Anhörungsrecht für autorisierte Vertreter der Patienten im Bundesausschuss der Ärzte und Krankenkassen gefordert worden. Hierdurch sollte eine größere Akzeptanz

---

[462] *Ebsen,* Autonome Rechtsetzung in der Sozialversicherung und der Arbeitsförderung als Verfassungsproblem, VSSR 1990, S. 57 (68); *Wimmer,* Grenzen der Regelungsbefugnis in der vertragsärztlichen Selbstverwaltung, NZS 1999, S. 113 (118).

[463] BVerfGE 93, 37 (68); *Böckenförde,* Verfassungsfragen der Richterwahl, S. 74 ff; *Clemens,* Normenstrukturen im Sozialrecht, NZS 1994, S. 337 (344); *Ipsen,* Die Richterwahl in Bund und Ländern, DÖV 1971, S. 469 (474); *Jarass/Pieroth,* Grundgesetz für die Bundesrepublik Deutschland, Art. 20 Rn 8; *Tettinger/Mann,* Zur demokratischen Legitimation in sondergesetzlichen Wasserverbänden S. 17.

[464] *Böckenförde,* Verfassungsfragen der Richterwahl, S. 76.

der Entscheidungen bei den Versicherten erreicht werden[465]. Von den Spitzenverbänden der Krankenkassen ist einer Mitentscheidungsmöglichkeit der Patienten in den Gremien der Gesetzlichen Krankenversicherung oder der gemeinsamen Selbstverwaltung eine klare Absage erteilt worden[466]. Seit dem 1.1.2004 ist gem. § 140 f SGV V eine Beteiligung von Interessenvertretungen der Patientinnen und Patienten vorgesehen. Gem. § 140 f Abs. 2 S. 1 und 4 SGB V erhalten die für die Wahrnehmung der Interessen der Patientinnen und Patienten und der Selbsthilfe chronisch kranker und behinderter Menschen auf Bundesebene maßgeblichen Organisationen ein Mitberatungsrecht im Gemeinsamen Bundesausschuss und das Recht, bei Beschlüssen des Gemeinsamen Bundesausschusses nach § 91 Abs. 4-7 SGB V einen Antrag zu stellen.

Gem. § 91 Abs. 9 SGB V sind die Beschlüsse des Gemeinsamen Bundesausschusses für die Versicherten, die Krankenkassen und die an der ambulanten ärztlichen Versorgung teilnehmenden Leistungsträger und die zugelassenen Krankenhäuser verbindlich. Ausgenommen sind hierbei Beschlüsse zu Entscheidungen nach § 137 b SGB V (Förderung der Qualitätssicherung in der Medizin) und zu Empfehlungen nach § 137 f SGB V (Strukturierte Behandlungsprogramme bei chronischen Krankheiten).

(2) Aufgaben

Aufgaben des Gemeinsamen Bundesausschusses sind in erster Linie die Erstellung und Beschlussfassung von Richtlinien. Die bisher beschlossenen Richtlinien entsprechen im Wesentlichen dem Katalog des § 92 Abs. 1 SGB V. Allerdings ist der Ausschuss nicht an diesen Katalog gebunden, sie können sich mit allen Bereichen der vertragsärztlichen Versorgung befassen, für die sie Richtlinien für notwendig erachten[467]. Zur Vorbereitung seiner Beratungen und Beschlussfassungen kann der Gemeinsame Bundesausschuss Arbeitsausschüsse einsetzen, in diesen Arbeitsausschüssen werden die entscheidenden Weichen für die Entscheidungen des Gemeinsamen Bundesausschusses gestellt[468]. Der Gemeinsame Bundesausschuss beschließt in nicht öffentlichen Sitzungen, der Hergang der Beratung und das Stimmenverhältnis bei der Beschlussfassung sind vertraulich zu behandeln[469]. Eine Beschlussfassung im schriftlichen Verfahren ist möglich, wird jedoch nur in seltenen Fällen praktiziert[470].

---

465 ÄZ Nr. 165 vom 16.9.02.
466 ÄZ Nr. 165 vom 16.9.02; ÄZ Nr. 166, 17.9.02.
467 *Jung u.a.*, Ansprüche der Versicherten präzisieren, Dt. Ärzteblatt 2000; 97:A-370.
468 *Schimmelpfenng-Schütte*, in: *Schnapp/Wigge*, Vertragsarztrecht, § 6 Rn 25.
469 *Schimmelpfenng-Schütte*, in: *Schnapp/Wigge*, Vertragsarztrecht, § 6 Rn 25.
470 *Schimmelpfenng-Schütte*, in: *Schnapp/Wigge*, Vertragsarztrecht, § 6 Rn 25.

Weitere wichtige Aufgabe des Gemeinsamen Bundesausschusses ist gem. § 91 Abs. 3 Nr. 1 und 2 SGB V der Beschluss einer Verfahrens- und einer Geschäftsordnung. In der Verfahrensordnung wird unter anderem das Anhörungsverfahren vor Erlass oder Änderung der Richtlinien geregelt. Hierdurch wird sichergestellt, dass den maßgeblichen auf Bundesebene tätigen Verbänden der jeweiligen Interessenvertretern Gelegenheit gegeben wird, zu den in Frage stehenden Richtlinien, bzw. deren Änderung Stellung zu nehmen[471]. Ein Recht zur Stellungnahme haben gem. § 92 Abs. 3 a SGB V die Spitzenorganisationen der pharmazeutischen Unternehmer und der Apotheker hinsichtlich der Richtlinien zur Verordnung von Arzneimitteln. Entsprechende Rechte ergeben sich hinsichtlich der Mutterschaftsrichtlinie gem. § 92 Abs. 1 b SGB V für die Berufsorganisationen der Hebammen und Entbindungspfleger, hinsichtlich der Rehabilitationsrichtlinien gem. § 92 Abs. 5 S. 1 SGB V für die Spitzenorganisationen der ambulanten und stationären Vorsorge- und Rehabilitationseinrichtungen den Rehabilitationsträgern sowie dem BAR, hinsichtlich der Heilmittelrichtlinien gem. § 92 Abs. 6 S. 2 SGB V für die Spitzenorganisationen der Heilmittelerbringer, hinsichtlich der Richtlinie zur Verordnung von häuslicher Krankenpflege gem. § 92 Abs. 7 S. 2 SGB V für die Spitzenorganisationen der Pflegedienste und hinsichtlich der Hilfsmittelrichtlinie gem. § 92 Abs. 7 a SGB V für die Spitzenorganisationen der Leistungserbringer von Hilfsmitteln sowie der Hilfsmittelhersteller.

Der Gemeinsame Bundesausschuss hat gem. § 135 Abs. 1 S. 2 SGB V die zu Lasten der gesetzlichen Krankenkassen erbrachten vertragsärztlichen Leistungen umfassend zu prüfen. Dieser Prüfauftrag bezieht sich sowohl auf die Zulassung neuer Behandlungsmethoden als auch auf alle zu Lasten der gesetzlichen Krankenkassen erbrachten vertragsärztlichen Leistungen und betrifft den diagnostischen und therapeutischen Nutzen, die medizinische Notwendigkeit und die Wirtschaftlichkeit. Leistungen, die diese Kriterien nicht erfüllen, dürfen gem. § 135 Abs. 1 S. 3 SGB V nicht mehr als vertragsärztliche oder –zahnärztliche Leistung zu Lasten der gesetzlichen Krankenkassen erbracht werden.

(3) Richtlinien des Gemeinsamen Bundesausschusses

Leistungen im Rahmen der vertragsärztlichen Versorgung werden durch die Richtlinien des Gemeinsamen Bundesausschusses inhaltlich ausgestaltet. Gegenstand einer Regelung durch Richtlinien kann hingegen nicht die Entscheidung sein, ob beim Versicherten eine vom Leistungsumfang der gesetzlichen Krankenversicherung gedeckte behandlungsbedürftige Krankheit besteht.

---

[471] www.arge-koa.de .

Die Verbindlichkeit der Richtlinien für die Vertragsärzte ergibt sich neben § 91 Abs. 9 SGB V aus mindestens drei Regelungszusammenhängen: der „Zulassungs-, der Vertrags- und der Satzungsschiene“[472]. Zum ersten erwächst sie aus der Zulassung des Vertragsarztes: gem. § 95 Abs. 3 S. 3 SGB V sind die vertraglichen Vereinbarungen über die vertragsärztliche Versorgung für den Vertragsarzt verbindlich. Da die Richtlinien Bestandteil der Bundesmantelverträge gem. § 92 Abs. 8 SGB V sind, sind sie verbindliche vertragliche Bestimmungen. Zum zweiten sind die Richtlinien als Bestandteil der Bundesmantelverträge wiederum gem. § 82 Abs. 1 S. 2 SGB V Bestandteil der Gesamtverträge. Diese sind gem. § 81 Abs. 3 Nr. 1 SGB V von den Kassenärztlichen Vereinigungen für verbindlich zu erklären. Zuletzt müssen auch die Kassenärztlichen Vereinigungen gem. § 81 Abs. 3 Nr. 2 SGB V Bestimmungen in ihren Satzungen aufnehmen, dass die Richtlinien nach §§ 75 Abs. 7, 92 und 136 a und b Abs. 1 und 2 SGB V für die Kassenärztlichen Vereinigungen und ihre Mitglieder verbindlich sind.

Für die Krankenkassen ergibt sich die Verbindlichkeit der Richtlinien bereits daraus, dass diese als Bestandteil der Gesamtverträge auch für die Krankenkassen wirken, (§§ 92 Abs. 8, 82 Abs. 1 S. 2, 83 Abs. 1 S. 1 SGB V). Auch die Satzungen der Landesverbände der Krankenkassen müssen gem. § 210 Abs. 2 SGB V eine Bestimmung enthalten, wonach die Richtlinien nach §§ 92, 136 a S. 1 Nr. 1, 136 b Abs. 1 und 2 SGB V SGB V für die Landesverbände und ihre Mitglieder verbindlich erklärt werden.

Vor der Neufassung des § 91 SGB V war strittig, ob die Richtlinien für die Versicherten verbindlich waren. Mit dem „Methadon-Urteil“ vom 20.3.1996[473] hatte der 6. Senat des Bundessozialgerichtes die (damaligen) Bundesausschüsse als Anstalten des öffentlichen Rechts qualifiziert, die mit den Richtlinien bindendes Satzungsrecht nicht nur für die Vertragsärzte und die Krankenkassen, sondern auch gegenüber den Versicherten setzen. Für die Versicherten soll sich nach dieser Rechtsprechung die Verbindlichkeit der Richtlinien daraus ergeben, dass ihre Funktion darin besteht, die Verpflichtung der Vertragsärzte zur wirtschaftlichen Behandlungs- und Verordnungsweise mit den Ansprüchen der Versicherten zu koordinieren[474]. Denn es besteht ein sachlogischer Zusammenhang zwischen § 92 Abs. 1 SGB V und der leistungsrechtlichen Vorschriften des § 12 SGB V[475]. Mit dem Urteil vom 18.3.1998[476] hat der 6. Senat des Bundessozialgerichtes eine Verbindlichkeit der Richtlinien aus einer kontinuierlichen ununterbrochenen Legitimationskette abgeleitet. Dadurch, dass die Gremien der ge-

[472] *Schnapp,* Aktuelle Rechtsquellenprobleme im Vertragsarztrecht, SGb 1999, S. 62 (64).
[473] BSGE 78,70 ff.
[474] BSGE 78,70 (76).
[475] BSGE 78,70 (77).
[476] Soz-R 3-5520, § 24 Nr. 3.

meinsamen Selbstverwaltung beschließen können, welche Leistungen unter welchen Voraussetzungen zulässigerweise Gegenstand der kassenärztlichen Behandlung sind, sollen sie nicht nur das Kassenarztrecht, sondern auch das Recht der Leistungen gestalten[477]. Leistungs- und Leistungserbringungsrecht stehen sich nämlich nicht unabhängig gegenüber sondern verhalten sich wie „konzentrische Kreise und haben eine gemeinsame Schnittstelle“[478]. In der Literatur wurde einer Verbindlichkeit von Richtlinien für die Versicherten entgegengehalten, dass dem SGB V bis zum 1.1.2004 keine generellen Verbindlichkeitserklärungen der Richtlinien für die Versicherten zu entnehmen war[479].

Die Frage der Verbindlichkeit lässt sich aufgrund des neu eingefügten § 91 Abs. 9 SGB V dahingehend modifizieren, ob es einer solchen Verbindlichkeitserklärung überhaupt bedurft hatte. Auch ohne die neue gesetzliche Bestimmung des § 91 Abs. 9 SGB V sind die Richtlinien für die Vertragsärzte und die Krankenkassen verbindlich. Hierdurch wird sichergestellt, dass die in den Richtlinien beschriebenen Leistungen den Versicherten gewährt werden. Die Richtlinien zeigen dem Versicherten nur, was das System des Leistungsrechts für sie bereithält[480]. Eine nachteilige Veränderung der Rechtsstellung des Versicherten wird aufgrund der Richtlinien nicht vorgenommen: die Richtlinien sowie die hierdurch vorbestimmten ärztlichen Entscheidungen können das „Rahmenrecht“ des Versicherten auf ärztliche Leistungen nicht verkürzen, sondern nur inhaltlich ausgestalten. Da die Versicherten im Gegensatz zu den Krankenkassen und den Vertragsärzten keine Adressaten der Richtlinien sind, können sie die Richtlinien weder befolgen noch beachten[481]. Daher bestand keine Notwendigkeit, die Richtlinien dem Versicherten gegenüber als verbindlich zu erklären.

---

[477] *Ebsen,* Autonome Rechtsetzung in der Sozialversicherung und der Arbeitsförderung als Verfassungsproblem, VSSR 1990, S. 57,69.

[478] *Noftz,* Leistungsrecht und Leistungserbringungsrecht nach Inkrafttreten des 2. GKV-Neuordungsgesetzes, VSSR 1997, S. 393 (426).

[479] *Schnapp,* Untergesetzliche Rechtsquellen im Vertragsarztrecht – am Beispiel der Richtlinien, vorgesehen für FS 50 Jahre BSG, Erscheinungsdatum Sept. 2004; *Schimmelpfeng-Schütte,* Richtliniengebung durch den Bundesausschuss der Ärzte und Krankenkassen, NZS 1999, S. 530 (533); *Koch,* Normsetzung durch Richtlinien des Bundesausschusses der Ärzte und Krankenkassen? SGb 2001, S. 166 (173); *Windthorst,* Die integrierte Versorgung in der Gesetzlichen Krankenversicherung, S. 54, 55.

[480] *Schnapp,* Untergesetzliche Rechtsquellen im Vertragsarztrecht – am Beispiel der Richtlinien, vorgesehen für FS 50 Jahre BSG, Erscheinungsdatum Sept. 2004.

[481] *Schnapp,* Untergesetzliche Rechtsquellen im Vertragsarztrecht – am Beispiel der Richtlinien, vorgesehen für FS 50 Jahre BSG, Erscheinungsdatum Sept. 2004.

(5) Wirksamwerden der Richtlinien

Die von dem Gemeinsamen Bundesausschuss beschlossenen Richtlinien müssen gem. § 94 Abs. 1 S. 1 SGB V dem Bundesministerium für Gesundheit und Soziale Sicherung vorgelegt werden. Die Richtlinien können gem. § 94 Abs. 1 S. 2 SGB V innerhalb von zwei Monaten beanstandet werden. Kommen die für die Sicherstellung der Versorgung erforderlichen Beschlüsse nicht oder nicht innerhalb einer vom Bundesministerium für Gesundheit und Soziale Sicherung gesetzten Frist zustande, bzw. werden die Beanstandungen des Bundesministeriums für Gesundheit und Soziale Sicherung nicht innerhalb der gesetzten Frist behoben, hat das Bundesministerium für Gesundheit und Soziale Sicherung gem. § 94 Abs. 1 S. 3 SGB V die Kompetenz zur Ersatzvornahme der Richtlinien.

Ob mit dieser Beanstandungs- und Ersatzvornahmekompetenz eine Rechts- oder eine Fachaufsicht verbunden ist, wird in der Literatur zum Teil als ungeklärt angesehen[482]. Es wird vertreten, das Beanstandungs- und Ersatzvornahmerecht des Bundesministeriums für Gesundheit und Soziale Sicherung aus § 94 Abs. 1 S. 2 SGB V erstrecke sich nur auf die Vereinbarung der Richtlinien mit vorrangigem Gesetzes- und Verordnungsrecht und umfasse keine Zweckmäßigkeitskontrolle[483]. Andererseits werden Zweckmäßigkeitserwägungen als zulässig erachtet, wenn sie die Grenzen einer noch zulässigen Interpretation der unbestimmten Rechtsbe- griffe durch den Gemeinsamen Bundesausschusses betreffen[484]. Bei der Ausübung des Beanstandungsrechtes sei allerdings Zurückhaltung geboten, da dem Gemeinsamen Bundesausschuss ein Beurteilungsspielraum beim Erlass von Richtlinien eingeräumt sei[485]. Auch wird in der Literatur vorgetragen, dass die für die Aufsicht typische Unterscheidung zwischen Rechtmäßigkeits- und Zweckmäßigkeitskontrolle verschwimme, da eine inhaltliche Kontrollbefugnis des Bundesministeriums dahingehend gegeben sei, die Richtlinien auf eine Gewähr für eine ausreichende, zweckmäßige und wirtschaftliche Versorgung der Versicherten zu überprüfen [486]. Das Beanstandungsrecht sei daher eher als ein Mitwirkungsrecht und Genehmigungsvorbehalt anzusehen[487].

---

[482] *Ebsen,* Autonome Rechtsetzung in der Sozialversicherung und der Arbeitsförderung als Verfassungsproblem, VSSR 1990, S. 57 (68).

[483] *Kaltenborn,* Richtliniengebung durch ministerielle Ersatzvornahme, VSSR 2000, S. 249 (267); *Butzer/Kaltenborn,* Die demokratische Legitimation des Bundesausschusses, MedR 2001, S. 333 (342), *Vahlendiek,* in: *Hauck/Noftz,* SGB V, § 94 Rn 4.

[484] *Hermann,* in GK-SGB V, § 94, Rn 8; *Kötter,* in: LPK-SGB V, § 94 Rn 7.

[485] BSGE 63, 163; *Henke,* in: Peters, KV, § 94 Rn 4; *Kötter,* in: LPK-SGB V, § 94 Rn 7.

[486] Axer, Neue Rechtsinstrumente der Qualitätssicherung in der ambulanten und stationären Versorgung unter Einbeziehung des Koordinierungsausschusses, VSSR 2002, S. 215 (237).

[487] *Axer,* Neue Rechtsinstrumente der Qualitätssicherung in der ambulanten und stationären Versorgung unter Einbeziehung des Koordinierungsausschusses, VSSR 2002, S. 215 (237.

Im Wege der Ersatzvornahme ist vom Bundesgesundheitsministerium eine Anpassung der Methadon-Richtlinien an die zum 1.7.2002 in Kraft getretene Neufassung der Betäubungsmittelverschreibungsverordnung erfolgt. Die Kassenärztliche Bundesvereinigung hatte einen Richtlinienvorschlag eingebracht, demzufolge eine Kopplung der Leistungspflicht der gesetzlichen Krankenversicherung bei Drogensubstitution an eine Begleiterkrankung aufgehoben werden sollte. Die Krankenkassen im Bundesausschuss hatten sich dieser Lösung verweigert, so dass es zu einer Ersatzvornahme durch das Bundesgesundheitsministerium gekommen war. Als Reaktion gegen diese Ersatzvornahme ist vom damaligen Bundesausschuss Anfechtungsklage gegen das Bundesministerium für Gesundheit und Soziale Sicherung erhoben worden und ein Antrag auf einstweiligen Rechtsschutz beim Sozialgericht Köln gestellt worden, da wesentliche Grundsätze, wie die Konkretisierung des Therapiekonzeptes, gefehlt hätten[488]. Das Landessozialgericht untersagte dem Ministerium Ende August 2002 die Veröffentlichung seiner selbst erlassenen Richtlinien, die daraufhin zurückgenommen worden sind[489]. Es erfolgte eine Neuregelung der Richtlinien durch den damaligen Bundesausschuss, in denen die bisherige Voraussetzung einer Begleiterkrankung für die Substitution aufgehoben wurde. Der Neufassung stimmten die Vertreter der Krankenkassen aufgrund eines besseren Verfahrens zur Qualitätssicherung zu[490]. Am 1. 1. 2003 sind die neuen „Richtlinien zur substitutionsgestützten Behandlung Opiatabhängiger“ (Methadon-Richtlinien) in Kraft getreten.

(6) Der Gemeinsame Bundesausschuss als „kleiner Gesetzgeber“?

Die demokratische Legitimation des damaligen Bundesausschusses der Ärzte und Krankenkassen ist in der Literatur mehrfach in Frage gestellt worden: so wird zum Teil vertreten, dass ein hinreichendes Legitimationsniveau nicht erreicht werde, da der Bundesausschuss nur wenigen gesetzlichen Vorgaben unterworfen und in seinen Entscheidungen weitgehend unlimitiert sei[491]. Daher

[488] www.arge-koa.de, Pressemitteilung 1/2003 des Bundesausschusses der Ärzte und Krankenkassen.
[489] www.arge-koa.de, Pressemitteilung 1/2003 des Bundesausschusses der Ärzte und Krankenkassen.
[490] www.arge-koa.de, Pressemitteilung 1/2003 des Bundesausschusses der Ärzte und Krankenkassen.
[491] *Butzer/ Kaltenborn,* Die demokratische Legitimation des Bundesausschusses der Ärzte und Krankenkassen, MedR 2001, S. 333 (341), mit Verweis auf die Prägung des Begriffes durch *Oldiges,* Wechselwirkung zwischen Leistungsrecht und Vertragsrecht in der gesetzlichen Krankenversicherung, Sozialer Fortschritt 1998, S. 69 (70 ff).

würde er mit gewissem Recht als „kleiner Gesetzgeber“ bezeichnet[492]. Der Bundesausschuss treffe seine Entscheidungen nicht durch Subsumtion unter das Gesetz, wissenschaftliche Erkenntnisse oder ärztliche Erfahrungssätze, sondern durch Dezision[493]. Andere Autoren wiederum gestehen dem Bundesausschuss einen weniger weitreichenden Entscheidungsspielraum zu[494]. So sei im Bereich der Bedarfsplanung die vom Bundesausschuss zu treffende Entscheidung so weit normativ vorstrukturiert, dass es sich um eine messbar richtige Gesetzesdurchführung handele[495]. Auch für Nichtvertragsärzte, die von den Entscheidungen des Bundesausschusses zur Bedarfsplanung betroffen sind, soll die notwendige sachlich-inhaltliche Legitimation der Beschlüsse durch die Gesetzesbindung aufgrund der Vorgaben des § 101 SGB V und der §§ 12 ff Ärzte-ZV gegeben sein[496]. Auch wird vertreten, dass mit dem Beanstandungs- und Ersatzvornahmerecht gem. § 94 Abs. 1 SGB V durch das Bundesgesundheitsministerium für Gesundheit und Soziale Sicherung der staatlichen Exekutive eine ausreichende Einwirkungsmöglichkeit zustehe[497].

Zunächst ist es zutreffend, dass hinsichtlich der Bedarfsplanung aufgrund der gesetzlichen Vorgaben dem Gemeinsamen Bundesausschuss kein Entscheidungsspielraum im Sinne einer Auswahl zwischen verschiedenen Möglichkeiten zukommt. In den Richtlinien über die Bedarfsplanung sowie die Maßstäbe zur Feststellung zur Überversorgung und Unterversorgung in der vertragsärztlichen Versorgung[498], die ihre gesetzliche Grundlage in den §§ 92 Abs. 1 S. 2 Nr. 9, 99, 101 S. 1 Nr. 1, 2 und 3, 103 Abs. 1, 104 Abs. 1, 311 Abs. 2 S. 6, 7, 8 SGB V sowie in den §§ 12 Abs. 3 Ärzte-ZV, 16 Abs. 1, 16 b Abs. 1 S. 3, 32 b Abs. 2 Ärzte-ZV haben, müssen gem. § 101 Abs. 1 S. 1 Nr. 1 SGB V einheitliche Verhältniszahlen für den allgemeinen bedarfsgerechten Versorgungsgrad in der vertragsärztlichen Versorgung beschlossen werden. Diese Verhältniszahlen werden

---

492 *Butzer/ Kaltenborn,* Die demokratische Legitimation des Bundesausschusses der Ärzte und Krankenkassen MedR 2001, S. 333 (341).

493 *Schwerdtfeger,* Verfassungsrechtliche Grenzen der Freiheit und Bindung bei der Leistungserbringung im Gesundheitswesen, SDSRV 38, S. 27 (41).

494 *Axer,* Normsetzung der Exekutive in der Sozialversicherung, S. 391 ff; *Engelmann,* Untergesetzliche Normsetzung im Recht der gesetzlichen Krankenversicherung durch Verträge und Richtlinien NZS 2000, S. 76 (81).

495 *Engelmann,* Untergesetzliche Normsetzung im Recht der gesetzlichen Krankenversicherung durch Verträge und Richtlinien NZS 2000, S. 76 (81); *Hällßig,* Normsetzung durch Richtlinien im Vertragsarztrecht, S. 179.

496 *Muckel,* Die Selbstverwaltung in der Sozialversicherung auf dem Prüfstand des Demokratieprinzips, NZS 2002, S. 118 (125).

497 *Tempel-Kromminga,* Die Problematik der Richtlinien der Bundesausschüsse der Ärzte und Krankenkassen nach dem neuen Recht des SGB V, S. 163; *Kötter,* in: LPK-SGB V, § 92 Rn 18.

498 in der Fassung vom 9.3.1993, zuletzt geändert am 17.4.2002, in Kraft getreten am 1.7.2002.

im dritten Abschnitt der Richtlinien für die dort genannten Arztgruppen bestimmt. Für die Feststellung der allgemeinen Verhältniszahlen erfolgte eine Zuordnung der Planungsbereiche zu raumordnungsspezifischen Planungskategorien. Diese Planungskategorien entsprechen den Siedlungsstrukturtypen, die vom Bundesamt für Bauwesen und Raumordnung für die Raumordnungsberichterstattung entwickelt worden sind. In der Anlage 3 der Richtlinien befindet sich eine Zusammenstellung der Kreiszuordnungen nach den Analysen des Bundesamtes für Bauwesen und Raumordnung, aus der sich die Einzelzuordnung der Kreise, kreisfreien Städte und der Kreisregionen zu den verschiedenen Planungskategorien ergibt.

Gem. § 101 Abs. 1 Nr. 2 SGB V sind die Maßstäbe für eine ausgewogene hausärztliche und fachärztliche Versorgungsstruktur in den Richtlinien festzulegen. Dieses ist im 7. Abschnitt der Richtlinien erfolgt. Der Anteil der in der hausärztlichen Versorgung tätigen Ärzte soll 60 v.H. der Gesamtzahl der im fachärztlichen Planungsbereich tätigen Ärzte betragen. Für den Fall, dass die Zahlen in einem Planungsbereich abweichen, sollen die Kassenärztlichen Vereinigungen im Rahmen der Niederlassungsberatung auf die Herstellung eines ausgewogenen Verhältnisses zwischen hausärztlicher und fachärztlicher Versorgung hinwirken.

Gem. § 101 Abs. 1 Nr. 3 SGB V werden Vorgaben für die ausnahmsweise Besetzung zusätzlicher Vertragsarztsitze, soweit diese zur Wahrung der Qualität der vertragsärztlichen Versorgung in einem Versorgungsbereich unerlässlich sind, in den Richtlinien getroffen. Diese Maßstäbe für qualitätsbezogene Sonderbedarfsfeststellungen werden im 5. Abschnitt der Richtlinien ausgeführt.

Gem. § 101 Abs. 1 Nr. 4 SGB V sollen ferner Ausnahmeregelungen bei Zulassungsbeschränkungen vorgenommen werden. Hierbei bestehen die gesetzlichen Vorgaben, dass es sich um die Zulassung eines Arztes handelt, der die vertragsärztliche Tätigkeit gemeinsam mit einem bereits tätigen Vertragsarzt derselben Facharztgruppe ausüben will und sich die Partner der Gemeinschaftspraxis zur Leistungsbegrenzung verpflichten. In den Richtlinien wird hierzu aufgeführt, wann eine Übereinstimmung der Fachgebiete besteht und wie eine verbindliche Festlegung zur Beschränkung des Praxisumfanges von dem Zulassungsausschuss festgelegt wird. Weitere Regelungen über die beschränkte Zulassung sind in § 101 Abs. 3 SGB V enthalten. In den Richtlinien sich auch Maßstäbe und Verfahren für die Berücksichtigung der in Versorgungseinrichtungen nach § 311 Abs. 2 SGB V beschäftigten Ärzte bei der Bedarfsplanung sowie Planungsentscheidung enthalten.

In den Richtlinien über die Bedarfsplanung in der vertragszahnärztlichen Versorgung[499] werden ebenfalls Bestimmungen darüber getroffen, wie die Planungsbereiche festgesetzt werden sollen. Die regionalen Planungsbereiche sollen den kreisfreien Städten, den Landkreisen und Kreisregionen in der Zuordnung des Bundesamtes für Bauwesen und Raumordnung entsprechen. Übersichten über den Stand der zahnärztlichen Versorgung sollen entsprechend der Bestimmungen in den Richtlinien von den Kassenzahnärztlichen Vereinigungen nach den in der Anlage beigefügten Planungsblättern festgestellt werden. Der allgemeine bedarfsgerechte Versorgungsgrad der zahnärztlichen Versorgung ermittelt sich anhand von Verhältniszahlen, die in den Richtlinien festgelegt werden. Hierzu wird die Zahl der Einwohner durch die Zahl der behandelnden Zahnärzte geteilt. Für die Beurteilung des Versorgungsgrades werden auf Seiten der Zahnärzte deren Tätigkeitsgebiete, Leistungsfähigkeit und Alters- und Praxisstruktur berücksichtigt, auf Seiten der Versicherten deren Zahl, Altersstruktur, Nachfrage nach zahnärztlichen Leistungen sowie der Ort der tatsächlichen Inanspruchnahme der zahnärztlichen Leistungen. Ebenfalls werden Kriterien und Verfahren zur Feststellung einer eingetretenen oder drohenden zahnärztlichen Unterversorgung in den Richtlinien bestimmt, sowie festgelegt, wann eine zahnärztliche Überversorgung vorliegt. Die Feststellung selbst erfolgt durch die Landesverbände. Weiterhin wird in den Richtlinien geregelt, unter welchen Voraussetzungen eine gemeinsame Berufsausübung in einer Gemeinschaftspraxis und die Beschäftigung von angestellten Zahnärzten möglich sind. Hierbei sind die Regelungen des SGB V und der Zahnärzte-ZV zu beachten.

Die Bedarfsplanungs-Richtlinien sind daher inhaltlich durch das SGB V und die Zulassungsverordnungen in so hohem Maße geprägt, dass die Beschlüsse des Bundesausschusses nicht mit einer gesetzgeberischen Tätigkeit verglichen werden können. Die Regelung von Einzelfragen der Krankenbehandlung erfordert hingegen aufgrund der Vielfältigkeit und Vielschichtigkeit der medizinischen Materie und dem ständigen medizinischen Fortschritt notwendigerweise einen gewissen Entscheidungsspielraum. Der Gemeinsame Bundesausschuss muss bei dem Beschluss einer Richtlinie rechtliche und medizinische Vorgaben miteinander verbinden und die naturwissenschaftlichen Erkenntnisse der Medizin, die sich in einer ständigen Weiterentwicklung befinden, in den rechtlichen Rahmen des Sozialgesetzbuches einfügen. Eine solche Zusammenfügung zweier Gebiete, die von unterschiedlichen Zielsetzungen geprägt sind, kann von einem sachverständigen Gremium nur durchgeführt werden, wenn ein gewisser Handlungsfreiraum besteht. Dieser Handlungsfreiraum ist aufgrund der Koordination zweier Fachbereiche jedoch in zweifacher Hinsicht beschränkt: durch den gesetzlichen Rahmen und durch die medizinischen Notwendigkeiten.

---

[499] vom 12. 3. 1993, in der am 21.9.1999 geänderten und ab 9.12. 1999 gültigen Fassung

Gleichzeitig sind die Beschlüsse des Gemeinsamen Bundesausschusses auch aus rechtlicher und aus medizinischer Sicht überprüfbar.

Ob dieser Handlungsspielraum eine personelle Legitimation der Mitglieder des Gemeinsamen Bundesausschusses notwendig macht, um ein Legitimationsniveau zu erreichen, das den Anforderung des Art. 20 Abs. 2 S. 1 GG entspricht, beurteilt sich danach, in welchem Ausmaß der Versicherte von den Vorgaben der Richtlinien betroffen ist. Hierzu soll noch einmal das Beispiel des Versicherten, bei dem eine akute Pulpitis vorliegt, herangezogen werden. Der „Anspruch" auf Behandlung des entzündeten Zahnes ergibt sich aus § 27 Abs. 1 S. 1 Nr. 2 SGB V. Hat sich der Vertragszahnarzt für die Therapie einer Wurzelfüllung entschieden, so muss er bei der Durchführung der endodontischen Maßnahme die „Behandlungs-Richtlinien"[500] beachten. Hier ist unter Punkt III Nr. 9.1. folgendes ausgeführt:

„Für alle endodontischen Maßnahmen gilt insbesondere:

> *a) Eine Behandlung im Rahmen der vertragszahnärztlichen Versorgung ist nur dann angezeigt, wenn die Aufbereitbarkeit und Möglichkeit der Füllung des Wurzelkanals bis bzw. bis nahe an die Wurzelspitze gegeben sind.*
> *b) Medikamentöse Einlagen sind unterstützende Maßnahmen zur Sicherung des Behandlungserfolges; sie sind auf drei Sitzungen beschränkt.*
> *c) Es sollen biologisch verträgliche, erprobte, dauerhafte, randständige und röntgenpositive Wurzelfüllmaterialien verwendet werden.*
> *d) Die Wurzelfüllung soll das Kanalvolumen vollständig ausfüllen.*
> *e) Begleitende Röntgenuntersuchungen (diagnostische Aufnahmen, Messaufnahmen, Kontrollaufnahmen) sind unter Beachtung der Strahlenschutzbestimmungen abrechenbar."*

Diese Bestimmungen besagen nichts anderes, als dass die Wurzelfüllung lege artis vom Vertragszahnarzt durchgeführt werden muss. Ein gewissenhafter und gut ausgebildeter Vertragszahnarzt behandelt einen Wurzelkanal so, wie es in den Richtlinien vorgegeben ist. Der Versicherte wird durch die Richtlinien vornehmlich vor möglichen Außenseitermethoden geschützt, in das gesetzlich vorgesehene Rahmenrecht auf zahnärztliche Leistung wird hierdurch nicht eingegriffen. Daher wird der Versicherte nicht in rechtlich erheblicher Art und Weise

[500] Richtlinien des Bundesausschusses der Zahnärzte und Krankenkassen für eine ausreichende zweckmäßige und wirtschaftliche vertragsärztliche Versorgung vom 4.6.2003 in der ab 1.1.2004 gültigen Fassung.

von den Richtlinien betroffen. Da sich die Richtlinien innerhalb des Rahmenrechtes bewegen, das durch das SGB V vorgegeben wird, greifen sie nicht rechtsmindernd in Position der Versicherten, die Richtliniengebung bedarf somit keiner Legitimation durch die Versicherten[501].

Gesetzgeberisch wird der Gemeinsamer Bundesausschuss daher nicht – auch nicht „im Kleinen“ – tätig, denn der Anspruch des Versicherten ist als „Grundtatbestand“ durch das SGB V festgelegt, die Rechtsfolgen werden von den naturwissenschaftlichen Standards der medizinischen und zahnmedizinischen Versorgung und Erkenntnis bestimmt. Um bei einem rechtlich geprägten Vergleich zu bleiben, kann dem Gemeinsamen Bundesausschuss eine richterliche Funktionen zugestanden werden: die zur Überzeugung des Gemeinsamen Bundesausschusses feststehenden medizinischen Sachverhalte werden mit der zu beachtenden Rechtslage in Einklang gebracht. Durch die Aufsicht werden diese Entscheidungen von einer übergeordneten Instanz überprüft.

f) Voraussetzungen und Formen der Teilnahme von Ärzten und Zahnärzten an der Versorgung

Von den Landesverbänden der Krankenkassen, den Verbänden der Ersatzkassen sowie den Kassenärztlichen Vereinigungen wird gem. § 96 Abs. 1 SGB V ein Zulassungsausschuss für Ärzte und ein Zulassungsausschuss für Zahnärzte errichtet. Näheres zur Teilnahme an der vertragsärztlichen Versorgung wird durch Zulassungsverordnungen, die gem. § 98 Abs. 1 S. 2 SGB V vom Bundesministerium für Gesundheit und Soziale Sicherung mit Zustimmung des Bundesrates als Rechtsverordnung erlassen wird, geregelt. Die Zulassungsausschüsse treffen auch weitere Entscheidungen, die mittelbar oder unmittelbar mit der Zulassung zusammenhängen[502]. Hierzu zählen der Ausschluss der Zulassung wegen Vollendung des 55. Lebensjahres, Ruhen der Zulassung, Verzicht und Entzug der Zulassung und das Enden der Zulassung aus anderen Gründen. Diese Entscheidungen und Beschlussfassungen der Zulassungsausschüsse sind gesetzlich durch die Zulassungsverordnungen vorgegeben. Der Zulassungsausschuss ist weiterhin gem. § 117 Abs. 1 S. 1 SGB V verpflichtet, die poliklinischen Institutsambulanzen der Hochschulen auf Verlangen der Träger zur ambulanten ärztlichen Versorgung zu ermächtigen.

Gegen die Entscheidungen der Zulassungsausschüsse können die Beteiligten gem. § 96 Abs. 4 S. 1 SGB V einen Berufungsausschuss anrufen, der nach den

---

[501] *Schnapp,* Untergesetzliche Rechtsquellen im Vertragsarztrecht – am Beispiel der Richtlinien, vorgesehen für FS 50 Jahre BSG, Erscheinungsdatum Sept. 2004.

[502] *Schiller,* in: *Schnapp/Wigge,* Vertragsarztrecht, § 5 d Rn 2.

gleichen Grundsätzen gebildet wird wie die Zulassungsausschüsse. Aufgrund der als Rechtsverordnung erlassenen Zulassungsverordnungen gem. § 98 SGB V ist ein eigener Entscheidungsspielraum der Krankenkassenverbände nicht gegeben.

g) Bedarfsplanung, Unterversorgung, Überversorgung

aa) Bedarfsplan

Die Kassenärztlichen Vereinigungen haben im Einvernehmen mit den Landesverbänden der Krankenkassen und den Verbänden der Ersatzkassen gem. § 99 Abs. 1 SGB V, § 12 Abs. 3 Ärzte-ZV zur Sicherstellung der vertragsärztlichen Versorgung nach den Maßgaben der Richtlinien des Gemeinsamen Bundesausschusses einen Bedarfsplan aufzustellen. Der Bedarfsplan bildet die verbindliche Grundlage für die Beurteilung des Versorgungsstandes[503]. Zu diesem Zweck werden Übersichten von den Kassenärztlichen Vereinigungen erstellt, deren Inhalt und Form sich nach den Mustertabellen der Anlage 1 der Richtlinien bestimmt. Ob dem Bedarfsplan der Charakter einer Rechtsnorm zukommt, ist umstritten. Zum großen Teil wird er als rein verwaltungsinterne Bedarfsanalyse und Versorgungsplanung angesehen[504]. Andere bezeichnen ihn als vertragliche Festsetzung mit Normcharakter[505]. Wie bereits ausgeführt, muss der Gemeinsame Bundesausschuss zahlreiche gesetzliche Vorgaben bei den Bedarfsplanungs-Richtlinien beachten. Fehlt ein eigenständiger Entscheidungsfreiraum bereits bei der Beschlussfassung des Gemeinsamen Bundesausschusses, so gilt dies erst recht für Entscheidungen der Verbände der Krankenkasse, da diese nach den Maßgaben der Richtlinien die Bedarfspläne erstellen. Wenn eine Einigung zwischen den Kassenärztlichen Vereinigungen, den Landesverbänden der Krankenkassen und der Verbänden der Ersatzkassen nicht zustande kommt, kann jeder der Beteiligten gem. § 99 Abs. 2 SGB V den Landesausschuss der Ärzte und Krankenkassen anrufen.

bb) Unterversorgung und Zulassungsbeschränkungen

Die Landesausschüsse der Ärzte und Krankenkassen haben gem. § 100 Abs. 1 S. 1 SGB V die Aufgabe, die Feststellung über eine bereits vorliegende oder eine drohende Unterversorgung zu treffen. Die Maßstäbe, Grundlagen und Ver-

[503] *Klückmann*, in: *Hauck/Noftz*, SGB V, § 99 Rn 10.
[504] Kass.Komm.- *Hess*, § 99 Rn 7, *Kötter*, in: LPK-SGB V, § 99 Rn 5.
[505] *Krauskopf*, in: *Krauskopf*, § 99 Rn 19.

fahren zur Beurteilung einer drohenden oder bestehenden Unterversorgung sind in den Bedarfsplanungs-Richtlinien enthalten. Daher gilt - wie auch für die Bedarfsplanung selbst -, dass durch die Feststellung der Unterversorgung keine eigenen Entscheidungsfreiräume der Krankenkassenverbände begründet werden. Wenn trotz Maßnahmen einer Kassenärztlichen Vereinigung oder trotz anderer geeigneter Maßnahmen die Sicherstellung der vertragsärztlichen Versorgung nicht gewährleistet ist und die Unterversorgung auch nach Fristablauf andauert, so haben die Landesausschüsse gem. § 100 Abs. 2 SGB V Zulassungsbeschränkungen in anderen Gebieten mit verbindlicher Wirkung für die Zulassungsausschüsse anzuordnen. Diese Anordnungen erfolgen nach Maßgabe der Zulassungsverordnungen.

Gem. §§ 103 Abs. 1 S. 1, 101 Abs. 5 S. 5 SGB V obliegt den Landesausschüssen die Feststellung, ob eine Überversorgung vorliegt. Ist das der Fall, hat der Landesausschuss nach den Vorschriften der Zulassungsverordnung unter Berücksichtigung der Richtlinien des Gemeinsamen Bundesausschusses Zulassungsbeschränkungen anzuordnen.

h) Wirtschaftlichkeits- und Abrechnungsprüfung

Die Wirtschaftlichkeit der vertragsärztlichen Versorgung wird gem. § 106 Abs. 1 SGB V durch Beratung und Prüfungen, die gem. § 106 Abs. 2 S. 1 Nr. 1 und 2 SGB V als Auffälligkeits- und Zufälligkeitsprüfung durchgeführt werden, von den Krankenkassen und den Kassenärztlichen Vereinigungen überwacht. Inhalt und Durchführung der Beratung und der Prüfung der Wirtschaftlichkeit wird gem. § 106 Abs. 3 S. 1 SGB V von den Landesverbänden der Krankenkassen und den Verbänden der Ersatzkassen gemeinsam und einheitlich mit den Kassenärztlichen Vereinigungen vereinbart. Inhalt dieser Vereinbarung sind die Richtlinien des Gemeinsamen Bundesausschusses nach § 106 Abs. 2 b S. 1 SGB V. Die Gegenstände der Zufälligkeitsprüfungen sind gem. § 106 Abs. 2 a SGB V die Indikation, die Effektivität und die Qualität der ärztlichen Leistung sowie die Angemessenheit der Kosten im Verhältnis zum Behandlungsziel. Bei Zahnersatz und kieferorthopädischen Leistungen wird zusätzlich eine Vereinbarkeit mit dem Heil- und Kostenplan geprüft.

Die Grundlagen für die Wirtschaftlichkeitsprüfung in § 106 SGB V werden nicht nur durch die Richtlinien des Gemeinsamen Bundesausschusses ergänzt, sondern auch durch die Verträge der Verbände der Krankenkassen mit den Kassenärztlichen Vereinigungen, den sog. Prüfungsvereinbarungen[506]. Die Prü-

[506] *Steinhilper*, in: *Schnapp/Wigge*, Vertragsarztrecht, § 16 Rn 37.

fungsvereinbarungen sind öffentlich-rechtliche Verträge, denen Rechtsnormcharakter zukommt[507]. Nicht erfasst wird von dem Regelungsinhalt das Verwaltungsverfahren vor den Ausschüssen, vorrangig gelten insoweit die Vorschriften des SGB X[508]. Die Vereinbarungen der Krankenkassenverbände zur Prüfung der Wirtschaftlichkeitsverfahren sind somit inhaltlich wie auch verfahrensrechtlich gesetzlich vorgegeben.

7) Beziehungen zu Krankenhäusern und anderen Einrichtungen, §§ 107-114 SGB V

a) Abschluss und Kündigung von Versorgungsverträgen

Die Landesverbände der Krankenkassen sowie die Verbände der Ersatzkassen können gem. § 109 Abs. 1 SGB V mit dem jeweiligen Krankenhausträger einen Versorgungsvertrag abschließen. Welche Bedingungen erfüllt sein müssen, damit eine Einrichtung als Krankenhaus im Sinne des SGB V anzusehen ist, ist in § 107 Abs. 1 SGB V gesetzlich bestimmt. Den Fall, dass sich mehrere geeignete Krankenhäuser um den Abschluss eines Versorgungsvertrages bewerben, regelt § 109 Abs. 2 S. 2 SGB V. Das pflichtgemäße Ermessen gem. § 109 Abs. 2 S. 2 SGB V bei der Auswahl unter mehreren Krankenhäusern wird dahingehend eingeschränkt, dass das Krankenhaus ausgewählt werden soll, das einer bedarfsgerechten, leistungsfähigen und wirtschaftlichen Krankenhausbehandlung am besten gerecht wird. Versagungsgründe sind in § 109 Abs. 3 SGB V genannt. Eine Kündigung eines Versorgungsvertrages kann gem. § 110 SGB V nur aus den in § 109 Abs. 3 SGB V genannten Gründen, bei fehlender Gewähr einer leistungsfähigen und wirtschaftlichen Krankenhausbehandlung oder bei Nichterforderlichkeit für eine bedarfsgerechte Krankenhausbehandlung, erfolgen. Gem. § 110 Abs. 1 S. 2 SGB V dürfen diese Kündigungsgründe nicht nur vorübergehend bestehen. Sowohl der Abschluss eines Versorgungsvertrages als auch eine Kündigung bedürfen gem. §§ 109 Abs. 3 S. 2, 110 Abs. 2 S. 2 SGB V der Genehmigung der zuständigen Landesbehörde.

§ 111 Abs. 2 und 4 SGB V regelt den Abschluss von Versorgungsverträgen mit Vorsorge- und Rehabilitationseinrichtungen. Welche Anforderungen von Vorsorge- und Rehabilitationseinrichtung im Sinne des SGB V erfüllt werden müssen, bestimmt sich nach § 107 Abs. 2 SGB V. Gestaltungsfreiräume stehen den

---

[507] *Peikert,* in: *Schnapp/Wigge,* Vertragsarztrecht, § 18 Rn 14.

[508] *Engelhard in: Hauck/Noftz,* SGB V, K § 106 Rn 20 f; KassKomm-*Hess,* § 106 SGB V Rn 55; *Wiegand,* Kassenarztrecht, § 106 SGB V Rn 48.

Landesverbänden bei diesen Vertragsabschlüssen aufgrund der detaillierten Regelung nicht zu.

b) Rahmenempfehlungen über Vorsorge- und Rehabilitationsmaßnahmen

Die Spitzenverbände der Krankenkassen sollen entsprechend den Maßgaben des § 111 b SGB V Rahmenempfehlungen für ambulante und stationäre medizinische Vorsorgeleistungen sowie ambulante und stationäre medizinische Rehabilitationsleistungen abgeben. Der Inhalt der Empfehlungen wird in § 111 b S. 2 Nr. 1-8 SGB V umschrieben. Diese Rahmenempfehlungen sollen unter Berücksichtigung der Rehabilitations-Richtlinien des Gemeinsamen Bundesausschusses erfolgen und stellen keine verbindliche Entscheidung für den Versicherten dar.

c) Zweiseitige Verträge und Rahmenempfehlungen über Krankenhausbehandlung

Gem. § 112 Abs. 1 S. 1 SGB V schließen die Landesverbände der Krankenkassen und die Verbände der Ersatzkassen zweiseitige Verträge über die gesetzlich vorgesehene Krankenhausbehandlung mit den jeweiligen Verbänden der Krankenhausträger im Land ab. Zwar war in den ersten Entwürfen des Gesundheits-Reformgesetzes den Spitzenverbänden die Kompetenz zum Abschluss von Verträgen auf Bundesebene zugebilligt worden, da die Gesetzgebungskompetenz im Krankenhauswesen jedoch den Ländern vorbehalten ist, wurde den Landesverbänden die Kompetenz zum Abschluss der Verträge übertragen[509]. Diese Verträge sind gem. § 112 Abs. 2 S. 2 SGB V für die Krankenkassen und die zugelassenen Krankenhäuser im Land unmittelbar verbindlich. Der Regelungsinhalt der Verträge ist in § 112 Abs. 2 S. 1 Nr. 1-6 SGB V aufgeführt.

§ 112 Abs. 5 SGB V bestimmt, dass von den Spitzenverbänden der Krankenkassen und der Deutschen Krankenhausgesellschaft oder den Bundesverbänden der Krankenhausträger Rahmenempfehlungen zum Inhalt der zweiseitigen Verträge über Krankenhausbehandlung abgegeben werden sollen. In der Gesetzesbegründung ist der Charakter der Rahmenempfehlungen als „Sollvorschrift" von der Bundesregierung betont worden[510]. In den meisten Bundesländern ist vor Abschluss der zweiseitigen Verträge auf die Empfehlung der Spitzenverbände gewartet worden oder die Übernahme der Rahmenempfehlungen ist zum Ziel der

---

[509] *Wörner*, Die Selbstverwaltung in der Sozialversicherung, S. 85.

[510] *Wörner*, Die Selbstverwaltung in der Sozialversicherung, S. 85, mit Verweis auf BR-Drucks. 200/88, S. 200.

Vertragsverhandlungen erklärt worden[511]. Die Rahmenempfehlungen zu § 112 Abs. 2 SGB V decken mit Ausnahme des § 112 Abs. 2 S. 1 Nr. 6 SGB V (Voraussetzungen, Art und Umfang der medizinischen Maßnahmen zur Herbeiführung einer Schwangerschaft gem. § 27 a SGB V) alle im Katalog des § 112 Abs. 2 SGB V genannten Regelungsgegenstände ab und sind in den Verträgen nach § 112 SGB V weitestgehend übernommen und nur den landesspezifischen Besonderheiten angepasst worden[512]. Da die Empfehlungen keinen wesentlichen Vertragsgegenstand der zweiseitigen Verträge außer Acht lassen, machen sie den Abschluss von zweiseitigen Normverträgen praktisch überflüssig[513].

Allen Rahmenempfehlungen zu § 112 Abs. 2 SGB V ist eine gemeinsame Präambel vorangestellt, in der festgelegt wurde, dass die Rahmenempfehlungen mit der Unterzeichnung durch die Vertragspartner in Kraft treten und dass diese für den Fall einer Kündigung einer Rahmenempfehlung die Bereitschaft erklären, an der Verabschiedung einer neuen Rahmenempfehlung mitzuwirken; in ihnen ist eine Kündigungsfrist von einem Jahr vorgesehen [514]. Gesetzlich in § 112 Abs. 4 SGB V eine Kündigungsmöglichkeit nur für Verträge auf Landesebene vorgesehen, gesetzliche Kündigungsbestimmungen für die Empfehlungen auf Bundesebene fehlen. Damit besteht bei den Verträgen nach § 112 SGB V ein Geflecht von verbindlichen Vertragsabschlüssen durch die Landesverbände und unverbindlichen Rahmenempfehlungen durch die Spitzenverbände. Hierbei wird den Rahmenempfehlungen von Seiten der Vertragspartner mehr Bedeutung zugewiesen wird, als es vom Gesetzeswortlaut und der Gesetzessystematik anzunehmen ist. Für die Landesverbände verbleibt hingegen kein Gestaltungsspielraum bei den Vertragsabschlüssen.

Gem. § 137 Abs. 2 S. 2 SGB V haben die Vereinbarungen zur Qualitätssicherung Vorrang vor den Verträgen nach § 112 Abs. 1 SGB V, hierin können lediglich ergänzende Regelungen zur Qualitätssicherung enthalten sein. Kommt eine Einigung über einen Vertrag nach § 112 Abs. 1 SGB V nicht zustande, so wird gem. § 112 Abs. 3 SGB V eine Festsetzung durch die Landesschiedsstelle nach § 114 SGB V vorgenommen.

---

511 *Wörner*, Die Selbstverwaltung in der Sozialversicherung, S. 85.
512 *Wörner*, Die Selbstverwaltung in der Sozialversicherung, S. 100.
513 *Heinze*, in: *Schulin*, HS-KV, § 38 Rn 75.
514 *Wörner*, Die Selbstverwaltung in der Sozialversicherung, S. 86.

d) Qualitäts- und Wirtschaftlichkeitsprüfung der Krankenhausbehandlung

Die Landesverbände der Krankenkassen, die Verbände der Ersatzkassen und der Landesausschuss der privaten Krankenversicherungen können gem. § 113 Abs. 1 SGB V gemeinsam die Wirtschaftlichkeit, Leistungsfähigkeit und Qualität der Krankenhausbehandlung eines zugelassenen Krankenhauses durch einen Prüfer untersuchen lassen, der einvernehmlich mit dem Krankenhausträger bestellt worden ist. Im Falle der Nichteinigung wird diese Entscheidung gem. § 113 Abs. 1 S. 2 SGB V auf die Landesschiedsstelle übertragen. Diese Regelung dient der Gewährleistung der Einhaltung gesetzlich vorgegebener Anforderungen an die Krankenhausbehandlung. Entscheidungskompetenzen, die den Versicherten betreffen, werden hierdurch nicht begründet.

e) Landesschiedsstelle

Die Zusammensetzung und die Bestellung der Mitglieder der Landesschiedsstelle wird in § 114 Abs. 2 SGB V geregelt. In Nordrhein-Westfalen ist zu § 114 SGB V eine Landesschiedsstellenverordnung aufgrund der Ermächtigung in § 114 Abs. 5 SGB V ergangen[515], in der „das Nähere über die Zahl, die Bestellung, die Amtsdauer und die Amtsführung, die Erstattung der baren Auslagen und Entschädigung für den Zeitaufwand der Mitglieder der Schiedsstelle und der erweiterten Schiedsstelle, die Geschäftsführung, das Verfahren, die Erhebung und die Höhe der Gebühren sowie über die Verteilung der Kosten“ bestimmt ist. Die Aufsicht über die Geschäftsführung der Schiedsstelle führt gem. § 114 Abs. 4 SGB V die zuständige Landesbehörde. Hinsichtlich der Entscheidungsfreiräume der Landesschiedsstelle ist wie bei dem Schiedswesen nach § 89 SGB V daraufhinzuweisen, dass es sich um die gleiche inhaltliche Entscheidungskompetenz handelt, die auch den Vertragspartnern zusteht. Ist –wie ausgeführt- der Regelungsinhalt der Verträge nach § 112 Abs. 1 SGB V durch die Rahmenempfehlungen auf Bundesebene zum großen Teil vorgegeben, stellen diese auch für die Landesschiedsstelle eine Begrenzung der Entscheidungskompetenz dar.

[515] LSchV vom 28.11.1989, GVBl NRW Nr. 61, S. 641.

8) Beziehungen zu Krankenhäusern und Vertragsärzten, §§ 115- 123 SGB V

a) Dreiseitige Verträge und Rahmenempfehlungen zwischen Krankenkassen, Krankenhäusern und Vertragsärzten

Dreiseitige Verträge gem. § 115 Abs. 1 SGB V haben zum Ziel, eine nahtlose ambulante und stationäre Behandlung der Versicherten zu gewährleisten. Sie werden von den Landesverbänden der Krankenkassen, den Verbänden der Ersatzkassen und den Kassenärztlichen Vereinigungen mit den Verbänden der Krankenhausträger geschlossen und sind gem. § 115 Abs. 2 S. 2 SGB V für die Krankenkassen, die Vertragsärzte und die zugelassenen Krankenhäuser im Land unmittelbar verbindlich. Der Inhalt der Verträge wird nicht abschließend in § 115 Abs. 2 Nr. 1-5 SGB V geregelt.

Gem. § 115 Abs. 5 SGB V sollen von den Spitzenverbänden der Krankenkassen und der Kassenärztlichen Bundesvereinigung und der Deutschen Krankenhausgesellschaft oder dem Bundesverband der Krankenhausträger Rahmenempfehlungen zum Inhalt der Verträge abgegeben werden, was zum Belegarztwesen gem. § 115 Abs. 2 S. 1 Nr. 1 SGB V und zur gegenseitigen Unterrichtung und Überlassung von Krankenunterlagen gem. § 115 Abs. 2 S. 1 Nr. 2 SGB V auch erfolgt ist.

§ 115 Abs. 2 S. 1 Nr. 3 SGB V betrifft die Zusammenarbeit bei der Gestaltung und Durchführung eines ständig einsatzbereiten Notdienstes. Als Bestandteil des Notdienstes sind die Richtlinien des Bundesausschusses über Krankentransportleistungen gem. § 92 Abs. 1 SGB V zu beachten. Die Durchführung von vor- und nachstationärer Behandlung im Krankenhaus, die in § 115 Abs. 2 S. 1 Nr. 4 SGB V als Regelungsinhalt der dreiseitigen Verträge genannt wird, ist durch § 115 a SGB V eingehend gesetzlich geregelt. Von den in § 115 a Abs. 2 S. 1-3 SGB V festgelegten zeitlichen Begrenzungen kann gem. § 115 Abs. 2 Nr. 4 SGB V in den Verträgen abgewichen werden. Allerdings muss der zeitliche Bezug zum vollstationären Krankenhausaufenthalt gewahrt bleiben[516]. In der Literatur ist aufgrund der detaillierten gesetzlichen Regelung in § 115 a SGB V die Frage aufgeworfen worden, ob überhaupt Bedarf für Vereinbarungen oder Rahmenempfehlungen besteht[517]. Die Vertragsinhalte zu § 115 Abs. 2 S. 1 Nr. 5 SGB V hinsichtlich des ambulanten Operierens im Krankenhaus werden ebenfalls durch die Regelung des § 115 b SGB vom Gesetzgeber ausgefüllt[518]. Hin-

[516] *Degener-Hencke*, in: GKV-Komm., § 115 a Rn 46.
[517] *Heinze*, in: *Schulin*, HS-KV § 38 Rn 84, 92.
[518] *Heinze*, in: *Schulin*, HS-KV, § 38 Rn 94.

sichtlich der Entscheidungsfreiräume auf Landesebene wird daher in der Literatur vertreten, dass sich ein ähnlicher Befund wie bei den Verträgen nach § 112 Abs. 1 SGB V ergibt: für vertragsinhaltliche Konkretisierungen soll aufgrund der Rahmenempfehlungen der Spitzenverbände sowie der gesetzlichen Vorgaben wenig Raum verbleiben[519].

Kommt ein Vertrag nach § 115 Abs. 1 SGB V nicht zustande, so wird gem. § 115 Abs. 3 S. 1 SGB V sein Inhalt auf Antrag einer Vertragspartei durch die Landesschiedsstelle nach § 114 SGB V festgesetzt. Die Kassenärztlichen Vereinigungen, die für den Abschluss der dreiseitigen Verträge nach § 115 SGB V zuständig sind, sind nicht an der Bildung der Landesschiedsstelle beteiligt. Daher wird gem. § 115 Abs. 3 S. 2 SGB V eine erweiterte Schiedsstelle errichtet, bei der Vertreter der Vertragsärzte, die von den Kassenärztlichen Vereinigungen bestellt werden, beteiligt werden. Für den Fall der Nichteinigung der Selbstverwaltungskörperschaften ist gem. § 115 Abs. 4 SGB V vorgesehen, dass die Landesregierung eine Rechtsverordnung erlassen kann. Im Gesetzesentwurf war bei Nichtzustandekommen eine Bestimmung des Regelungsinhaltes durch Rechtsverordnung des Bundesministers für Arbeit und Sozialordnung mit Zustimmung des Bundesrates vorgesehen gewesen[520]. Mit der Übertragung der Verordnungsermächtigung auf die Länder sollte der Tatsache Rechnung getragen werden, dass auch der Inhalt der Verträge auf Landesebene vereinbart wird[521].

b) Vor- und nachstationäre Behandlung im Krankenhaus

In welchen Fällen eine vor- oder nachstationäre Behandlung im Krankenhaus möglich ist, ist in § 115 a Abs. 1 Nr. 1 und 2 SGB V festgelegt. § 115 a Abs. 2 SGB V trifft Bestimmungen über die zeitliche Inanspruchnahme von vor- und nachstationärer Behandlung. Ausnahmeregelungen bei Organübertragungen nach § 9 des Transplantationsgesetzes und für die Nachbetreuung von Organspendern nach § 8 Abs. 3 S. 1 des Transplantationsgesetzes sind ausgeführt in § 115 a Abs. 2 S. 2, 4 und 7 SGB V. Die wesentlichen Regelungen der vor- und nachstationären Behandlungen sind damit vom Gesetzgeber getroffen worden.

In § 115 a Abs. 3 S. 1 SGB V werden die Vertragspartner der Vereinbarungsvergütung für vor- und nachstationäre Behandlung im Krankenhaus genannt. Gesetzlich vorgegeben ist gem. § 115 a Abs. 3 S. 2 SGB V, dass die Vergütung pauschaliert werden soll und geeignet sein soll, die stationären Kosten zu reduzieren. Kommt eine Einigung über die Vergütung nicht zustande, so kann gem.

---

519 *Heinze*, in: *Schulin*, HS-KV, § 38 Rn 102.
520 BT-Drucks. 11/33220, S. 79.
521 *Wörner*, Die Selbstverwaltung in der Sozialversicherung S. 112,113.

§ 115 a Abs. 3 S. 5 SGB V die Schiedsstelle nach § 18 a Abs. 1 KHG diese festsetzen. Die Spitzenverbände geben im Benehmen mit der Kassenärztlichen Bundesvereinigung gem. § 115 a Abs. 3 S. 3 SGB V Empfehlungen zur Vergütung ab. Diese Empfehlungen gelten gem. § 115 a Abs. 3 S. 4 SGB V bis zum Inkrafttreten einer Landesvereinbarung. In den meisten Bundesländern sind eigenständige Vergütungsverträge nicht abgeschlossen worden[522], so dass den Vergütungsempfehlungen in der Praxis erhebliche Bedeutung zukommt[523]. Damit kommt es wie auch bei den zwei- und dreiseitigen Verträgen zu einer Vermischung von verbindlichen Entscheidungen auf Landesebene und grundsätzlich unverbindlichen Empfehlungen auf Bundesebene.

c) Ambulantes Operieren im Krankenhaus

Gem. § 115 b Abs. 1 S. 1 Nr. 1 SGB V erfolgt eine Vereinbarung eines Kataloges ambulant durchführbarer Operationen durch die Spitzenverbände der Krankenkassen gemeinsam, die Deutsche Krankenhausgesellschaft oder die Bundesverbände der Krankenhausträger gemeinsam und die Kassenärztliche Bundesvereinigung. Der Katalog ambulanter Operationen besteht aus den im EBM aufgeführten ambulanten Operationen und ambulanten Anästhesien[524]. Alle im Katalog aufgeführten Leistungen müssen nach den Regeln der ärztlichen Kunst ambulant erbracht werden können, es müssen also sowohl der stationäre als auch der niedergelassene Bereich in der Lage sein, die Operation ohne medizinisches Risiko ambulant durchzuführen[525].

Gem. § 115 b Abs. 1 S. 1 Nr. 2 SGB V ist eine einheitliche Vergütung für Krankenhäuser und Vertragsärzte zu vereinbaren. Die Vergütung für Leistungen im Rahmen des ambulanten Operierens erfolgt sowohl für die niedergelassenen Ärzte als auch für die Krankenhäuser auf der Grundlage des EBM[526]. Gem. § 115 b Abs. 2 S. 4 SGB V erfolgt eine Abrechnung der Krankenhäuser nicht über die Kassenärztlichen Vereinigungen, vielmehr werden die Leistungen von den Krankenkassen direkt vergütet. Gem. § 115 b Abs. 5 S. 1 SGB V kann aufgrund dieser Vereinbarungen ein gemeinsames Budget zur Vergütung der ambulanten Operationsleistungen der Krankenhäuser und der Vertragsärzte eingeführt werden.

---

522 *Degener-Hencke,* in: GKV-Komm., § 115 a Rn 30.
523 *Steege,* in: *Hauck/Noftz,* SGB V, K § 115 a Rn 15.
524 *Degener-Hencke,* in: GKV-Komm., § 115 b Rn 19.
525 *Degener-Hencke,* in: GKV-Komm., § 115 b Rn 19.
526 *Degener-Hencke,* in: GKV-Komm., § 115 b Rn 33.

Gem. § 115 b Abs. 1 S. 1 Nr. 3 SGB V sind von den drei Vertragspartnern Maßnahmen zur Sicherung der Qualität und Wirtschaftlichkeit zu vereinbaren. Hierbei sind gem. § 115 b Abs. 1 S. 3 SGB V die Qualitätsvoraussetzungen nach § 135 Abs. 2 SGB V, die Vereinbarungen nach § 137 Abs. 1 SGB V und die Richtlinien nach § 136 a und 136 b Abs. 1 und 2 SGB V zu berücksichtigen.

d) Ambulante Behandlung im Krankenhaus

Seit dem 1.1.2004 können die Krankenkassen, die Landesverbände der Krankenkassen oder die Verbände der Ersatzkassen mit zugelassenen Krankenhäusern, die an der Durchführung eines strukturierten Behandlungsprogramms nach § 137 g SGB V teilnehmen, unter bestimmten Voraussetzungen Verträge über ambulante ärztliche Behandlung schließen. Ebenfalls können von den in Abs. 1 genannten Vertragspartnern gem. § 116 b Abs. 2 i.V.m. Abs. 3 SGB V Verträge über die ambulante Erbringung hochspezialisierter Leistungen sowie zur Behandlung seltener Erkrankungen und Erkrankungen mit besonderem Krankheitsverläufen schließen. Gem. § 116 b Abs. 4 SGB V hat der Gemeinsame Bundesausschuss den in Abs. 3 genannten Katalog hinsichtlich dieser Indikationen zu erweitern.

e) Vergütungsvereinbarung ambulanter Krankenhausleistung

Gem. § 120 Abs. 1 S. 1 SGB V werden die im Krankenhaus erbrachten ambulanten ärztlichen Leistungen nach den für Vertragsärzte geltenden Grundsätzen aus der Gesamtvergütung vergütet. Nur die Vergütung der Leistungen der psychiatrischen Institutsambulanzen und der sozialpädiatrischen Zentren wird gem. § 120 Abs. 2 S. 2 SGB V von den Landesverbänden der Krankenkassen und den Verbänden der Ersatzkassen gemeinsam mit den Krankenhäusern oder den sie vertretenden Vereinigungen im Land vereinbart. Gewährleistet werden muss bei diesen Vereinbarungen die Leistungsfähigkeit der Institutsambulanzen und der Zentren.

9) Beziehungen zu Leistungserbringern von Heil- und Hilfsmitteln, §§ 124-128 SGB V

a) Zulassung

§ 124 Abs. 5 SGB V regelt die Zuständigkeit der Landesverbände der Krankenkassen, der Verbände der Ersatzkassen und der See-Krankenkasse für die

Zulassung von Leistungserbringern von Heilmitteln. § 126 Abs. 3 SGB V verweist im Bereich der Zulassung von Leistungserbringern von Hilfsmitteln auf § 124 Abs. 5 SGB V. Zugelassen werden können nur Heil- und Hilfsmittelerbringer, die die Zulassungsvoraussetzungen der §§ 124 Abs. 2 S. 1 Nr. 1-3, 126 Abs. 1 S. 2 SGB V erfüllen. Zulassungsvoraussetzungen sind eine entsprechende Berufsausbildung und Praxisausstattung sowie die Anerkennung der für die Versorgung der Versicherten geltenden Vereinbarungen. Zu diesen gesetzlich aufgeführten Zulassungsbedingungen geben gem. §§ 124 Abs. 4 S. 1, 126 Abs. 2 SGB V die Spitzenverbände der Krankenkassen gemeinsam Empfehlungen für eine einheitliche Anwendung ab.

Teilweise wird in der Literatur gegen diese Regelung eines besonderen Zulassungsverfahrens für Heil- und Hilfsmittelerbringer eingewandt, bereits die allgemeinen Zulassungsregelungen im Gewerbe- und Handwerksrecht böten ausreichend Schutz für überragend wichtige Gemeinschaftsgüter einer qualitativ hochstehenden Leistungserbringung, so dass die krankenversicherungsrechtlichen Zulassungsvoraussetzungen aus verfassungsrechtlichen Gründen (Art. 12 GG) nicht über diese Anforderungen hinausgehen dürften[527]. Den Zulassungsregelungen in den §§ 124 und 126 SGB V wird daher nur eine formal Wirkung zugestanden[528]. Von seltenen Ausnahme- und Missbrauchstatbeständen sind daher regelmäßig alle Leistungserbringer von Heil- und Hilfsmittel zuzulassen.

b) Rahmenempfehlungen und Verträge

Die Spitzenverbände der Krankenkassen gemeinsam und einheitlich und die für die Wahrnehmung der Interessen der Heilmittelerbringer maßgeblichen Spitzenorganisationen auf Bundesebene sollen gem. § 125 Abs. 1 S.1 SGB V Rahmenempfehlungen über die einheitliche Versorgung mit Heilmitteln abgeben. Hierbei sind die Richtlinien des Gemeinsamen Bundesausschusses nach § 92 Abs. 1 S. 2 Nr. 6 SGB V zu berücksichtigen.

§ 125 Abs. 2 SGB V bestimmt, dass die Landesverbände und die Verbände der Ersatzkassen Verträge über die Einzelheiten der Versorgung mit Heilmitteln, über die Preise und deren Abrechnung sowie über die Verpflichtung der Leistungserbringer zur Fortbildung mit den Leistungserbringern oder den Verbänden der Leistungserbringer abschließen. Die Grundsätze der Heilmittelverordnung sind in den Heilmittel-Richtlinien gem. § 92 Abs. 1 S. 2 Nr. 6 SGB V geregelt. Gegenstand der Verträge nach § 125 Abs. 2 SGB V sind nur die Modalitäten der Versorgung mit Heilmitteln wie z.B. Lieferungen sowie die Einzelheiten des

[527] *Heinze,* in: HS-KV, § 40 Rn 27 ff.
[528] *Heinze,* in: HS-KV, § 40 Rn 37.

Abrechnungsverfahrens und Preisvereinbarungen. Wird eine Fortbildung nicht vom Leistungserbringer nachgewiesen, so sind Vergütungsabschläge gem. § 125 Abs. 2 S. 2 SGB V möglich.

Gem. § 127 Abs. 1 SGB V schließen die Landesverbände der Krankenkassen und die Verbände der Ersatzkassen mit den Leistungserbringern oder den Verbänden der Leistungserbringer Verträge über die Einzelheiten der Versorgung mit Hilfsmitteln und deren Wiedereinsatz sowie über die Abrechnung der Festbeträge. In den Hilfsmittel-Richtlinien sind die allgemeinen Verordnungsrundsätze und der Inhalt der Verordnung aufgeführt, die Festbetragsfestsetzung ist in § 36 SGB V geregelt. In den Verträgen können sich gem. § 127 Abs. 2 S. 1 SGB V die Leistungserbringer bereit erklären, die Hilfsmittel zu den festgesetzten Festbeträgen oder zu einem niedrigeren Betrag abzugeben. Die Inhalte der Verträge über Heil- und Hilfsmittel sind damit begrenzt durch Gesetz und Richtlinien.

c) Hilfsmittelverzeichnis

Gem. § 128 SGB V erstellen die Spitzenverbände der Krankenkassen gemeinsam ein Hilfsmittelverzeichnis. Nur solche Hilfsmittel, die in diesem Verzeichnis aufgeführt sind, dürfen zu Lasten der gesetzlichen Krankenversicherung verordnet werden. Gem. § 139 Abs. 1 S. 2 SGB V sind in diesem Verzeichnis auch die Qualitätsstandards für bestimmte Hilfsmittel zu veröffentlichen. Voraussetzung für die Aufnahme neuer Hilfsmittel in das Verzeichnis ist gem. § 139 Abs. 2 SGB V, dass der Hersteller die Funktionstauglichkeit und den therapeutischen Nutzen des Hilfsmittels sowie seine Qualität nachweist. Hierzu erfolgt gem. § 139 Abs. 2 S. 2 SGB V eine Überprüfung durch den Medizinischen Dienst der Krankenkassen.

In den Hilfsmittel-Richtlinien des Gemeinsamen Bundesausschusses gem. § 92 Abs. 1 S. 2 Nr. 6 SGB V wird eine Begriffsbestimmung von Hilfsmitteln vorgenommen und die Voraussetzungen für die Verordnung von Hilfsmitteln festgelegt. Verordnungsfähig sind nur Hilfsmittel, die notwendig sind, um den Erfolg einer Krankenbehandlung zu sichern oder eine Behinderung auszugleichen, eine Schwächung der Gesundheit, die in absehbarer Zeit zu einer Krankheit führen würde, zu beseitigen, einer Gefährdung der gesundheitlichen Entwicklung eines Kindes entgegenzuwirken oder Pflegebedürftigkeit zu vermeiden oder zu vermindern. Damit untersteht die Entscheidung der Spitzenverbände über die Aufnahme eines Hilfsmittels in das Verzeichnis nach § 128 SGB V mehreren gesetzlichen Regelungen, die die Entscheidungsfreiräume begrenzen.

10) Beziehungen zu Apothekern und pharmazeutischen Unternehmern, §§ 129-131 SGB V

a) Rahmenvertrag über die Arzneimittelversorgung

Welche Verpflichtungen die Apotheken bei der Abgabe verordneter Arzneimittel an den Versicherten einzuhalten haben, ist in § 129 Abs. 1 Nr. 1- 4 SGB V geregelt. Nähere Bestimmungen hierzu werden gem. § 129 Abs. 2 SGB V in einem Rahmenvertrag getroffen, der von den Spitzenverbände der Krankenkassen und den Spitzenorganisationen der Apotheker geschlossen wird. Der Regelungsinhalt dieser Rahmenverträge umfasst gem. § 129 Abs. 4 SGB V auch Maßnahmen, die auf Landesebene ergriffen werden können, wenn Apotheken gegen die gesetzlich in § 129 SGB V geregelten Pflichten verstoßen.

Gem. § 129 Abs. 5 SGB V haben die Landesverbände der Krankenkassen und die Verbände der Ersatzkassen fakultativ das Recht, zur Sicherstellung der wirtschaftlichen Arzneimittelversorgung eigene Verträge zu schließen mit der Maßgabe, dass diese den zwingend vorgesehenen Rahmenvertrag lediglich ergänzen. Die Spitzenverbände der Krankenkassen und die Spitzenorganisationen der Apotheker können gem. § 129 Abs. 8 SGB V eine Schiedsstelle bilden, wenn ein Rahmenvertrag über die Arzneimittelversorgung nicht oder nicht innerhalb der einzuhaltenden gesetzten Frist zustande kommt.

Die Apotheken sind gesetzlich verpflichtet, das preisgünstigste Arzneimittel in Fällen der „aut-idem“ Verordnung und das preisgünstigste importierte Arzneimittel bei der Abgabe an den Versicherten zu wählen sowie die verordneten Arzneimittel in wirtschaftlichen Einzelmengen abzugeben. Die Apothekenabgabepreise müssen auf der Arzneimittelpackung angegeben werden. Die für den Versicherten entscheidenden Verpflichtungen der Apotheken bestimmen sich daher nach dem SGB V.

b) Rahmenverträge mit pharmazeutischen Unternehmern

Gem. § 131 Abs. 1 SGB V können die Spitzenverbände der Krankenkassen und die Spitzenorganisationen der pharmazeutischen Unternehmer Verträge über die Arzneimittelversorgung in der gesetzlichen Krankenversicherung schließen. Diese Verträge können sich gem. § 131 Abs. 2 Nr. 1 SGB V auf die Packungsgröße und Ausstattung der Packung beziehen sowie gem. § 131 Abs. 2 Nr. 2 SGB V auf Maßnahmen zur Erleichterung der Erfassung und Auswertung von Daten hinsichtlich der Preise und der Verbrauchs- und Verordnungsdaten von Arzneimitteln.

Gem. § 131 Abs. 5 S. 2 SGB V können die Spitzenverbände der Krankenkassen gemeinsam mit den maßgeblichen Spitzenorganisationen der pharmazeutischen Unternehmer verbindliche Regelungen über maschinenlesbare Arzneimittelkennzeichen vereinbaren, denen alle pharmazeutischen Unternehmer unterworfen sein sollen. § 300 Abs. 3 SGB V enthält Bestimmungen zur Arzneimittelabrechnung, die zwischen den Spitzenverbänden der Krankenkassen und den Spitzenorganisationen der Apotheker vereinbart werden. Da das Rahmenrecht des Versicherten auf Versorgung mit Arzneimitteln durch die Arzneimittel-Richtlinien konkretisiert wird, hat die Entscheidungskompetenz der Selbstverwaltungsorgane hinsichtlich der Rahmenverträge mit pharmazeutischen Unternehmern nur mittelbare Auswirkungen auf den Versicherten.

11) Beziehungen zu sonstigen Leistungserbringern, §§ 132-134 SGB V

a) Versorgung mit häuslicher Krankenpflege

Gem. § 132 a SGB V sollen die Spitzenverbände der Krankenkassen und die Spitzenorganisationen der Pflegedienste Rahmenempfehlungen über die einheitliche Versorgung mit häuslicher Krankenpflege abgeben. Dieses soll unter Berücksichtigung der Richtlinien nach § 92 Abs. 1 Nr. 6 SGB V geschehen. Gem. § 132 a Abs. 1 S. 4 Nr. 1- 6 SGB V sind in den Rahmenempfehlungen insbesondere folgende Bereiche zu regeln: Inhalte der häuslichen Krankenpflege einschließlich deren Abgrenzung, Eignung der Leistungserbringer, Maßnahmen zur Qualitätssicherung, Inhalt und Umfang der Zusammenarbeit des Leistungserbringers mit dem verordnenden Vertragsarzt und dem Krankenhaus, Grundsätze der Wirtschaftlichkeit der Leistungserbringung einschließlich deren Prüfung und Grundsätze der Vergütung und ihre Strukturen.

Da häusliche Krankenpflege nur nach ärztlicher Verordnung erfolgen darf und die Verordnung durch die Richtlinien nach § 92 Abs. 1 S. 2 Nr. 6 SGB V näher ausgestaltet wird, sind das entscheidende Regelungsinstrumentarium für die Gewährung von häuslicher Krankenpflege die Richtlinien des Gemeinsamen Bundesausschusses. Hierdurch wird sichergestellt, dass der Versicherte die Pflege erhält, die nach ärztlicher Beurteilung notwendig ist. Die Rahmenempfehlung greift in das durch die Richtlinien ausgefüllte Rahmenrecht des Versicherten nicht ein.

b) Versorgung mit Soziotherapie

Gem. § 132 b Abs. 1 SGB V können die Krankenkassen oder die Landesverbände der Krankenkassen und die Verbände der Ersatzkassen mit geeigneten Personen oder Einrichtungen Verträge über die Versorgung mit Soziotherapie schließen. Bisher besteht noch kein flächendeckendes Angebot der neuen Therapiemöglichkeit[529]. Die bislang einzige Ausnahme ist Baden-Württemberg, wo 67 sozialpsychiatrische Dienste eine Zulassung zur Erbringung der Leistung erhalten haben, es werden dort zurzeit rund 400 Patienten in Soziotherapien betreut[530]. Der Vertragsabschluss muss unter Berücksichtigung der Richtlinien nach § 92 i.V.m. § 37 a Abs. 2 SGB V erfolgen und für eine bedarfsgerechte Versorgung notwendig sein. Der Leistungsinhalt der Soziotherapie wird in den Soziotherapie-Richtlinien festgelegt, so dass hinsichtlich der Leistungsinhalte keine abweichenden Regelungen in den Verträgen vereinbart werden können. Gem. § 132 b Abs. 2 SGB V legen die Spitzenverbände der Krankenkassen die Anforderungen an die Leistungserbringer für Soziotherapie in Empfehlungen fest. Unter welchen Voraussetzungen Vertragsärzte zur Verordnung von Soziotherapie berechtigt sind, wird wiederum in den Soziotherapie-Richtlinien festgelegt. Somit wird die Versorgung mit Soziotherapie - wie auch die Versorgung mit häuslicher Krankenpflege- entscheidend durch die Richtlinien nach § 92 SGB V vorgegeben.

c) Versorgung mit Krankentransportleistungen

Gem. § 133 Abs. 1 S. 1 SGB V haben die Krankenkassen oder ihre Verbände die Aufgabe, Verträge über die Vergütungen von Leistungen des Rettungsdienstes und das Entgelt für andere Krankentransporte zu schließen, wenn keine landesgesetzlichen Regelungen bestehen. Mit der Weitergeltung der bestehenden landesrechtlichen oder auch kommunalrechtlichen Regelungen wird die Kompetenz der Krankenkassen oder ihrer Verbände im Verhältnis zu den Leistungserbringern dahingehend eingeschränkt, dass die Rettungsgesetze der Länder vorrangig sind[531]. Die Rettungsdienstgesetze können auch Auswahl und Voraussetzungen über die Berechtigung und Verpflichtung von Ärzten zur Teilnahme am Rettungsdienst regeln[532].

Der Abschluss der Verträge unterliegt verschiedenen gesetzlich vorgegebenen Kriterien: gem. § 133 Abs. 1 S. 1 SGB V muss der Grundsatz der Beitragssatz-

[529] ÄZ Nr. 110 vom 16.6.2003, S. 18.
[530] ÄZ Nr. 110 vom 16.6.2003, S. 18.
[531] *Henninger,* in: *Schulin,* HS-KV, § 42 Rn 4; *Becker-Berke,* in: LPK-SGB V § 133 Rn 1.
[532] *Kranig,* in: *Hauk/Noftz,* SGB V, K § 133 Rn 7, 8, 9.

stabilität (§ 71 SGB V) beachtet werden und gem. § 133 Abs. 1 S. 3 SGB V eine flächendeckende Versorgung sichergestellt werden. Die Krankenkassen trifft die Verpflichtung, durch die Verträge eine ausreichende Versorgungsstruktur im Bereich des Rettungsdienstes und der Krankentransportleistungen zu gewähren[533]. Gem. § 133 Abs. 1 S. 3 SGB V sind die Empfehlungen der Konzertierten Aktion zu beachten. Die Preisvereinbarung ist gem. § 133 Abs. 1 S. 7 SGB V an der möglichst preisgünstigen Versorgungsmöglichkeit auszurichten. Der Anspruch der Versicherten auf Krankentransportleistung ist in den Krankentransport-Richtlinien des Gemeinsamen Bundesausschusses näher ausgestaltet worden.

Die Richtlinien über die Verordnung von Krankenfahrten und Krankentransportleistungen („Krankentransport-Richtlinien")[534] nehmen zu Anfang eine Begriffsbestimmung vor und grenzen die Krankenfahrt von dem Krankentransport und der Rettungsfahrt ab. Festgelegt wird, wann und bis zu welcher Höhe Fahrtkosten als Leistungen der Krankenkassen übernommen werden. Entsprechend den Richtlinien entscheidet der verordnende Kassenarzt über die Art der Beförderung, wobei sich diese Entscheidung ausschließlich nach medizinischen Indikationen richtet. Der verordnende Arzt soll zur Vermeidung von unkoordinierten Einsätzen Rettungswagen, Notarztwagen und Rettungshubschrauber nur über die örtlich zuständige Rettungsdienststelle anfordern. Hierdurch wird die Versorgung des Versicherten mit einer Krankentransportleistung inhaltlich ausgestaltet, die vertraglichen Regelungen verändern die Rechtsposition der Versicherten nicht.

12) Sicherung der Qualität der Leistungserbringung, §§ 135-139 SGB V

a) Qualitätssicherung bei zugelassenen Krankenhäusern

Gem. § 137 Abs. 1 S. 1 SGB V beschließt der Gemeinsame Bundesausschuss unter Beteiligung des Verbandes der privaten Krankenversicherer, der Bundesärztekammer sowie der Berufsorganisation der Krankenpflegeberufe Maßnahmen zur Qualitätssicherung in zugelassenen Krankenhäusern einheitlich für alle Patienten. Aufgabe der Qualitätssicherung ist es, die Standardbehandlung auf einem möglichst gleichmäßig hohen Niveau allen Kranken zukommen zu lassen und dabei den gesetzten finanziellen Rahmen einzuhalten[535]. Die Funktion der Qualitätssicherung geht über die Einzelfallbeobachtung hinaus: es sollen lang-

---

[533] BSG SozR 3-2500, § 133 Nr. 1 S. 8-10.
[534] in der Fassung vom 17.6.1992.
[535] *Deutsch,* Medizinrecht, Rn 347.

fristige Trends in der Behandlung häufig auftretender Krankheiten herausgefunden werden, um auf diese Weise häufige Fehler zu entdecken und zu beheben[536]. Der Inhalt der Beschlüsse ist nicht abschließend in § 137 Abs. 1 S. 3 Nr. 1- 6 SGB V aufgezählt.

Gem. § 137 Abs. 1 S. 3 Nr. 1 SGB V werden insbesondere verpflichtende Maßnahmen der Qualitätssicherung nach § 135 a Abs. 2 SGB V beschlossen. Hiernach sind zugelassene Krankenhäuser nach den §§ 136 a, b, 137 und 137 d SGB V verpflichtet, sich an Maßnahmen der Qualitätssicherung zu beteiligen. Um welche Maßnahmen es sich handelt, wird gem. §§ 136 a S. 1 Nr. 1 und 136 b Abs. 1 S. 1 Nr. 1 SGB V durch die Richtlinien nach § 92 SGB V festgelegt. Auf der gesetzlichen, standesrechtlichen und vereinbarungsrechtlichen Basis kommt auch ein Qualitätsmanagement nach der Normenreihe der International Organization for Standardisation (ISO) in Betracht: DIN ISO 9004 Teil 2 bezieht Krankenhäuser in den Kreis der Institutionen ein, die für die Einrichtung eines Qualitätsmanagements in Betracht kommen[537].

Gem. § 137 Abs. 1 S. 3 Nr. 2 SGB V werden ferner Kriterien für die indikationsbezogene Notwendigkeit und Qualität der im Rahmen der Krankenhausbehandlung durchgeführten diagnostischen und therapeutischen Maßnahmen, insbesondere aufwendiger medizintechnischer Leistungen beschlossen. Diese Kriterien werden ebenfalls gem. §§ 136 a S. 1 Nr. 2 SGB V und 136 b Abs. 1 S. 1 Nr. 2 SGB V in den Richtlinien nach § 92 SGB V vereinbart.

Gem. § 137 Abs. 1 S. 3 Nr. 4 SGB V sollen Grundsätze zur Einholung von Zweitmeinungen beschlossen werden. Gem. § 137 Abs. 1 S. 3 Nr. 5 SGB V sind Vergütungsabschläge für den Fall vorgesehen, dass ein zugelassenes Krankenhaus die Verpflichtungen zur Qualitätssicherung nicht einhält. Da die Weichenstellung für die Qualitätssicherung durch die Richtlinien nach § 92 SGB V erfolgt, ist konsequenterweise die Kompetenz zur Beschlussfassung von Qualitätssicherungsmaßnahmen seit dem 1.1.2004 dem Gemeinsamen Bundesausschuss zugewiesen worden.

b) Bewertung von Untersuchungs- und Behandlungsmethoden im Krankenhaus

Gem. § 137 c Abs. 1 S. 1 SGB V überprüft der Gemeinsame Bundesausschuss auf Antrag eines Spitzenverbandes der Krankenkassen, der Deutschen Krankenhausgesellschaft oder eines Bundesverbandes der Krankenhausträger Untersuchungs- und Behandlungsmethoden, die bereits im Krankenhaus angewendet

---

[536] *Deutsch,* Medizinrecht, Rn 348.
[537] *Deutsch,* Medizinrecht, Rn 350.

werden oder angewendet werden sollen, dahingehend, ob sie für eine ausreichende, zweckmäßige und wirtschaftliche Versorgung der Versicherten erforderlich sind. Kommt der Gemeinsame Bundesausschuss zu dem Ergebnis, dass eine Untersuchungs- und Behandlungsmethode den in § 137 c Abs. 1 S.1 SGB V genannten Anforderungen nicht entspricht, so wird eine entsprechende Richtlinie erlassen. Gem. § 137 c Abs. 2 S. 2 SGB V darf eine ausgeschlossene Methode mit dem Tag des Inkrafttretens der Richtlinie nicht mehr im Rahmen einer Krankenhausbehandlung zu Lasten der Krankenkasse erbracht werden.

c) Qualitätssicherung bei der ambulanten und stationären Vorsorge oder Rehabilitation

Für stationäre und ambulante Vorsorge- oder Rehabilitationseinrichtungen werden von den Spitzenverbänden gem. § 137 d Abs. 1 und 2 SGB V mit den jeweils zuständigen Spitzenorganisationen ebenfalls Maßnahmen zur Qualitätssicherung nach § 135 a Abs. 2 SGB V vereinbart. Hierbei gilt das gleiche, wie bei der Qualitätssicherung bei zugelassenen Krankenhäusern: durch die Richtlinien des Gemeinsamen Bundesausschusses nach § 92 SGB V sind die für die Versicherten wesentlichen Grundsätze festgelegt.

V Verbände der Pflegeversicherung

Ebenso wie die einzelnen Pflegekassen keine eigenen Organe haben, werden auch auf Verbandsebene keine neuen Verwaltungsinstitutionen geschaffen: die Pflegekassen erhalten keine eigenen rechtskräftigen Verbände, sondern die Verbände der Krankenkassen nehmen gleichzeitig die Aufgaben der Pflegekassen wahr[538]. Auf Landesebene erfolgt die Regelung hierzu durch § 52 SGB XI, der auf § 211 SGB V verweist. Auf Bundesebene wird durch § 53 SGB XI auf die §§ 213 und 217 SGB V verwiesen. Neben den aus der Krankenversicherung bekannten Verbandsaufgaben sieht das SGB XI spezifische Verbandsaufgaben im Bereich der Pflege vor[539].

1) Leistungsberechtigter Personenkreis, §§ 14-19 SGB XI

Der Begriff der Pflegebedürftigkeit ist in § 14 Abs. 1 SGB XI gesetzlich definiert, Krankheiten und Behinderungen, die Pflegebedürftigkeit begründen, wer-

[538] BT-Drucks. 12/5262, S. 120.
[539] Darstellung bei: *Jung*, Zu einem erfolgreichen Beginn der Pflegeversicherung, KrV 1994, S. 327 (333ff).

den in § 14 Abs. 2 Nr. 1-3 SGB XI genannt. Für die Gewährung von Leistungen sind die gem. § 14 SGB XI pflegebedürftigen Personen einer der drei in § 15 Abs. 1 SGB XI definierten Pflegestufen zuzuordnen. Die Spitzenverbände der Pflegekassen beschließen gem. § 17 Abs. 1 S. 1 SGB XI Richtlinien „zur näheren Abgrenzung der in § 14 genannten Merkmale der Pflegebedürftigkeit, der Pflegestufen nach § 15 und zum Verfahren der Feststellung der Pflegebedürftigkeit". Diese „Pflegebedürftigkeitsrichtlinien" sind am 7.11.1994 erlassen worden.

Das Bundesministerium für Gesundheit und Soziale Sicherung ist gem. § 16 SGB XI ebenfalls ermächtigt, eine Rechtsverordnung über die in § 17 SGB XI durch die Richtlinien der Pflegekassen zu regelnden Inhalte zu erlassen. In der Gesetzesbegründung wird die doppelte Ermächtigung so gerechtfertigt, dass ein steuerndes Eingreifen dann möglich sein soll, wenn „sich mit Hilfe der Richtlinien keine befriedigende Beurteilungspraxis erreichen lassen (sollte)"[540]. Die Verordnungsermächtigung eröffnet die Möglichkeit, Entwicklungen in der Praxis zu korrigieren und gegebenenfalls durch weitere Konkretisierungen steuernd einzugreifen[541].

Den Richtlinien kommt die Bedeutung von Verwaltungsvorschriften zu, die zwar die Pflegekassen und die Medizinischen Dienste binden, nicht aber den gesetzlich geregelten Anspruch des Versicherten auf Leistung beschränken können[542]. Hiermit unterscheiden sich die Richtlinien nach § 17 SGB XI von den Richtlinien des Gemeinsamen Bundesausschusses. Auch die Sozialgerichte sind an den Inhalt der Pflegebedürftigkeitsrichtlinien und an ergänzende Richtlinien der Spitzenverbände rechtlich nicht gebunden[543].

2) Beziehungen der Pflegekassen zu den Leistungserbringern, §§ 69-81 SGB XI

a) Zulassung zur Pflege durch Versorgungsvertrag

Die Landesverbände der Pflegekassen schließen gem. 72 Abs. 2 S. 1 SGB XI Versorgungsverträge mit den Trägern der Pflegeeinrichtungen ab, in denen gem. § 71 Abs. 1 S. 1 SGB XI der Versorgungsauftrag der einzelnen Pflegeeinrichtungen festgelegt wird. Der Versorgungsauftrag umfasst Art, Inhalt und Umfang

---

540 BT-Drucks. 12/5262, S. 99.
541 BT-Drucks. 12/5262, S. 99.
542 *Kummer,* in: *Schulin,* HS-PV, § 13 Rn 41; *Udsching,* SGB XI, § 17 Rn 4.
543 Urteil des BSG, AZ 4 RK 1/92, Breithaupt 1994, S. 923, NZS 1994, S. 130.

der für die Dauer des Vertrages zu erbringenden Pflegeleistungen[544]. Gem. § 72 Abs. 3 S. 1 SGB XI besteht ein Anspruch der Pflegeeinrichtungen auf Abschluss eines Versorgungsvertrages, wenn die Voraussetzungen des § 71 SGB XI erfüllt sind. Es besteht daher ein Kontrahierungszwang, die Zulassung von Pflegeeinrichtungen darf nicht vom Bestehen eines Versorgungsbedarfs abhängig gemacht werden[545]. Damit werden bedarfsüberschreitende Versorgungskapazitäten in Kauf genommen, von denen sich der Gesetzgeber einen positiven wettbewerbrechtlichen Effekt verspricht[546]. Gem. § 72 Abs. 3 S. 2 SGB XI ist vorrangig freigemeinnützigen und privaten Trägern der Vertragsabschluss anzubieten.

b) Rahmenverträge und Bundesempfehlungen über die pflegerische Versorgung

Gem. § 75 Abs. 1 S. 1 SGB XI schließen die Landesverbände der Pflegekassen Rahmenverträge unter Beteiligung des Medizinischen Dienstes mit den Vereinigungen der Träger der Pflegeeinrichtungen mit dem Ziel ab, „ eine wirksame und wirtschaftliche pflegerische Versorgung der Versicherten sicherzustellen“. Diese Verträge dienen der Umsetzung des in § 29 SGB XI genannten Wirtschaftlichkeitsgebotes, des in § 69 SGB XI genannten Sicherstellungsauftrages sowie der Qualitätssicherung nach § 80 SGB XI. Der Inhalt dieser Verträge wird nicht abschließend in § 75 Abs. 2 Nr. 1-8 SGB XI aufgeführt. Leistungsansprüche von Versicherten können durch die Rahmenverträge nicht eingeschränkt werden[547]. Gem. § 75 Abs. 5 SGB XI sollen die Spitzenverbände der Pflegekassen Empfehlungen zum Inhalt der Rahmenverträge nach § 75 Abs. 1 S. 1 SGB XI abgeben. Die Bundesempfehlungen werden jedoch weder zu Vertragsinhalten noch hat der Gesetzgeber Pflichten zur Beachtung angeordnet[548].

c) Beziehungen zu sonstigen Leistungserbringern

Gem. § 78 Abs. 1 SGB XI schließen die Spitzenverbände der Pflegekassen Versorgungsverträge für die erforderlichen Pflegehilfsmittel mit den Leistungserbringern oder deren Verbänden ab. Diese Verträge betreffen nur Hilfsmittel, die nicht nach Vorschriften über Hilfsmittel nach dem SGB V zu vergüten sind. Je-

---

[544] *Neumann,* in *Schulin*, HS-PV, § 21 Rn 18.

[545] *Schulin,* Verträge mit den Leistungserbringern im Pflegeversicherungsrecht, VSSR 1994, S.285 (303).

[546] *Schulin,* Verträge mit den Leistungserbringern im Pflegeversicherungsrecht, VSSR 1994, S.285 (306).

[547] *Udsching,* SGB XI, § 75 Rn 2; *Neumann,* in: *Schulin*, HS-PV, § 21 Rn 64; *Spinnarke,* in: GKV-Komm., Ergänzungsband SGB XI, § 75 SGB XI Rn 8.

[548] *Neumann,* in *Schulin*, HS-PV, § 21 Rn 95.

der Lieferant von Pflegehilfsmitteln hat, sofern er die Gewähr dafür bietet, dass die Wirtschaftlichkeit und Leistungsfähigkeit der Versorgung gesichert ist, einen Anspruch auf Abschluss eines Versorgungsvertrages, so dass den Spitzenverbänden bei diesen Abschlüssen kein Ermessen eingeräumt wird[549].

Gem. § 78 Abs. 2 S. 2 SGB XI wird von den Spitzenverbänden der Pflegekassen als Anlage zu dem Hilfsmittelverzeichnis nach § 128 SGB V ein Pflegehilfsmittelverzeichnis erstellt. Das Pflegehilfsmittelverzeichnis ist eine rechtsunverbindliche Zusammenstellung von Informationen, die Transparenzzwecken dienen und Vorarbeiten für den Verordnungsgeber leisten, verbindlich werden sie erst, wenn eine Verordnung nach § 78 Abs. 5 SGB XI erlassen wird[550]. Das Pflegehilfsmittelverzeichnis hat damit für den Versicherten keinen verbindlichen Charakter[551]. Ein Versicherter kann im Einzelfall einen Anspruch auf ein nicht im Verzeichnis aufgeführtes Pflegehilfsmittel haben, da eine leistungsrechtliche Regelung fehlt, die den Anspruch des Versicherten auf die im Pflegehilfsmittelverzeichnis aufgeführten Hilfsmittel begrenzt[552]. Gem. § 78 Abs. 3 S. 1 SGB XI setzen die Spitzenverbände Festbeträge für die im Pflegehilfsmittelverzeichnis aufgeführten Pflegehilfsmittel fest, die ebenfalls unverbindlich sind[553].

Gem. § 78 Abs. 2 S. 1 SGB XI regeln die Spitzenverbände der Pflegekassen „das Nähere zur Vergabe von Zuschüssen zur Verbesserung des individuellen Wohnumfeldes des Pflegebedürftigen nach § 40 Abs. 4 S. 2“. Eine solche Regelung ist eine norminterpretierende Verwaltungsvorschrift, die an die Pflegekassen adressiert ist und verwaltungsintern bleibt, im Verhältnis zum Versicherten erzeugt sie keine unmittelbare Auswirkung[554].

Legitimationsbedürftige Entscheidungsspielräume der Selbstverwaltungsorgane der Verbände der Pflegekassen bestehen damit weder hinsichtlich der Bestimmungen zum leistungsberechtigten Personenkreis noch in Beziehung zu den Leistungserbringern.

---

549 *Neumann,* in: *Schulin*, HS-PV, § 21 Rn 48.
550 *Neumann,* in: *Schulin*, HS-PV, § 21 Rn 55.
551 *Udsching*, SGB XI, § 78 Rn 4.
552 *Spinnarke,* in: GKV-Komm., Ergänzungsband SGB XI, § 78 SGB XI Rn 9.
553 *Neumann,* in: *Schulin*, HS-PV, § 21 Rn 57.
554 *Neumann,* in: *Schulin*, HS-PV, § 21 Rn 51.

Zusammenfassung

„Friedenswahlen" verstoßen nicht gegen das in Art. 20 Abs. 2 S. 1 GG verankerte Demokratieprinzip, da ein hinreichend hohes Legitimationsniveau durch eine hohe sachliche Bindung an die Gesetze erreicht wird: in allen Zweigen der Sozialversicherung werden die für die Beteiligten wesentlichen Entscheidungen vom Gesetzgeber selbst getroffen. Die Entscheidungen der Sozialversicherungsträge sind damit auf den Willen des Volkes zurückzuführen, ohne dass hierzu der Akt einer Wahlhandlung zwingend erforderlich wäre.

- In der gesetzlichen Rentenversicherung bestehen aufgrund der detaillierten gesetzlichen Vorgaben keine Entscheidungsfreiräume der Selbstverwaltungsgremien, die eine personelle Legitimation zwingend erfordern würden. Die als Ermessensleistung ausgestalteten Maßnahmen der Rehabilitation sind durch Gesetz und Rechtsprechung in erheblichem Maße eingeschränkt: sind die persönlichen und versicherungsrechtlichen Voraussetzungen erfüllt, so besteht eine Pflicht zur Gewährung der Leistung. Die ebenfalls im Ermessen der Rentenversicherungsträger stehenden sonstigen Leistungen zur Teilhabe betreffen Sondermaßnahmen in Randbereichen, deren Höhe gedeckelt ist und deren Gewährung nur aufgrund der gemeinsamen Richtlinien des VDR möglich ist. Die Verbände der Rentenversicherungsträger haben keine Entscheidungskompetenzen, die eine Bindung der Verbandsmitglieder begründen können, so dass eine Bindung der Versicherten ebenfalls ausscheidet.

- In der gesetzlichen Unfallversicherung bestehen im Beitragsrecht Gestaltungsmöglichkeiten der Selbstverwaltungsgremien. Diese Gestaltungsspielräume sind zur Erfüllung des gesetzlichen Auftrages zur Prävention von Arbeitsunfällen und Berufskrankheiten notwendig, da eine risikoorientierte Beitragsabstufung eine kontinuierliche Anpassung an wirtschaftliche und versicherungsmathematische Entwicklungen erfordert. Die wesentlichen Entscheidungen im Beitragsrecht sind vom Gesetzgeber vorgegeben und es bestehen staatliche Mitwirkungsrechte in Form von Genehmigungsvorbehalten. Bei Erlass von Unfallverhütungsvorschriften kommt es zu einer frühzeitigen Einschaltung der Aufsichtsbehörden, die Aufsicht ist - anders als in den anderen Bereichen der Sozialversicherung - nicht auf eine Rechtsaufsicht beschränkt. Die unvollständige personelle Legitimation der Selbstverwaltungsorgane wird durch die legitimationsstiftende Wirkung der Fachaufsicht und die gesetzlichen Rahmenbedingungen ausgeglichen. Auf Verbandsebene bestehen keine Kompetenzen, verbindliche Entscheidungen für die Mitglieder der Verbände und damit für die Versicherten zu treffen.

- Anders als in der gesetzlichen Unfall- und Rentenversicherung kommt in der gesetzlichen Krankenversicherung den Entscheidungskompetenzen auf Verbandsebene das eigentliche Gewicht zu. Die ambulanten Leistungen werden durch die Richtlinien des Gemeinsamen Bundesausschusses näher bestimmt, bei Ermessensentscheidungen sind die Grundsatzentscheidungen der Bundesverbände zu beachten. Auf Verbandsebene bestehen Möglichkeiten, eigenständige Regelungen zu treffen, die sich nicht im bloßen Normenvollzug erschöpfen. Von entscheidender Bedeutung sind die Richtlinien des Gemeinsamen Bundesausschusses, durch die die Ansprüche der Versicherten inhaltlich ausgestaltet werden. Unbestimmte Rechtsbegriffe des Sozialversicherungsrechts werden durch naturwissenschaftliche Studien, Erkenntnisse und Erfahrungssätze der Medizin ausgefüllt. Der Gemeinsame Bundesausschuss bildet daher eine Schnittstelle zwischen dem Sozialversicherungsrecht und der Medizin und kombiniert das rechtlich Mögliche mit dem medizinisch Erforderlichen. Damit sind die Mitglieder des Gemeinsamen Bundesausschusses in ihrer Handlungsfreiheit doppelt beschränkt. Entscheidungen des Gemeinsamen Bundesausschusses entsprechen nicht einer gesetzgeberischen Tätigkeit, die eine personelle Legitimation erfordern würde. Entscheidungen der Krankenkassenverbände beruhen auf gesetzlichen Vorgaben, die häufig die Beachtung der Richtlinien des Bundesausschusses anordnen und die Entscheidungsfreiräume begrenzen. Die Selbstverwaltungsgremien der gesetzlichen Krankenkassen sind somit sachlich-inhaltlich legitimiert. Im Pflegeversicherungsrecht bestehen keine legitimationsbedürftigen Entscheidungsfreiräume.

Nach den Ergebnissen dieser Untersuchung bestehen keine verfassungsrechtlichen Bedenken, Sozialversicherungswahlen als „Friedenswahlen" durchzuführen.

BOCHUMER SCHRIFTEN ZUM SOZIALRECHT

Herausgegeben von Friedrich E. Schnapp

Band 1 Friedrich E. Schnapp (Hrsg.): Probleme der Rechtsquellen im Sozialversicherungsrecht, Teil I. Tagungsband zum 5. Fachkolloquium des Instituts für Sozialrecht am 25./26. Juni 1997 in Bochum. 1998.

Band 2 Friedrich E. Schnapp (Hrsg.): Probleme der Rechtsquellen im Sozialversicherungsrecht, Teil II. Tagungsband zum 6. Fachkolloquium des Instituts für Sozialrecht am 25./26. Juni 1998 in Bochum. 1999.

Band 3 Reinhard Dettmeyer: Die verfassungsrechtlichen Grenzen für die gesetzliche Einführung einer *Verwaltungssektion* bei medizinisch unklaren Todesfällen. 1999.

Band 4 Friedrich E. Schnapp (Hrsg.): Finanzierungsfragen der Sozialversicherung. Am Beispiel des Arbeitsförderungsrechts. Tagungsband zum 31. Praktikerseminar des Instituts für Sozialrecht am 28. November 1998 in Bochum. 2000.

Band 5 Claudia Bader: Die einmaligen Leistungen zur Hilfe zum Lebensunterhalt nach dem Bundessozialhilfegesetz. 2000.

Band 6 Friedrich E. Schnapp (Hrsg.): Probleme der Rechtsquellen im Sozialversicherungsrecht Teil III. Tagungsband zum 7. Fachkolloquium des Instituts für Sozialrecht am 24./25. Juni 1999 in Bochum. 2000.

Band 7 Friedrich E. Schnapp (Hrsg.): Begutachtungsseminar "Medizin und Recht". Tagungsband zum 1. Begutachtungsseminar am 13. und 14.11.1998 in Bochum. 2001.

Band 8 Friedrich E. Schnapp (Hrsg.): Funktionale Selbstverwaltung und Demokratieprinzip – am Beispiel der Sozialversicherung. Tagungsband zum 8. Fachkolloquium des Instituts für Sozialrecht am 28./29. Juni 2000 in Bochum. 2001.

Band 9 Friedrich E. Schnapp (Hrsg.): Rechtsfragen der gemeinschaftlichen Berufsausübung von Vertragsärzten. Tagungsband zum 9. Fachkolloquium des Instituts für Sozialrecht am 21./22. Juni 2001 in Bochum. 2002.

Band 10 Thomas Wilk: Die Rechtsbeziehungen im Vertragsarztwesen unter besonderer Berücksichtigung der Rechtsstellung des Belegarztes. 2005.

Band 11 Astrid Windels-Pietzsch: Friedenswahlen in der Sozialversicherung. Insbesondere Untersuchungen zu den Entscheidungsfreiräumen der Sozialversicherungsträger und ihrer Verbände. 2005.

www.peterlang.de

FSC
www.fsc.org
MIX
Papier | Fördert
gute Waldnutzung
FSC® C083411

Kolibri 360 GmbH
Ferdinand-Jühlke-Straße 7
99095 Erfurt, Deutschland
produktsicherheit@kolibri360.de

Druck:
CPI Druckdienstleistungen GmbH
im Auftrag der
Kolibri 360 GmbH
Ferdinand-Jühlke-Str. 7
99095 Erfurt